방송문화진흥총서 219

MBC 60년, 영광과 도전

손병우 · 최이숙 · 이성민 · 조항제 · 박건식 · 주창윤 · 박근서 · 임종수 · 강보라 지음

한울
아카데미

시대정신과 공명해온 MBC 60년

손병우

MBC는 2020년대를 어떻게 준비하고 있는가?

이 질문에서 'MBC 60주년 세미나'의 기획이 시작되었다. 2019년 6월 어느 날 필자는 당시 최승호 사장님과 오래 이야기 나누는 시간을 가졌다. 한국언론정보학회 회장 취임 인사차 여러 방송사와 관계기관들을 방문하던 시기였다. 최 사장님은 나와의 만남 앞뒤로 다른 일정들이 쭉 이어져 있었고, 반갑게 맞아주셨지만 어떤 과로의 느낌이 확 와닿았다. 인사말이 오고 간 뒤 나는 위의 문장으로 질문을 드렸다. "MBC는 2020년대를 어떻게 준비하고 있습니까?" 최 사장님은 역점을 두고 있고 일정 부분 성과가 나고 있는 세부적인 일들을 말씀하셨다. 그런데 그 모습은 긴 암흑기를 막 뚫고 나온 MBC를 속히 정상화시켜야 하는 책임을 짊어진 사장의 모습이었지, 누구보다 더 투지 있게 현장으로 들어가 시청자의 손 위에 사실을 쥐어주듯 취재하고 누구보다 더 멀리 내다보도록 시청자의 시선을 안내하는 리포트를 하던 그 최승호 PD의 모습이 아니었다.

같은 문장으로 다시 질문을 드렸다. 이번에는 내가 1990년대의 MBC

에 대해서 조금 길게 돌아보는 말씀을 드린 뒤였다. 엷은 미소와 함께 최 사장님의 낯빛에서 피로가 서서히 사라지는 것을 느꼈다. 옆에 계시던 조능희 (당시) 기획조정본부장을 돌아보며 이렇게 말씀하시는 것으로 질문에 대한 대답을 대신했다. "이걸로 MBC 60주년 기획 세미나를 하면 좋을 것 같은데요!" 이 대화가 있기 30년 전, 그리고 개국 30년 후인 1990년의 MBC로 돌아가 보자.

1990년의 MBC, 방송의 차원이 달라지다

1990년이 되면서 시청자들은 TV 화면 속 세상의 차원이 달라진 것을 느꼈다. 드라마는 1월부터 장수봉 연출의 〈마당 깊은 집〉, 2월은 황인뢰-주찬옥의 〈여자는 무엇으로 사는가〉, 9월에는 또 장수봉의 〈춤추는 가얏고〉 등 MBC 미니시리즈의 명작들이 이어졌다. 그리고 다음해 1월 김기팔 극본, 고석만 연출의 대하드라마 〈땅〉, 5월에 김종학-송지나의 〈여명의 눈동자〉까지 완성도와 주제의식, 감각 등 모든 차원에서 TV 드라마가 한 단계 올라섰음을 보여주었다. 이때부터 시청자들 사이에 드라마 PD들의 작품 스타일을 구분해서 보는 인식이 생겨나기 시작했다.

시사교양에서는 1월 벽두부터 10부작 〈평화, 멀지만 가야할 길〉을 시작했고, 5월에는 그 길 위로 〈PD수첩〉의 역사적 등장이 있었다. 전영화, 이채훈 PD 등의 〈평화, 멀지만 가야할 길〉이 대한민국 국민의 인식 지평과 시민의식을 지구적 수준으로 확 열어젖혔다면, 〈PD수첩〉은 그 먼 길을 시청자와 함께 참 꾸준히 걸어왔다. 이 책에 함께 실린 박건식의 논문은 지난 30년 동안 한국 사회의 역사적 국면마다 빠지지 않고 〈PD수첩〉이 어떻게 임해왔는지, 그리고 그 의미는 무엇인지를 잘 설명하고 있다.

오락 프로그램은 1980년대를 거치며 코미디에서 점차 코믹 버라이어티 형식으로 중심이동이 있었는데, 송창의 PD의 〈일요일 일요일 밤에〉를 통해 1990년대의 TV 오락은 전통적인 2대 장르인 코미디와 버라이어티 쇼 앞에 예능이라는 범주를 세우게 되었다. 기본 설정만 가지고 무대 위에서 노는 '배워봅시다'와 진짜 현실 속으로 폭소 유발 장치를 가지고 들어간 '몰래카메라'가 그 연결고리였다. 1989년에 시작한 이웅주, 유근형 PD의 〈우정의 무대〉역시 병사를 관객이 아니라 출연자로 전환시켰는데, 이런 흐름들이 향후 리얼 예능으로의 전환을 이룩해냈다.

라디오에서 1990년은 〈배캠(배철수의 음악캠프)〉31년 역사의 배철수와 훗날 청취자의 '마왕'이 되는 신해철이 MBC에서 처음으로 DJ 경력을 시작한 해이다. 그런 한편으로 MBC 라디오에서는 진짜 역사의 기록이 진행되고 있었다. 최상일의 〈한국민요대전〉이다. 1989년 한승훈 PD가 제주도에서 시작한 채록 작업을 전라도 편으로 이어받은 최상일 PD의 전국 7년 여정이 시작된 것이다. 신라향가나 고려가요는 가사만 전할 뿐이어서 대체 「청산별곡」은 어떤 음률인지, "어긔야 어강됴리 아으 다롱디리"는 어떻게 불러야 하는지 우리는 알지 못한다. 악보나 녹음 기술이 없어 그때는 그랬다 치고, 악보도 있고 녹음기도 있는 현대에 이르러서도 우리 민요는 마찬가지로 사라질 처지에 놓여 있었다. 그랬는데 MBC 라디오 PD들이 전국 방방곡곡을 찾아다니며 한 곡 한 곡 담아와 매일 오후 4시 5분이면 3분 30초씩 꼬박꼬박 들려주었으니, 어느덧 '이런 프로그램이 있다'고 입소문을 타기 시작했는데, 그해가 1990년이었다.

이렇게 대단했던 한 해에 대해서는 당시 ≪시사저널≫ 11월 22일자의 기사를 통해서도 짐작할 수 있다. 1990년 가장 유익한 프로그램으로 MBC 휴먼 다큐멘터리 〈인간시대〉가, 그리고 가장 재미있었던 프로그램으로는 MBC 주말드라마 〈배반의 장미〉가 1등에 뽑혔다. 드라마 〈전원일기〉는 유익성 2위와 재미 3위를 한꺼번에 차지했다. 방송제작진이나 비평가들이 늘 외쳐온 그 유익과 재미의 결합을 1990년 MBC 프로그램들이 이룩한 것이다.

큰 이야기와 작은 이야기의 공명(共鳴)

1990년대의 의미를 돌아보는 이유는 유익하고 재미있는 프로그램을 그때는 잘 만들었으니 다시 한 번 의욕을 갖고 해보자는 차원에 머물지 않는다. 프로듀서와 기자가 좋은 프로그램을 만들고 훌륭한 취재와 보도를 해낸 것은 1990년대에 국한되지 않는다. 그 전과 후에도 좋은 프로그램은 많이 있다. 우리가 MBC 60년을 돌아보는 뜻도 10년 주기에 맞춰 의례적으로 한번 쭉 돌아보는 후일담이나 연보 정리에 있지 않다. 지금 MBC에 요구되는 학술적 분석의 의의는 어쩌면 돌아보는 데 있기보다 발견하는 데 있을 듯싶다. 그때 MBC는 어떻게 변화를 감지하고 시대적 요구에 반응할 수 있었는지, 그런 성찰성과 감각을 어떻게 프로그램에 담아냈는지를 발견하고, 그리하여 시청자로 대표되는 사회와의 소통을 어떻게 해냈는지, 그런 성과는 어떻게 회사에 유익으로 돌아왔으며 다시 더 나은 프로그램을 제작하게끔 하는 선순환의 기류를 만들어냈는지, 대체 MBC의 힘과 문화는 무엇이었는지를 발견하는 일 말이다.

따라서 MBC 60년에 대한 연구의 의의는 특정한 지상파 방송사의 개별적인 사례 분석에 머물지 않는 보편성을 갖는다. 한국 현대사의 주요 국면마다 방송이 어떻게 한 시대 시민의식을 대변했고 대중 정서를 이끌었는지, 그 감수성은 어디에서 온 것인지를 말해줄 수 있다고 보기 때문이다. 이를 구체적으로 밝히기 위하여 이 책은 MBC의 역사적 궤적과 정체성 그리고 TV 콘텐츠에 대한 분석을 발판으로 새로운 질문과 비판적 논점을 던지고 있다. 자세한 내용은 3부로 구성한 일곱 편의 논문을 참고하기 바라면서, 여기서는 그 전체를 아우르는 핵심 개념으로 시대정신과 방송의 공명 관계에 대해 살펴보기로 하자. 지난 세기 MBC 프로그램 한 편 한 편이 담고 있던 작은 이야기들은 시대정신이라는 큰 이야기와 어떻게 서로 공명해왔는가? 여기 세 개의 장면이 있다.

#1 자의식: 부산MBC와 4·19 생중계

4·19혁명의 시발점이 된 마산 3·15 부정선거 규탄 시위 후 마산상고 학생 김주열의 시신이 발견되면서 4월 11일 2차 마산의거가 일어났다. 당시 개국한 지 1년밖에 되지 않아 아직 규모가 작은 부산MBC였지만, 기자 다섯 명과 음악PD까지 방송사가 가진 취재 역량을 모두 동원해 마산 현지에서 라디오 보도를 했다. 거기에는 절절하게 외치는 구호와 경찰의 발포음, 현장에서 리포트하는 기자의 육성이 생생하게 담겨 있다. 그것이 얼마나 큰 용기와 사명감에 따른 결단이었을지는 당시 보도 내용만 들어봐도 느낌이 진하게 다가온다.

민주정치 도로 찾자! 일어서라 학생아! (시위 구호 현장음)

"지금 마산상업고등학교 학생들을 선두로 지금 대대적인 데모가 지금 벌어지고 있습니다." (김능화 기자의 현장 리포트)

(어지러운 현장 발포음)

"여러분 이 얼마나 눈물겨운 호소입니까. 국군아저씨들이여 우리 부모형제에게 총부리를 돌리지 마시라." (아나운서 멘트)

(부산MBC 개국 60주년 특집 〈뉴스데스크〉, 2019.4.15.)

당시 방송국은 국영 KBS, 종교 CBS 그리고 민영 부산MBC뿐이었다. 이러한 성격 구분이 분명한 상황에서 당시 부산MBC 구성원들은 역사의 현장에서 언론의 본원적 역할을 해낼 존재는 자신들밖에 없다고 생각했던 것 같다. 총성이 울리는 시위 현장에서 내보낸 육성 리포트는 한국 방송 역사에 유일한 예이다. 시민들의 기대와 성원이 자신들을 향하고 있다는 자의식이 이루어낸 일이다. MBC 문화방송의 이름으로 처음 출발할 때부터 4·19 현장 보도를 한 이 경험은 이후 하나씩 개국한 MBC 구성원들에게 자기 정체성을 이루는 하나의 유전자 같은 것이 되었으리라 짐작한다.[1]

#2 반영: 〈여성시대〉와 〈국가부도의 날〉

1997년 말 IMF를 전후하여 벌어진 MBC 라디오 속 두 개의 정경을 대비시켜보자. 하나는 〈세계는 지금〉의 폐지이다. 방송 시작 7년 만인

---

1 MBC의 역사와 정체성에 대해서는 이 책 제1부의 논문들에서 훌륭하게 논의되고 있다.

1998년 10월, 하필이면 IMF 기간 중 종영한 것이다. 세계의 거시적 동향부터 생활상까지 전달해주던 프로그램인데, 당시 많은 직장인들은 서경주 PD의 독특한 음색으로 기억할 것이다. 늦은 퇴근길 라디오에서 들려오는 조금 떨리는 듯하던 그 음색에 귀를 기울이다보면 세계의 동향을 자연스럽게 접할 수 있었다. 자투리 시간을 참으로 알차게 활용하게 해주던 프로그램이었다. 틈틈이 세계의 동향에 더 귀를 기울이도록 국제뉴스를 강화해야 할 시기에 〈세계는 지금〉은 MBC 라디오 편성표에서 빠져버렸다.

그에 비해 국가부도의 전조를 몇 달 전부터 나타낸 라디오 프로그램이 있었는데 그것은 뜻밖에도 〈여성시대〉였다. 이와 관련해 영화 〈국가부도의 날〉 첫 장면은 그 상황을 잘 증언하고 있다. 종합금융사 과장 윤정학(유아인)은 갑자기 투자금을 회수하는 외국 투자사에 급히 통화를 시도하는데, 그때 회사버스 라디오에서 시청자 사연이 들려온다. "엄마 가게에 며칠째 손님이 없다 …. 오빠네 회사에서 월급을 안 준다 …. 아버지 회사가 부도가 나 이사를 하게 됐다 …." 그 사연을 들으며 유아인이 "아저씨, 이거 무슨 프로예요?" 하고 묻자 기사가 대답한다. "아하 이거요. 여성시대 아닙니까!"

〈여성시대〉는 사소한 일상 속 사연을 받아 읽어주면서, 인생 경륜이 있는 진행자(그 당시 손숙, 지금은 양희은)가 기쁨은 축하하고 슬픔은 위로하고 고민에는 대안이 될 만한 지혜를 나누는 프로그램이다. 정찬형 PD는 "하루 300~400통의 편지와 전화로 사회를 조금 더 빨리 볼 수 있었고, … 고민을 나누는 데서 오는 카타르시스에 더하여 구체적인 대안을 찾으려고 노력했다"고 말한다(≪동아일보≫, 1999.5.27.). 정찬형 PD의 이 말로부터 우리는 시청자 사연을 방송 소재로 한 번 쓰고 마는 소모품이 아니라, 사회의 큰 그림을 이루는 아주 작지만 절대 없어서는 안 될 퍼즐 조각으로 여겼음을 짐작할 수 있다. 하루 300~400통에 이르는 편지와 전화 사연들보다 더 자세하고 방대한 취재를 해낼 뉴스 조직이 있을까? 그러니 〈여성시대〉는 IMF 국가부도사태를 그 어느 시사보도 프로그램보다 더 먼저 그리고 더 구체적으로 감지하는 센서 역할을 해낸 것이다.

이처럼 비슷한 시기에 MBC에서 발생한 두 사례는 상반된 모습을 나타낸다. 한 프로그램은 거대한 파국이 닥치기 전에 먼저 고통을 겪기 시작한 서민들과 대화의 끈을 붙들고 있어서 전체 그림을 미리 그려낸 반면, 다른 프로그램은 이미 닥친 난국 속에서조차 더듬이를 스스로 접어버리는 결정을 내린 것이다. 하루하루 진행되는 현실 속에서 무엇을 프로그램에 반영해야 시청자의 공감을 얻을 수 있을까? 결국 제작진의 감응력과 자세에 따라서 프로그램의 결과는 확연히 달라질 것이다. 방송의 작은 이야기들이 시대의 큰 이야기와 공명하는 바탕에 사람이 있음을 이 두 사례는 잘 보여준다.

#3 표현: 〈코믹 다큐〉와 〈양심냉장고〉, 방송은 시청자의 거울

주철환 PD의 〈코믹 다큐, 방송에 산다〉(1993)와 김영희 PD의 〈양심냉장고, 정지선 지키기 프로젝트〉(1996)는 코미디 시대에는 상상도 못하던 형식의 등장이었다. 〈코믹 다큐〉는 일부러 흑백화면을 사용해 유신시대 국민계도 영상물의 경직된 형식을 패러디한 코미디였다. 아침에 기상하며 "오늘도 보람된 하루를 보내야지!" 다짐하고, 출근길은 군사훈련 하듯이 걷고, 건널목 신호를 위반하는 행인을 훈계하여 감화시키는 등 대중가수 손무현의 하루를 기본 틀로 하고 있다. 이는 말하자면 독재 체제의 규범에 충성하는 모범 '신민'의 삶을 풍자한 것이다. 〈양심냉장고〉는 건널목 정지선을 정확하게 지킨 운전자에게 냉장고를 선물로 주는 일종의 현실참여형 예능이었다. 영동대로 왕복 14차로의 승용차들이 모두 정확하게 건널목 정지선을 지키는지 고층 빌딩 옥상 에서 부감으로 시청자와 함께 지켜보는데, 요즘 말로 "이게 뭐라고" 엄청난 관심을 불러일으켰다. 처음에는 엉망으로 침범하던 상황이다가, 냉장고 상품이 알려지면서 같은 구간을 반복해 도는 차량들 등장, 마침내 주변 직장인들이 시민의 명예를 걸고 한번 해보자고 대거 출동하기에 이르렀다. 거듭된 아슬아슬한 실패 뒤 마침내 성공한 순간, 화면 속 운전자와 화면 밖 시청자들은 해냈다는 자긍심에 환호했다. 웃자고 한 게임과 시민 프로젝트가 극적으로 결합된 것이다.

이 예에서 우리는 '방송의 주인은 시청자'라는 말이 어떻게 한 차원 높게 구현 가능한 것인지 발견하게 된다. 이 두 편을 보면서 시청자들은 조롱 → 자각과 반성 → 변화와 성취라는 일련의 내적 발전을 경험한다. 〈코믹 다큐〉에서는 과거 선전영상물의 억지스러움이 웃음의 요소이지만 그 시대 선전과 통치의 대상이었던 자신의 모습을 회상하는 단계로 자연스럽게 이어졌을 것이다. 〈양심냉장고〉에서 웃음과 질타를 자아낸 무질서의 실행자는 처음에는 화면 속 운전자였지만 그것은 당연히 시청자 자신의 모습이기도 했다. 그런 자각과 반성을 경유했기에 성취의 기쁨에 공감하지 않았겠는가. TV 프로그램이 하나의 거울이 되어줌으로써 시청자들은 반사적인 폭소 반응 이상의 내적 깨달음의 시간을 가질 수 있었을 것이다.

MBC에 있는 것: 〈놀면 뭐하니〉, 〈스트레이트〉, 〈오느른〉

MBC가 지난 세기 시대정신과 공명한 여러 사례들 가운데 세 장면만 꼽아서 살펴보았다. 현재의 MBC에는 그런 장면이 없을까?

21세기 들어 방송 주변 상황은 급변했다. 시청 행태도, 미디어 간 연결관계도 변화했다.[2] 예전에는 많은 기준이 지상파 방송의 편성표에 맞춰져 있었지만 이제 그 중심추는 시청자 개인에게 옮겨졌다. 정보는 진위 여부와 무관하게 유튜브나 SNS를 타고 유통되고, 영상 콘텐츠는 OTT에서 몰아보거나, 보고 싶은 것들만 모아서 본다. 비록 지상파 방송이 이런 변화 속에 생존의 과제를 떠안게 되었다고 해도, 거기에 파묻혀 그보다 상위의 가치를 잊어서는 안 된다.

〈놀면 뭐하니〉의 유재석의 모습은 이 대목에서 자못 상징적이다. 혼자 남은 그는 미리 고안된 캐릭터가 아닌 유재석 자신으로 무엇이든 해내야 한다. 라면도 끓이고, 부캐(릭터)를 만들어 트로트 음원도 내고, 자전거 강습도 한다. 무엇이든 맨바닥에서 처음으로 해보는 유재석의 모색들은 마치 지상파 방송의 영도($0°$)를 보고 있는 듯하다. 그런데 시청자 눈앞에서 무언가를 만들어가는 이런 자세는 유독 MBC에서는 낯설지 않다. 다 해결된 일을 전달하는 게 아니라 함께 파고들어 해결책을 모색하려한 〈PD수첩〉의 모습이 그랬고, 상황을 던져놓고 시청자와 함께 웃음과 감동을 낚기 위해 다각도로 모색하던 참여형 예능들이 그랬다. 지금도 그렇게 '만들어가는' 모습들은 MBC 곳곳에서 보인다. 가

---

2 구체적인 상황 분석과 다양한 대안에 대해서는 이 책 제3부의 논문들에서 다루고 있다.

장 세련된 지성미를 갖춘 양윤경 기자의 산길 추격전까지 마다 않으며 취재 현장을 누비는 〈스트레이트〉, 무계획적으로 시작한 시골살이 브이로그임에도 시간이 흐르면서 모양새를 갖춰가며 은은한 감동을 주는 최별 PD의 〈오느른〉 등 오늘도 MBC는 시청자의 눈앞에 살아 있다.

이렇게 MBC에는 특별한 것들이 많다. 항상 낮은 곳에서 바라보는 시선, 시청자와의 관계를 소중하게 프로그램에 담고자 하는 자세, 그리고 현장 속으로 들어가 시대의 더듬이가 되고 시청자의 거울이 되어온 60년의 역사가 그렇다. 이 책은 그렇게 시대정신과 함께한 MBC 60년의 역사와 그것이 현재 상황에 던져주는 의미를 담고자 한 탐구의 결과이다. 이 책의 발간이 방송계와 학계에서 함께 대화하고 고민하고 모색하는 계기가 되기를 바란다.

아울러 2021년 9월 10일과 17일, 두 차례에 걸쳐 진행한 MBC 60주년 기념 세미나를 함께 주최한 MBC 박성제 사장님과 한국언론정보학회 박선희 회장님, 이 학술서의 발간을 지원해주신 방송문화진흥회의 권태선 이사장님, 그리고 학술서의 기획을 주관한 주창윤 교수님과 언론정보학회의 필진 선생님들께 감사의 뜻을 전한다.

차례

제3부 지상파와 21세기 방송

제1부
MBC, 공영방송을 위한 여정

제1장

다시 쓰는 MBC의 역사

최이숙 · 이성민

1. 들어가며: MBC의 시작은 언제일까?

질문을 하나 던져본다. 2021년은 MBC 창사 60주년일까? 62주년일까?

주지하다시피 지금의 한국문화방송은 1959년 일본의 전파 월경을 막기 위해 허가된 부산문화방송에서 시작되었다. 부산문화방송은 일본 민간 상업방송의 성공을 목도한 정환옥의 끈질긴 제안으로 카바레와 예식장을 운영하던 김상용이 함께 설립한 우리나라 최초의 민간 상업방송이었다. 개국 이후 경영난에 빠진 부산문화방송을 조선견직(당시 재계 6위)과 부산일보의 소유주인 김지태가 인수하면서 신문/방송 겸영 기업으로 탈바꿈했다. 지역 광고시장의 한계, 프로그램 제작을 위한 인적 인프라의 문제를 해소하기 위해 서울에 한국문화방송을 설립하며 전국 네트워크를 지닌 최초의 민간 상업방송사가 되었다. 1962년 김지태 소유의 부산일보와 한국문화방송이 5·16장학회로 그 소유권이 이전된 후 MBC는 국영 KBS보다도 빠른 속도로 전국 네트워크화를 이뤘다. 그 결과 한반도의 많은 지역에서 청취자들이 KBS와 함께 선택할 수 있는 채널로 자리매김했다.

초기 MBC의 역사를 고려할 때, 서울에서 한국문화방송이라는 이름으로 방송이 시작된 시기를 기준으로 2021년을 MBC 60주년이라고 규정한다면 'MBC의 모태'를 이룬 1959~1961년까지의 부산 MBC 역사는 어떻게 평가해야 할까? MBC가 지칭하는 것이 한국문화방송 네트워크가 아니라 서울에 근거지를 둔 한국문화방송만을 의미한다면, MBC 확장/성장의 또 다른 부분이었던 지역 방송의 역사는 어떻게 위치지어야 할까?

이러한 물음은 단순히 MBC의 창립 시점을 언제로 볼 것이며 무엇이 맞는가에 대한 것이 아니다. MBC의 역사를 특징짓는 사건들은 — 예를 들면 1960~1970년대 전국 네트워크화, 1980년 언론통폐합과 지역 MBC의 계열사화, 최근 각 지역 MBC의 통합 — 한국 방송의 역사를 기록하는 것이 무엇이며, 이 기록 속에서 서울과는 다른 방송 정경, 이 환경 속에서 프로그램을 제작하고 수용했던 사람들의 경험을 어떻게 다뤄야 하는지 묻고 있다.

부산문화방송 탄생 전후 지역 방송 상황이나 방송국 운영에 대한 연구(김민남·문종대·이범수, 2002; 최화웅·백성기·곽근수, 2011; 최이숙, 2015)나 최근의 지역 방송에 대한 논의가 시사하듯(예를 들면, 김영수, 2012; 윤희각·남인용, 2017), 지역의 방송 환경은 흔히 한국 방송사에서 그려내는 미디어 정경과는 사뭇 다른 모습을 보인다. 한국문화방송이 지역에서 출발한 방송이자 한국 방송의 역사적 굴곡에 따라 지역과 맺는 관계가 변화해왔음에도, 이러한 논의는 이제까지의 방송사 기술에서 삭제되거

나 사사(社史)의 마지막에 별책부록처럼 취급되기 일쑤였다.[1]

플랫폼으로서 MBC의 역사를 서술하는 이 글은 이러한 변동이 지역이라는 공간에서는 어떻게 펼쳐졌는지를 미약하나마 함께 서술하고자 한다. 네트워크로서의 지역 MBC의 시작 시점이 각기 상이하며, 지역의 공론장으로서의 방송의 모습은 각기 다르기 때문에 이 글에서 모든 지역을 다 포괄할 수는 없다. 따라서 부산과 대전 지역을 중심으로 방송 환경의 변화가 어떠한 의미를 갖는지에 대해서 논의하고자 한다.[2] 또한 다채널화와 다매체화, 디지털화라는 미디어 환경의 변화 속에서 MBC의 콘텐츠 중심 플랫폼 확장의 과정을 살펴보고, 이러한 변화 속에서 지역 MBC의 대응에 대해 논의하고자 한다.

2. 부산에서 시작해 전국적인 네트워크로 자리하다:
라디오 시기 한국문화방송(1959~1968)

1) 후기 식민 도시 부산에서 첫 전파를 올리다

한국 방송사에서 '문화방송'이 등장한 것은 1959년 부산에서였다. 초기 한국 방송사가 서울을 중심으로 전개되던 것과 달리 최초의 민간

---

1 2011년 발간된 『문화방송 50년사』의 경우, 지역 MBC의 역사는 포함되지 않았다.

2 지역의 맥락에서 MBC의 역사를 읽어내기 위해 이 글은 기존의 사료(예를 들면 각 지역 MBC 사사)와 연구 외에 최이숙이 수행했던 부산문화방송 제작진(곽근수 전 광고사업국장, 김봉수 전 보도국장, 백성기 전 편성국장)과의 구술인터뷰 자료를 활용했다.

상업방송이 지역에서 시작될 수 있었던 것은 서울과는 상이했던 부산의 방송 환경 때문이었다. 부산은 식민지 시절부터 '리틀 재팬'이라고 불릴 만큼 일본 문화의 영향이 강했던 곳이었고, 지리적 여건으로 인해 서울의 방송보다는 일본 방송이 더 깨끗하게 수신되던 곳이었다. 부산은 흔히 냉전 체제하에서 선전전과 국민 위안을 강조하던 국내 방송의 영향에서 가장 먼 곳이었고, 1950년대 태동한 일본 상업방송이 왜색 철폐를 내세웠던 정부 방침에 아랑곳 하지 않고 시내 다방이나 가정에서 애청되던 곳이었다(최이숙, 2015). 부산지역에 거주하거나 활동하던 방송인들이 기억하듯이 부산은 다른 국내의 그 어떤 곳보다도 상업방송에 대한 이해가 높은 것이었다(전응덕 구술, 강명구·백미숙, 2006). 방송기술자 정환옥의 끈질긴 주장에 김상용이 호응할 수 있었던 것은 이러한 공간적 특색에서 기인한다(전응덕, 2002; 최화웅·백성기·곽근수, 2011). 국민 위안과 선전의 수단으로 방송을 바라봤던 이승만 정부가 부산지역에 민간 방송 설립을 허락한 것 역시 "한국에 침투해 들어오는 일본 상업방송의 전파를 견제하기 위해 이에 대응할 민간 방송이 설립될 필요성"[3](부산문화방송, 1969, 최화웅·백성기·곽근수, 2011: 49 재인용)

---

3 『부산문화방송 10년사』에 언급된 다른 설립목적은 다음과 같다. "부산 지방은 일본 상업방송의 영향으로 일반 청취자들의 상업방송에 대한 이해가 국내 어느 지역보다 높은 수준에 있어 상업방송 설립의 소지가 마련된 셈으로 부산 지방의 산업발전과 함께 상업방송이 기업으로 성공할 전망이 있으며, 모든 문화 활동이 중앙편중적인 실정하에서 부산에 상업방송을 설립하여 지방문화 발전에 기여한다는 것은 부산 출신 기업인으로서 보람 있는 일이 된다는 등으로 분석, 전망한 때문이었다"(부산문화방송, 1969, 최화웅·백성기·곽근수, 2011: 49 재인용).

에 동의했기 때문이다.

이러한 배경 속에서 1959년 4월 15일 부산문화방송은 첫 전파를 쐈다. 개국과 동시에 페이딩으로 제대로 들리지 않고 재미없었던 부산 KBS와 달리 부산 청취자의 마음을 사로잡았다. 초창기 부산문화방송은 청취율 제고를 위해 주 청취시간대에 따른 차별화된 편성전략을 실시했다. 초기 방송부장 이수열은 일본 상업방송의 모델을 참고하여 10분 내외의 프로그램을 편성했는데, 1950년대 당시 부산방송국(HLKB, KBS 부산)의 프로그램이 20분 이상의 대형 프로그램이었던 것과는 구별되는 편성이었다(최화웅·곽근수·백성기, 2011; 최이숙, 2015). 장르상으로 볼 때, 음악(45%)과 연예오락(25%) 프로그램이 주가 되었고, 보도와 교양(10%), 어린이·기타(10%)가 뒤를 이었다.[4] 6·25기념식, 스포츠 등의 실황중계, 문화제 성격의 공개 방송(예를 들면 12월 HLKU 문화제)은 방송의 위력을 여과 없이 보여주었다. 김상용이 운영하는 '백화당'(카바레)에서 춤추는 장면을 그대로 생중계한 〈유혹의 댄스파티〉처럼 초기 부산 MBC는 "방송 내용이 딱딱한 KBS와 달리 저속"하다(≪국제신문≫, 1959. 5. 31.)는 비판에 직면하기도 했다(김민남·문종대·이범수, 2002).

부산문화방송이 지역민들에게 국영 KBS와는 다른 '우리들의 방송'으로 본격적으로 인식된 것은 보도 프로그램을 통해서였다. 1959년 사라호 태풍 보도, 1960년 3·15부정선거와 김주열 어머니의 육성 보도, 마

---

4 당시 음악방송 및 연예오락 프로그램의 높은 편성 비중은 일본 상업방송뿐 아니라 KBS 부산 방송국의 편성 비율과 유사하다. 이는 일본 상업방송이 청취 가능한 대안이었던 부산지역 방송의 특성으로 보는 편이 타당할 것으로 보인다.

산시위 현장 보도뿐 아니라 〈라디오 브리지〉와 같은 시사비평 프로그램을 통해 저널리즘 매체로서의 방송의 가능성을 최초로 보여주었다.

하지만 국민소득 100달러도 되지 않던 시절 "민중과 함께 즐길 수 있는 재미있는 방송"[5]을 지역에서 시작한다는 것은 쉬운 일이 아니었다. 개국과 함께 부산문화방송은 지역에서 독보적인 위치를 차지했지만, 경영은 순탄치 않았다. 방송이 수익을 얻기까지 초기에 소요되는 투자비용은 김상용이 감당하기에는 너무 컸다. 창사 이후에도 주식납입금 불입이 순조롭지 못했고, 당시로서는 뉴미디어였던 라디오의 광고효과에 대한 의구심으로 광고주의 확보가 쉽지 않아 직원들의 월급은 밀리기 일쑤였다(김민남·문종대·이범수, 2002). 특히 1959년 사라호 태풍의 피해로 인해 경기가 침체되면서 임금은 체불되고 프로그램 제작비를 확보하는 데 어려움을 겪었다. 문화사업의 꿈을 꾸고 방송을 시작했던 김상용은 1959년 9월 당시 경남도청 산업국장에서 퇴직한 안성수를 영입하여 추가자본 출자를 담당케 한 데 이어, 1960년 4월 부산일보와 조선견직의 사장 김지태에게 자신의 보유 주식을 넘겼다(부산문화방송, 2009).

지역의 방송국이 겪을 수밖에 없었던 여러 한계 역시 새로운 시도를 하기에 큰 장애였다. 1950년대 후반부터 라디오 붐을 이끌었던 드라마와 일부 오락 프로그램의 경우, 인력 문제로 인해 서울에서 직접 제작 방영하기도 했지만, 그 제작비가 만만치 않았다. 부산이라는 제한적인 광고시장의 문제, 콘텐츠 제작의 어려움을 해소하기 위해 부산문화방송은

---

5 "방송이 가야할 길 下: 앞날의 계획과 희망"(《국제신문》, 1959.6.2.) 중 김
   종만 부산문화방송 전무의 발언.

설립 직후부터 서울로의 진출을 모색하게 된다(부산문화방송, 2009). 부
산문화방송의 이와 같은 역사는 방송을 송출한다는 것이 기술적인 문제
뿐만 아니라, 다양한 문화적·경제적 인프라가 구축되었을 때 가능한 일
임을 다시금 보여준다. 식민도시, 피난도시로서 부산이 경제적 자생성
을 지나고 있었지만, 이러한 자생성이 광고 수입의 확대로까지 이어지
는 데에는 다소 시간이 필요했다.

2) 서울에 등장한 최초의 민간 상업방송과 라디오 시대

부산 MBC가 겪은 어려움은 어찌 보면 문화 및 광고시장의 서울 중
심성에서 비롯된 문제였다. 이를 해결하기 위해 김상용은 자금이 충분
치 않았음에도 불구하고, 개국 초부터 제작비 절감과 광고주 확보를 목
적으로 서울에 민방을 설립하고자 했다. 그리고 1959년 6월 18일 체신
부로부터 허가를 받았지만, 끝내 개국하지는 못했다(최화웅·백성기·곽
근수, 2011). 새로이 경영권을 양도 받은 김지태 역시 서울과 부산 MBC
간의 네트워킹을 통해 제작비를 절감하고 경영을 합리화하기 위해 서
울에 방송국 설립을 준비했다(문화방송, 1992). 민간 방송의 허가가 쉽
지 않았던 상황에서 김지태는 이를 실현하기 위해 기존에 체신부로부
터 허가권을 가지고 있던 고희동으로부터 권리를 양도받은 뒤, 당대 최
고의 방송인인 최창봉을 영입하여 동일가구 4층에서 개국 준비를 시작
했다.[6] 최창봉을 필두로 차범석, 배준호 등이 개국 준비요원으로 참여

6　서울문화방송의 이름은 서울민간방송이었다. 그러나 서울문화방송으로 허가
　를 받은 김상용이 방송을 기한 내에 개국하지 못하면서 서울문화방송이라는
　이름을 사용할 수 있게 되자 김지태는 사명을 서울문화방송으로 개칭하고 부

하고, 기존 부산문화방송에서 활동하던 김영효와 손형식,[7] 그리고 성우, 아나운서, 기자에 대한 수습요원 등 18명의 개국 요원이 본격적인 준비를 시작했다. 1년여 간의 준비 끝에 문화방송은 12월 2일 역사적인 개국을 맞이했다. 부산문화방송이 처음 등장했을 때와 마찬가지로 저속하다는 평가도 있었지만, MBC는 "대중적인 구미에 맞는 프로로 청취자들을 단시간에 끌어들이는 데" 성공했다(≪경향신문≫, 1962.12.4.). 그야말로 MBC의 독주시대였다(정순일, 1991).

1963년 동아방송, 1964년 라디오 서울의 개국과 함께 함께 서울을 중심으로 한국은 본격적인 라디오 시대를 맞이하게 되었다. 민방 3사는 기존의 드라마와 음악방송 외에 새로운 포맷의 프로그램, 예를 들면 심야시간의 디스크자키 프로그램, 시사비평, 생활정보, 다양한 실황중계(1963년 대통령 선거 개표방송, 도쿄 올림픽 중계방송, 스포츠 중계)를 내세우며 불꽃 튀는 청취율 경쟁을 펼쳤다(백미숙, 2007; 정순일, 1991). 민방의 탄생으로 인구 1,000명당 라디오 보급대수도 1960년 16.82대에서 1967년 81.5대로 급격하게 증가했고, 라디오는 도시 사람들의 일상을 함께 하는 삶의 동반자로 자리했다(김영희, 2009).

MBC 라디오는 그 편성에서 초창기부터 민간 상업방송의 특성을 그대로 보여주었다. 개국 초기부터 MBC의 편성에서 가장 많은 비중을 차지하는 것은 오락 프로그램이었다(〈표 1-1〉 참조).

이 시기 다른 민방과 마찬가지로 MBC의 편성은 일본의 민간 상업방

산·서울의 네트워크를 포함하는 한국문화방송을 창립했다.

7 1961년 12월 25일까지 당시 부산문화방송에서 활동하던 방송요원의 1/3이 한국문화방송으로 전출된다(최화웅·곽근수·백성기, 2011).

<表 1-1> 1960년대 서울 MBC의 편성 비율

	보도	교양	오락	기타
개국 당시	11%	25%	61%	8%
1962.8.1.	10.7%	23.5%	65.8%	
1963.5.6.	13.8%	28.0%	58.2%	
1968.10.21	17.9%	26.9%	55.2%	

자료: ≪경향신문≫, 1968.10.23.; 문화방송, 1992.

송을 모델로 하고 있었다. 원로 방송인 정순일은 당시 MBC 프로그램에 대해 "일본에서 성공한 프로그램 구성형식을 빌어 집중 편성하자 MBC의 청취율은 죽죽 올라갔다"(정순일, 1991: 121)고 회고했다. 하지만 민방 간의 경쟁 속에 "다이얼을 보지 않고는 어느 방송인지 모를 정도"(≪경향신문≫, 1966.5.4.)라는 평가를 받을 정도로 민방 간의 특색은 사라졌다.

3) 가장 빠르고 광범위하게 전국으로 연결되다

라디오 시기 MBC 역사에서 가장 특이할 만한 사실은 한국문화방송의 전국 네트워크화이다. 서울과 부산 간의 가맹체제 외에 1963년 대구, 1964년 광주, 대전, 전주 4개 도시에 지역국이 개국한 데 이어 1968년 울산, 진주, 영동(강릉), 강원(춘천), 남양(제주), 1969년 마산, 1970년 남해(여수), 안동, 원주, 충청(청주), 중원(충주), 1971년에는 동해방송과 포항 MBC가 개국(라디오 방송국)했다(문화방송, 1992).

사실 MBC의 지역 네트워크 확장은 당시의 상황으로 보면 이례적인 일이었다. 군사정부 출범 이후 민간 방송의 광범위한 지역국 설치는 MBC가 거의 유일하다고 해도 과언이 아니다. 군사정부와 대척점에 있었던 동아방송의 경우, 지역국의 개국, TV 및 FM에 대한 설립 허가를 받지 못했다. 동양방송의 경우, 부산의 TV국을 제외하고 지역국을 개국하지 못해 다양한 지역 민방과 가맹관계를 맺어 지리적 한계를 해소했다. KBS, MBC를 제외하고 가장 많은 지역국을 보유하고 있었던 방송사는 CBS였는데(부산, 대구, 광주), 모두 5·16쿠데타 전후 개국허가를 받은 것이었다(CBS사사편찬위원회, 2004).

국영 KBS보다도 더 빠른 속도로 진행된 MBC의 전국 네트워크화 과정에 대해 기존 방송인의 구술이나 연구들은 군사 쿠데타 이후 MBC가 "권력밀착형 경영구조"(강형철, 2002: 63)가 되었기 때문으로 설명한다(강명구·백미숙, 2007: 정순일 구술 편; 강형철, 2002; 정순일, 1991). 1962년 6월 사주 김지태가 〈외국환관리법〉 위반 혐의로 구속되고 부산일보, 부산문화방송, 한국문화방송의 소유권이 5·16장학회로 양도되면서, MBC는 친정부적인 단체에 의해 운영되는 방송국으로 탈바꿈했다. 김지태의 뒤를 이어 서울 MBC의 사장으로 취임한 고원증(군사정부의 초대 법무부장관), 황용주, 조중출(모두 박정희와 대구사범 동기), 부산 MBC의 사장이었던 김영기(박정희의 스승)는 정권과 긴밀한 관계를 맺은 인물들이었다(강형철, 2002; 정순일, 1991). 이러한 배경 속에서 MBC는 큰 무리 없이 5개 직할국과 14개 가맹사를 갖춘 전국 라디오 네트워크를 형성하게 되었다. 이를 통해 자사의 프로그램을 지역으로까지 송출하게 되면서 KBS를 제외하고 지역에서 선택할 수 있는 거의 유일한 민간 상업방송으로 자리하게 되었다. 이 때문에 이 시기 지역에서 문화방송은 민간 방송사 간의 경쟁이 치열했던 서울과 달리 청취율 면에서 독보적인 위치를 차지했다(대전문화방송, 1996; 부산문화방송, 2009).[8]

MBC의 빠른 전국 네트워크화는 플랫폼의 확장이라는 측면 외에 매우 다층적인 의미를 지닌다. 지역에서의 독점적 지위는 지역방송 광고의 독점과 수입 증가로 이어졌다. 일례로 부산문화방송국은 개국 첫해 4,495만 9,000환에 불과했던 수입이 1968년 말에는 2억 5,000만 원에 달해 무려 60배에 가까운 성장세를 보였다(부산문화방송, 2009). 그러나 한국 경제 및 이와 연동된 광고시장이 수도권을 중심으로 형성되었던 상황에서 부산을 제외하고 지역 MBC의 광고수익이 전체 MBC 네트워크에서 차지하는 비중은 크지 않았다(한국문화방송, 1992). "지방에 네트워크를 갖고 있던 탓인지 서울 청취자를 위해 신경을 안 쓰는 것 같다"는 언급처럼(≪경향신문≫, 1966.5.4.) 전국 네트워크화는 서울 MBC 프로그램이 다른 민방에 비해 부실한 원인으로 지적되기도 했다.

　지역 방송국의 설립은 지역사회 새로운 문화적 공론장의 탄생을 의미하는 것이기도 했다. 각 지역 방송사들은 서울 MBC에서 제작하는 주요 프로그램들을 중계·방송하는 것 외에 자체 콘텐츠를 제작했다. 로컬 프로그램이 지역 방송의 편성에서 차지하는 비율은 시기별로 각각 상이했다. 1961년 2월 한국문화방송 개국 당시 가맹관계를 맺은 부산 MBC의 경우 연속극 등 몇몇 프로그램만 제휴하고 편성권은 완전히 독립되어 있었다. 1963년 대구문화방송국의 개국을 계기로 한국문화방송 체제하에서 본격적인 네트워크 편성이 이뤄지면서 서울에서 받는 릴레이 프로그램과 테이프로 제공받는 패키지 프로그램의 비중이 증가했다(부산문화방송, 2009; 최화웅·곽근수·백성기 2011). 일례로 1964년 부

8　일례로 이 시기 부산문화방송의 지위는 "부산 사람들이 부산시장 이름은 몰라도 부산문화방송 사장이 안성수라는 것은 다 안다"는 김봉수의 언급에서 짐작할 수 있을 것이다.

산문화방송의 자체제작 프로그램의 경우, 44.4%로 이전 시기에 비해 줄었다(채백, 2012). 대전문화방송의 경우, 개국 당시 로컬 프로그램의 비중은 17%였지만, 1965년 당시 38.2%, 1971년 10월 41.%로 높아져 갔다(대전문화방송, 1996). 1960년대 전국 네트워크화가 이뤄졌지만, 마이크로망이 제대로 가설되지 않았기 때문에 패키지 프로그램의 경우 서울보다 한 주씩 늦게 방영되어 방송의 즉시성과 동시성을 살리지 못하는 경우가 많았다(대전문화방송, 1996; 부산문화방송, 2009). 송출 기술의 미발달은 역으로 지역 방송들이 지역의 소식을 전하고 지역민들이 참여할 수 있는 공개방송, 리퀘스트 프로그램 등 지역밀착형 프로그램을 방송할 수 있는 공간을 열어주었다. 또한 〈자갈치 아지매〉(부산문화방송)처럼 그동안 금기시되던 사투리를 구사하는 진행자가 시사비평을 하는 프로그램 등 지역색을 살린 시도 역시 가능할 수 있었다.

3. 전파 플랫폼의 확장: TV, FM의 등장(1969~1979)[9]

1) TV 시대 뒤늦게 합류하다

흔히 한국방송사에서 1970년대는 1960년대부터 시작된 TV 붐이 본격적으로 펼쳐진 시대였다.[10] 경제개발계획에 따른 소득수준의 향상,

---

9 플랫폼의 측면에서 볼 때, 이 시기 MBC의 변화라고 한다면, TV, FM 등 새로운 전파 매체의 등장과 함께 5·16장학회가 소유하고 있던 경향신문과의 합병을 들 수 있을 것이다.

10 우리나라에서 텔레비전 방송이 등장한 것은 1956년 5월 HLKZ-TV였다. 서울

<표 1-2> 연도별 텔레비전 수상기 보급 추이

연도	등록대수	가구당 보급률	분포율			
			서울	지방	도시	농촌
1963	34,774	0.7	100		100	
1964	32,402	0.6	100		100	
1965	31,710	0.5	100		100	
1966	43,464	0.8	100		100	
1967	76,224	1.3	88.8	11.2	100	
1968	118,262	2.1	75.0	25	100	
1969	223,695	3.9	67.0	33	100	
1970	379,564	6.3	63.7	36.3	94.5	5.5
1971	646,392	10.1	59.7	40.3	92	8
1972	905,363	14.3	56.2	43.8	90.1	9.9
1973	1,282,122	19.9	49.3	50.7	86.7	13.3
1974	1,618,617	24.2	43.6	56.4	82.5	17.5
1975	2,061,072	30.3	40.3	59.7	77.3	22.7
1976	2,809,131	41.1	35.3	64.7	71.7	28.3
1977	3,804,535	54.3	32.5	67.5	69.7	30.3
1978	5,135,496	70.7	29.5	70.5	66.6	33.4
1979	5,967,952	79.1	26.6	73.4	63.3	36.7

자료: 김영희(2011: 281).

TV 수상기의 국내 생산에 따른 가격 하락, 민방 출현(1964년 TBC, 1969년 MBC)에 따른 프로그램의 다양화, KBS 및 MBC의 전국 네트워크화에 따른 시청지역 확대가 맞물리면서, 한국의 방송은 본격적인 TV 시

종로 일대를 중심으로 3년여 간 전파를 송출했지만, 불의의 화재로 소실되고 말았다. 그 뒤 '혁명정부의 크리스마스 선물'로 국영 KBS-TV가 급박하게 방송을 시작했지만, 아직까지 가정 안의 일상적 매체로 자리하기까지는 한계가 있었다(임종수, 2004a)

〈표 1-3〉 TV 개국 이후 각 플랫폼별 광고매출 추이

구분/연도		1969	1970	1971	1972	1973
TV	서울	264,135,561	844,109,717	998,507,476	1,339,249,820	2,091,004,763
	지방		296,514,833	691,854,608	1,001,978,458	1,494,315,676
	계	264,135,561	1,140,624,550	1,690,362,084	2,341,228,278	3,585,320,439
AM	서울	425,110,117	520,692,775	537,427,614	588,137,092	617,786,969
	지방	1,309,250,333	1,567,311,039	1,657,703,519	1,761,811,075	1,893,437,078
	계	1,734,360,450	2,088,003,814	2,195,131,133	2,349,948,167	2,511,224,047
FM	서울			6,329,880	31,343,951	64,969,059
	지방		1818200	1,294,060	8,288,344	21,152,041
	계		1,818,200	7,623,940	39,632,295	86,121,100

구분/연도		1974	1975	1976	1977	1978
TV	서울	3,410,192,615	6,554,968,242	8,968,316,045	11,478,683,313	17,872,424,109
	지방	2,297,686,668	3,946,935,603	5,416,771,792	6,767,543,887	10,017,532,941
	계	5,707,879,283	10,501,903,845	14,385,087,837	18,246,227,200	27,889,957,050
AM	서울	850,430,628	1,299,964,436	1,601,399,881	2,103,774,916	3,366,289,787
	지방	2,435,047,043	3,458,725,307	4,371,829,635	5,422,031,502	7,646,340,444
	계	3,285,477,671	4,758,689,743	5,973,229,516	7,525,806,418	11,012,630,231
FM	서울	107,441,473	182,297,627	285,296,848	473,413,468	889,192,419
	지방	42,167,606	74,332,196	98,186,510	138,859,099	226,925,817
	계	149,609,079	256,629,823	383,483,358	612,272,567	1,116,118,236

자료: 문화방송(1992: 347-348 재구성).

대에 접어들게 된다. 〈표 1-2〉에서 알 수 있듯이 TV 수상기가 지방, 그리고 농촌지역으로까지 보급되면서 TV는 본격적으로 가정 내 매체로 자리하기 시작했다(임종수, 2004a).[11]

---

11 이 수치는 공식적으로 등록된 수상기 보급대수인 듯하다. 부산지역의 경우, 이미 1962년 약 880여 대, 1963년 초 1,800여 대로 추산되는 텔레비전 수상

MBC는 1966년 5월 TV 방송국 허가 신청서를 제출하고, 그해 6월 11일 가허가를 획득한 데 이어 7월에 개국준비위원회를 구성했다. 그리고 1969년 8월 8일 TV 방송을 위해 준공된 정동 신사옥에서 첫 전파를 발사했다(문화방송, 1992).

사실 문화방송 TV는 애초 교육방송으로 허가를 받았다. 이 때문에 MBC-TV는 광고방송 일체 불가, 편성의 50%를 학교방송, 25%는 어린이 교육방송을 편성하는 조건으로 허가를 받았다. 1967년 11월 교육방송의 편성 비율을 50%로 낮추는 것으로 허가조건을 완화하여 개국한 뒤, 1년 만에 완전한 상업방송으로 전환했다(정순일·장한성, 2000, 강형철, 2002: 64 재인용). 최영묵(2012)은 문화방송 TV 개국을 둘러싼 일련의 과정이 정권과의 긴밀한 관계가 아니었다면 현실적으로 불가능한 것이었다고 평가한다. 개국 준비 당시의 기자재 도입, TV 방송국의 개국과 상업방송으로의 전환, 지방국의 설치, 그리고 개국 초기의 자금난 해소 과정에서 받은 특혜는 관영적인 성격의 상업방송이었기 때문에 가능한 것이기도 했다(김영희, 2011; 정순일·장한성, 2000; 최영묵, 2012). 실제로 MBC는 국산 기자재만 쓸 것을 조건으로 개국했던 TBC와는 달리 외국 차관으로 방송기자재를 도입하여 상대적으로 유리한 조건에서 개국할 수 있었다(정순일·장한성, 2000). 또한 1971년 5·16장학회는 본사 주식 70%를 당대 유수기업(현대, 해태, 금성 등)에 분양하고, 21개 지방사 주식의 85%를 민간에 양도함으로써 개국 직후부터 겪었던 자금

기가 보급된 것으로 추정된다. 이는 부산에서 시청 가능한 일본 상업 TV 방송이 늘어나면서, 부산 시내의 일본 TV 시청 붐이 1960년대 초반 불었기 때문이었다(채백, 2012).

난을 해소할 수 있었다(강명구·백미숙, 2005; 최영묵, 2012).

MBC의 등장과 함께 이제 한국 텔레비전 방송은 본격적인 시청률 경쟁시대로 접어들었다. 일일 연속극 전쟁이 1970년대 초반을 장식하면서 TV프로그램의 저질화 논란에 휩싸이기도 했지만, 도시를 중심으로 TV 매체의 영향력은 커져갔다. 〈표 1-3〉에서 알 수 있듯이, MBC 전체 광고수입에서 TV 광고가 차지하는 비중이 높아져 1970년대 라디오 방송의 광고 총액(AM과 FM 합산)을 넘어섰다(문화방송, 1992). 바야흐로 TV가 방송 산업에 있어 중심이 되는 시대가 도래한 것이다.

MBC 개국 이후 1970년대 초반까지의 시기가 텔레비전이 한국 사회의 핵심제도이자 일상 속 매체로 뿌리를 내리던 시기였다면, 유신 이후 일련의 변화는 방송이 정치권력에 의해 통제되었던 역사를 다시금 보여준 시대였다. 방송 편성권이 강제적으로 반납된 상황이라 할 정도로 문화공보부는 전체적인 방송시간, 각 시간대별 프로그램의 유형 및 비율을 일률적으로 정해 제시하는가 하면, 방송 내용에 대한 심의규제도 강화했다(정순일·장한성, 2000). 〈뉴스데스크〉, 〈정경토론〉 등 1970년대 초반 시도된 저널리즘 프로그램에만 해당된 것은 아니었다. 사회문화 통제의 수단으로 방송이 활용되면서 미풍양속을 저해한다는 이유로 쇼 프로그램 등장 가수에 대한 외모 단속, 불륜을 소재로 한 드라마에 대한 내용 규제 등이 이뤄졌다. 새마을운동 관련 프로그램이 일정 시간 동안 편성되면서 새마을운동의 전위대로서 역할 또한 수행했다(강명구·백미숙, 2005).

2) TV 방송의 빠른 전국 네트워크화, 차별화된 방송 환경

MBC-TV 역시 라디오와 마찬가지로 1970년대부터 1980년대 초에

이르기까지 빠르게 전국적인 네트워크를 구축했다. 1970년 부산에 직할국을 설치하면서 부산문화TV가 개국한 데 이어(1970.1.24.), 같은 해 대구(1970.7.18.), 남양(제주, 1970.8.1.), 호남TV(광주, 1970.8.29.), 울산(1971.1.15.), 전북(전주, 1971.4.23.), 마산(1972.10.5.)에서 텔레비전 방송이 시작되었다. 이는 KBS보다 더 빠른 속도의 전국 네트워크화였다. 초창기 전국 네트워크화 과정은 MBC-TV 직할국을 설치하는 것이었고 그 결과 부산, 대구, 대전, 광주, 전주에서 MBC-TV 계열사가 설립되었다. 지역에 따라 라디오와 별도의 법인으로 존재하거나 기존의 법인과 통합되어 TV 방송이 실시되었다. 그러나 MBC-TV가 자금난을 겪으면서 5·16장학회는 1971년부터 각 지역 MBC의 소유권을 대한민국 유수기업 또는 지역 유지들에게 매도했다. 일례로 부산의 경우 부산문화방송 TV는 한국문화방송의 직할국으로 개국했지만, 1972년 한국문화방송이 경영합리화 차원에서 TV국 소유권을 당시 국제신문의 주인이었던 럭키그룹에게 양도한다. 1985년 합병될 때까지 부산문화방송 TV는 별도의 법인이었던 부산문화방송 라디오와 제한된 부산의 광고시장을 두고 치열한 경쟁을 벌였다(부산문화방송, 2009). 대전의 경우, 라디오와 TV가 통합되고 동아그룹에 소유권이 이전되면서 기존의 직할국에서 가맹사가 되었다(대전문화방송, 1996). 1971년 10월을 기해 각 지역 방송사의 소재지 도시명에 문화방송을 붙이면서 브랜드의 통일성을 기했다(문화방송, 2011). 1972년 정부가 방송의 공공성을 이유로 민간 방송을 허가하지 않음으로써 MBC는 지역시장에서 독점적인 지위를 확보하게 되었다(강명구·백미숙, 2005).

전국 네트워크화를 통해 MBC-TV의 전국화가 이뤄졌다고는 하지만, TV 시청은 매우 제한적이었다. 난시청 해소를 위한 중계망 확장이

1970년대 내내 이뤄지기는 했지만, 이는 주로 KBS-TV에 해당되는 것
이었고, 정부는 국영·공영[12] 방송을 보호하는 차원에서 민영 텔레비전
방송국의 가시청권을 1970년대 말까지 동결시켰다. 그 결과 MBC-TV
의 경우 전국 네트워크를 가지고 있으면서도 지역적으로 43%, 인구 대
비 60%밖에 커버하지 못했고, 특히 강원, 충북권은 방송의 불모지였
다. MBC-TV의 시청을 위해 각 가정마다 높은 안테나를 설치하기 때문
에 사회적 문제 ─ 도시 미관에 악영향, 고전압 감전사고 ─ 가 되기도 했다
(문화방송, 1992). 또한 1971년 4월 서울-부산 간의 마이크로웨이브망이
개통되기 전까지 지역 시청자들은 당시 인기 있던 드라마나 오락프로
그램을 일주일 늦게 시청할 수밖에 없었다. 체신국과의 협의 끝에 마이
크로웨이브망이 개통되었지만 프로그램을 송출하기 위해서는 전화선
600대를 끊어야 이용할 수 있었던 까닭에 그 이용시간은 주간 53시간
으로 제한되었고, 주말 재방송 프로그램의 경우, 사용료를 절감하기 위
해 직접 본 프로를 녹화하여 방송하기도 했다(대전문화방송, 1996; 부산
문화방송, 2009).

KBS의 지역국이 프로그램을 제작할 수 있는 연주소가 없는 채 중앙
의 프로그램을 릴레이 하는 역할에 머물렀던 점을 고려할 때, 편성의
13%를 로컬 방송으로 채워갔던[13] MBC의 TV 네트워크는 지역의 새로
운 정보문화센터로 자리할 가능성이 있었다. 그러나 인적 자원의 부족,
중계차, 녹화기, ENG 카메라 등 최신의 방송설비를 갖출 수 있는 재원
부족, 낮은 제작비로 인해 보도, 대담 위주의 교양 프로그램, 이벤트성

---

12 1973년 KBS는 한국방송공사로 공사화된다.
13 1978년 춘하계 편성 기준이다(노정팔, 1978).

공개방송을 제외하고 지역의 현실에 밀착한 방송을 제작하기란 쉽지 않았다(노정팔, 1978). 이는 1971년 당시 대기업이 법인을 인수한 부산, 대전 지역에서도 마찬가지였다. 1975년이 되어서야 지역의 TV 광고비가 AM 라디오 광고비를 넘어섰다는 것은 당시 MBC 지역국의 프로그램 제작 및 운영이 녹녹치 않음을 짐작케 한다(〈표 1-3〉 참조). 일례로 대전문화방송 TV의 경우 몇몇 시간대의 경우, 광고가 붙지 않아 공익으로 메워야 했다(대전문화방송, 1996). 또한 지역에 따라서는 국내 방송 간의 경쟁뿐 아니라 일본 상업 TV의 전파 월경 속에서 이에 노출된 시청자를 사로잡기 위한 노력을 기울여야 했다.[14]

3) TV 시대 라디오의 변모, FM 방송의 시작

본격적인 텔레비전 시대의 도래는 가정 매체로서 라디오가 차지하고 있던 지위는 흔들리기 시작했다. TV 시대에 발맞춰 라디오는 TV 방송이 없는 시간대를(예를 들면 10시 이후 심야시간대) 골든아워로 설정했다. 또 1950년대 이후 라디오 붐을 이끌었던 TV 드라마, 녹음구성 방송은 축소되었다(문화방송, 1992; 한국방송공사, 1987). 라디오는 이제 가족 미디어에서 개인화된 미디어로 변화해갔다(임종수, 2004b). 각 방송사는 이러한 변화에 발맞춰 특정 시간대에 특별한 퍼스낼리티를 배치

---

14 오랫동안 일본 TV 붐이 불었던 부산의 경우, 전파 월경을 차단한다는 목적으로 TBC-부산, 부산문화방송-TV, 공영 KBS에 이르기까지 국내 방송들이 경쟁하는 각축장이었다. 아침 방송이 폐지와 재개를 반복하던 시절 사람들은 유선 안테나를 통해 자유로이 일본 방송을 시청하면서 국내 TV가 없는 무료함을 달래갔다(채백, 2012).

하면서 시간대별 청취 계층을 세분하고 이들에게 적합한 정보와 음악을 제공하는 전략을 채택했다(백미숙, 2007). MBC 라디오 역시 〈별이 빛나는 밤에〉(69년 봄 신설)등 심야시간대 젊은 세대를 대상으로 한 생방송 팝송 디스크자키 프로그램을 본격적으로 편성하였다, 또 뉴스와 시사프로그램의 와이드화로 TV와는 다른 심층적인 정보를 제공하며 새로운 활로를 모색했다. 오전 시간에는 주부 대상 생활정보 프로그램을 주간편성 형식으로 변경하는 한편, 주부 통신원 등을 활용하여 생활밀착형 방송을 실시했다(문화방송, 1992; 임종수, 2004b).

1970년대 들어 AM과는 다른 새로운 방송 플랫폼인 FM 방송이 등장했다. 우리나라 최초의 FM 방송은 1965년 6월 26일에 개국한 서울 FM이었다. 민방 3사 중에서 동양방송이 서울 FM을 인수하면서 가장 먼저 방송을 시작한 데 이어 1970년대 들어 FM 라디오 방송의 개국이 줄을 이었다. 부산문화 FM이 문화방송 제휴사로는 최초로 1970년 4월 15일에, 대구에서 설립된 한국 FM이 1971년 2월에, MBC FM이 1971년 9월 19일에, 그리고 KBS가 1979년 4월 1일부터 FM 방송을 개시했다. 부산문화방송의 FM 시작이 서울에서보다 빨랐던 것은 텔레비전 시대를 앞두고 TV와 별도의 법인으로 운영되던 부산문화방송이 라디오 방송국으로서 살아남기 위해 던진 일종의 승부수였다(부산문화방송, 2009).

FM 방송은 "저질 씻는 청음"(≪조선일보≫, 1972.7.29.)이라는 평가를 받으며 대중가요와 품위 낮은 CM, 매너리즘에 빠진 TV를 대신하는 새로운 방송으로 부각되었다(≪조선일보≫, 1972.7.29.). 특히 각 방송국이 전체 프로그램을 완전 스테레오로 전환한 1973년 이후, 수신기와 청취율이 대도시, 중상층을 중심으로 급격히 상승했다(한국방송공사, 1987; ≪경향신문≫, 1974.10.21.).[15]

부산문화FM 대중화를 위해 1972년 12월부터 발간된 《FM fan》(곽근수 제공)

FM에 대한 대중적 인지도를 높이기 위해 안내서 제작 등 다양한 시도를 해오던 초창기와 달리(사진 참고), 몰려드는 광고를 소화하기 위해 교향곡과 같은 긴 음악 중간에 광고를 삽입하는 등, FM에 맞지 않는 방송으로 비판을 받기도 했다(《조선일보》, 1978.1.21.).

MBC가 새로운 라디오 플랫폼으로서 FM 시대를 열었지만, 이를 제작하는 일은 쉽지 않았다. FM 방송의 특성을 이해하는 제작진이 부족하여 AM 방송을 담당했던 기술진, PD, 아나운서, DJ, 심지어는 기자들

---

15 1970년대 후반 TBC-FM이 자체적으로 조사한 바에 의하면 수신기 수는 TV 수상기 보급대수는 380만 대를 앞질러 500만 대에 육박한 것으로 추산하고 있다(《조선일보》, 1978.1.21.).

이 FM 방송의 제작에 참여하기 일쑤였다.[16] MBC FM의 간판프로그램
이었던 〈모닝쇼〉에서 DJ가 곡 제목조차 해설하지 못해 청취자의 뭇매
를 맞은 사건은 이 당시 제작환경을 그대로 드러낸다고 할 수 있다(≪
조선일보≫, 1973.12.20.). FM 방송에 필수적인 디스크는 개국 초기
1,000장에서 1970년대 중반 2만 장까지 늘어났지만(≪경향신문≫,
1974.10.21.), 정부의 해외 디스크 수입 규제로 낡은 것이 많아 그 잡음
으로 인해(≪조선일보≫, 1978.1.21.) 고품격 음악방송을 기대하는 청취
자들의 귀를 만족시키기란 쉽지만은 않았다.

4. 격동의 시기: 언론통폐합, 계열사화, 민주화(1980~1991)

1980년에서 1990년대 초 MBC의 역사는 '격동의 시기'로 표현될 수
있을 것이다. 소유 체제의 측면에서, 본사와 지역국 간의 관계에서, 방
송 기술적인 측면에서, 그리고 조직 문화의 측면에서 격랑의 한국 방송
사(放送史)가 MBC의 역사 안에 그대로 각인되어 있다고 평가할 수 있
을 것이다.

1) 국영적 상업방송의 탄생과 계열사 체재로의 재편
10·26 이후 신군부의 언론통폐합 조치로 독립법인으로 있었던 21개

---

16 부산문화방송의 경우, 순환근무라는 취지하에 기자들이 FM 방송 프로듀서를
　담당하기도 했다. 부산문화방송 FM 창립멤버인 곽근수는 AM에 비해 FM 방
　송의 상대적으로 낮은 지위를 보여준다고 평가했다.

지역 가맹사의 주식의 51% 이상을 한국문화방송이 인수하면서, 지역 문화방송은 이제 한국문화방송의 지방 계열사가 되었다. 1981년 5·16 장학회가 가지고 MBC 본사 주식 30%를 제외한 나머지 민간 보유 주식을 주주들의 자진 헌납 형식으로 국가에 귀속시켰고, 이 주식을 다시 정부가 KBS에 출연토록 함으로써 한국방송공사가 MBC의 대주주가 되었다. 1970년대 한 지붕 아래 있었던 MBC와 경향신문은 별도의 법인으로 분리되었다(문화방송, 1992).

1970년대 후반부터 각 방송사에서 준비하고 있었던 컬러TV 방송은 새로운 선전 도구가 필요했던 당시 집권세력의 지원 속에 1981년 1월부터 전격적으로 전국 동시에 이뤄졌다. 이 시기 방송기술은 일대 혁신을 이루게 되었다. 본격적으로 ENG 카메라 시대로 돌입한 데 이어, 86 아시안게임, 88올림픽 게임을 앞두고, 촬영 및 중계 장비가 대폭 확충되면서 난시청이 해소되고 전국에서 TV 가시청 거리가 확대되었다(윤상길, 2011). 방송 광고시장의 확대, 분점적 시장 체제하에서 급격한 자본규모의 확장은 기술 혁신, 제작 인력의 증가[17]로 이어졌고, 이는 다시 컬러TV 시대에 걸맞은 프로그램의 대형화, 와이드화로 연결되었다(문화방송, 1992).

하지만 이러한 외연적 성장에도 불구하고, '땡전뉴스'라는 말이 상징하듯 이 시기 국민들의 삶과는 유리되어 있었다. MBC는 KBS와 함께

---

17 MBC의 경우 언론인 정화와 함께 97명의 방송인이 강제해직되었지만, 동아방송, 동양방송, 그리고 서해방송 등의 제작인력이 유입되었던 KBS와 달리 조직의 구성면에서 큰 변화는 없었다. MBC의 제작인력 확충은 공채인력의 증가를 통해서 이뤄졌다(강형철, 2002; 문화방송 1992).

방송의 사회비판 기능은 상실된 채 정권 홍보에 앞장서야 했다. 방송인들이 창의력을 펼칠 수 있던 장은 이벤트와 버라이어티 부분이었다(강형철, 2002).

지역국과의 관계에 있어 제휴사에서 계열사 체제로 변화하면서 지역의 방송 여건도 인사, 재정 및 편성에서 지역국이 갖고 있던 권한에 변동이 생기기 시작했다. 2개의 국제대회 준비를 위해 출력이 강화되고 송출기술이 발전하면서, 라디오는 물론 TV 역시 전국 동시 중계 시대를 맞아하게 되었다. 정부가 공익성 강화를 위해 로컬 방송의 강화를 지시하는 가운데, 로컬 프로그램의 비중은 라디오의 경우 40% 선을 유지했고, TV의 경우 지역과 협력을 통해 프로그램을 제작하기도 했다(문화방송, 1992). 또한 전국 네트워크의 보도부를 서울 보도국 산하에 두고, 일사분란한 보도체제 운영을 위해 인사권을 비롯하여 취재 인원, 장비 제작 등을 직접 지휘했다(문화방송, 1992). 지역의 방송인들은 당시 이러한 변화에 대해 다음과 같이 이야기한다.

> [계열사로의 통합에] 다른 지역 MBC는 달랐겠죠. 이를테면 개인 기업이 갖고 있었던 건 빼앗겨버렸잖아. 개인경영에서 국가 종속, 정부에 완전히 예속이 되는 그런 시스템이니까 좀 변화가 있었겠지만, 부산MBC의 경우는 우리도 그렇고 우리 간부도 그렇고 [원래 5·16장학회 소속이었기 때문에] 그 변화에 대해서 크게 느껴보진 않았죠. … "로컬포션(local portion)[18]"에 대해서 몇 프로(%) 이상은 하지마라 또

---

18 지역 자체 제작 프로그램이 편성에서 차지하는 비중

골든타임(golden time) 시간에 로컬을 해선 안 된다." 그다음에 특히 뉴스 프로그램도 "어떤 시간은 로컬을 하지 말고", (이렇게) 구분을 짓는 거예요. 편성에 대한 이제 편성권을 서울이 쥔 게 겁나는 거죠. 예전보다 편성권의 자율성이 예속으로 바뀌었다는 게 그게 이제 가맹사에서 계열사로 가는 가장 큰 차이에요.[19]

계열사 체제로 변화하면서 자체 방송능력을 지니고 있었던 지역 MBC[20]의 편성에서, 자체 방송 시간대의 비중이 점차적으로 축소되었다. 일례로 부산MBC FM의 경우, 1980년대 계열사화, 타 지역 문화방송의 FM 개국에 따른 FM 방송의 네트워크화로 인해 90%에 육박하던 자체 제작 프로그램의 비중이 60%대로 급감했다. 특히 서울의 본사를 중심으로 PCM망(Pulse code modulation, 다중통신설비)이 도입되면서 본사 중계 프로그램의 비중이 늘고 로컬 방송의 비중은 52.4%로 낮아졌다(부산문화방송, 2009). 인적, 기술적, 재정적 자원의 영향을 더 많이 받는 TV의 경우 본사 프로그램 의존이 더 두드러져, 로컬 방송의 비중은 10% 미만이었고(김용호, 1984), 로컬 프로그램의 중앙국으로의 반영 비율도 0.25%에 불과해 KBS보다도 더 낮았다(변동현, 1982). FM 방송의 로컬 비중 저하에 대해 당시 부산문화FM의 제작과 편성 실무를 관장했던 곽근수는 그 이유를 광고수입의 차이로 설명했다. 자체 제작 프

---

19 김봉수 구술인터뷰(2015.7.6.)
20 변동현(1982)의 조사에 의하면 MBC-TV 지역 국 중 3개사는 지방국 임의대로 방송편성을 하는 반면, 2개국은 본사와 타협, 1개국은 전적으로 본사에 의존하고 있는 것으로 나타났다.

로그램의 광고수입과 릴레이 프로그램의 광고수입의 큰 차이가 자체 제작 프로그램의 축소를 가져왔다고 이야기했다.[21] 이러한 변화에 대해 부산문화방송 편성 담당자였던 백성기는 이를 '양날의 칼'로 표현했다. 서울의 대형 프로그램을 안정적으로 공급받는 대신 지역의 문화센터로서 로컬 방송의 역할은 위축될 수밖에 없었다고 평가했다.[22] 계열사화, 방송기술의 변화, 광고시장의 규모 본사와 지역사 간의 기술적, 재정적, 인적 불균형으로 인해 지역 방송의 자율성과 독자적 색채는 조금씩 약화되기 시작했다.

2) 민주화와 MBC의 새로운 모색

1987년 민주화 속에서 언론에도 새로운 움직임이 일어났다. 6·29 이후 노동조합 결성 바람은 MBC에도 불어와 1987년 12월 9일 문화방송 노동조합이 설립되었다. 노조 창립의 열기는 계열사로도 이어져 1988년 마산을 시작으로 목포, 여수, 대구, 광주에서 노동조합이 결성되면서 1988년 6월 18일에는 전국 문화방송노동조합 협의회가 결성되었다. 이와 함께 1987년 PD협회를 시작으로 기자협회, 아나운서회, 카메라 기자회 등 각 직능 단체가 결성되기에 이르렀다. 이 시기 문화방송 산하 각 방송사 노동조합의 핵심 관심사는 공정방송과 방송 민주화에 대한 것이었다. 공정 방송에 대한 회사 측과의 대립은 사상 초유의 방송 파업으로 이어지기도 했다(문화방송, 2011).

방송민주화를 향한 움직임은 지난 수십 년 간 자유로울 수 없었던

---

21 곽근수 구술인터뷰(2015.8.31.)
22 백성기 구술인터뷰(2015.8.28.)

"정부의 선전물로서의 역할을 배제"(배학철, 1988.5: 22)하고 공영방송의 참모습을 찾기 위한 노력이었다. 특히 방송국 내부의 민주화를 추동한 노조의 등장은 기존의 조직 내의 비민주적 관행에 저항하고, 정치적 독립성을 확보하는 한편, 수직적인 의사결정 구조를 다양화하는 데 공헌했다(조항제·박홍원, 2011). 이러한 변화를 가장 잘 보여준 것은 보도 및 시사 프로그램이었다. 민주화 운동 이후 〈진단 87〉, 〈시사토론〉, 〈여론광장〉과 같은 토론 프로그램이 편성되는가 하면, 이제까지 방송에서 금기시되던 소재가(예를 들면 파업) 다뤄지고 배제되었던 인물들(예를 들면 전교조 교사)의 목소리가 전파를 탔다. 사회 부조리에 대한 성역 없는 취재로 본격적인 PD저널리즘의 시작을 알린 〈PD수첩〉등 사회고발 프로그램이 꽃피기 시작하면서 그동안 마비되었던 언론으로서의 기능을 회복해갔다(최이숙, 2011).

1988년 〈방송법〉 개정과 함께 MBC의 소유 구조는 또 한 차례 변화를 겪게 된다. KBS가 관리하던 70%의 MBC 주식이 반환되고, MBC의 운영을 담당하는 공익 법인으로 〈방송문화진흥회법안〉이 국회에서 통과되면서 공익적 민영방송으로서 거듭나게 되었다(문화방송, 2011).

이는 동시에 기존에 강제적으로 병합되었던 21개 계열사와 지역 MBC 위상 정립 문제가 본격적으로 대두되었다. 1988년 11월 지방 MBC 노동조합이 '지방 MBC 위상 정립을 위한 공동대책위원회'(이하 지방 MBC 공대위)가 발족한 데 이어, 1989년 5월에는 MBC 사장단에서 '지방 MBC 위상문제 연구회'를 구성했다(대전문화방송, 1996).

지역 MBC의 위상과 관련된 논의는 지역의 제작 여건 개선 문제와 맞물리면서 노조를 중심으로 의제화되었다. 지방 MBC 공대위는 1989년 5월 악화된 재정, 열악한 재작 여건, 서울에 비해 낮은 임금 수준, 서울

MBC의 독선적 인사에 맞서 지역 MBC의 독립성과 자율성을 획득하기 위해 쟁의를 신고했다(≪부산일보≫, 1989.5.3.). 그해 10월에는 『지방 MBC 위상정립 연구보고서』를 발간하고 각 지역 MBC의 사정에 맞게 가맹사, 계열사, 직할사 체제로 혼합 재편해야 한다는 방안을 제시하기도 했다(≪한겨레≫, 1989.10.10.). 1990년 11월 보안사의 강요로 양도된 지방 MBC 주식 반환 판결, 1990년 〈방송법〉 개정과 맞물리면서 본사와 지역 MBC 간의 관계 설정에 대한 논의가 활발히 이뤄졌다. 하지만 지역 MBC가 겪고 있던 구조적 문제들은 풀리지 않은 채 여전히 남아 있었다.

5. 다채널, 다매체화 속 MBC 콘텐츠의 성장

1) 채널과 매체의 확장, 방송의 지각 변동

1990년대는 채널과 매체의 확장 속에서 방송 산업 전반에 지각변동이 나타나는 시기였다. 먼저 채널의 확장은 방송 사업자 간의 경쟁이 시작됨을 의미했다. 1991년 12월 9일, 서울방송 SBS의 개국으로 공영방송과 민영방송이 공존하는 시대가 다시 시작되면서 지상파 사업자 간의 경쟁이 본격화된 것이다. 1995년 5월 지역 민영방송 네트워크가 출범하면서, 지역 방송에도 경쟁이 시작되었다. KBS와 MBC라는 양대 공영방송 중심으로 경쟁하던 지역 방송 시장에 민영방송이란 새로운 사업자가 진입하며 경쟁 환경이 마련된 것이다. 지역 MBC 방송국 입장에서는 새롭게 출범한 지역 민방과의 경쟁을 받아들여야 했다.

1995년 종합유선방송 케이블TV가 1월에 시험방송을 시작하고 3월부터 본 방송을 개시했다. 종합유선방송의 출범은 전파라고 하는 방송의 전달 수단을 변화시키는 중요한 변화의 시작이었다. 유선방송을 통해 전파의 희소성이란 제약을 넘어서 다양한 채널 사업자가 공존할 수 있는 환경이 마련되기 시작했다. 공영방송이 방송이란 영역을 독점하던 시기가 마무리되고, 다양한 주체들이 방송이란 시장에서 경쟁하게 된 것이다.

매체의 확장은 콘텐츠의 산업적 가치를 높이는 변화였다. 1990년대에 들어오며 본격화된 비디오 기기의 보급은 영상산업의 성장에 대한 기대를 높여주었다. 한국에서 VCR 보급률은 1989년 26%에서 1990년에 36%로 크게 성장했고(김금동·정태수, 2017), 비디오 대여점도 1989년에 1만 7,700여 곳으로 증가하며 새로운 영상 소비의 기반이 마련되었다. 1991년의 MBC 프로덕션의 설립과 KBS영상사업단 설립은 비디오 시장에 대한 방송 사업자의 대응을 알리는 시작점이었다.

다채널화와 다매체화라는 변화는 위기인 동시에 기회이기도 했다. 채널의 증가는 분명 기존의 사업자들에게 경쟁이란 부담을 안겨주는 변화였다. 민영방송은 설립 직후부터 공격적인 콘텐츠 제작을 이어가며 방송 시장의 변화를 자극했다. 유선방송의 출범은 전파라는 전달 수단을 넘어선 방송의 변화를 예고하는 것이었다. 그럼에도 이러한 변화는 결과적으론 방송에 대한 사람들의 관심을 높여주고, 콘텐츠의 가치를 확장하는 데 기여했다. 사업자들 간의 경쟁은 콘텐츠의 품질 개선으로 이어졌고, 다매체와 다채널은 이러한 지상파 방송 콘텐츠가 확장할 수 있는 범위를 넓혀주었다. 이는 방송이 산업으로서 성장할 수 있는 토대를 마련해주었다.

한편, 유선방송의 등장은 방송 산업의 '지역' 단위의 구성에 근본적인 질문을 던지는 변화의 시작점이었다. 전파의 수신 범위라고 하는 물리적 한계가 만들어낸 지역 단위의 사업의 구성을 유선 통신을 통해 극복할 수 있게 된 것이다. 다만 이러한 기술의 도입이 그대로 현실에 적용된 것은 아니었다. 기술적 가능성을 현실화하는 것은 사회적 제도화의 과정에 영향을 받는다. 유선방송 출범 당시 77개 구역으로 나누어진 지역별 사업자의 사실상 독점 체제를 허락해주면서 '지역성'의 큰 틀이 위협을 받지는 않았다. 방송의 지역성은 유선방송 시대에도 지역 사업자 간의 구별을 기반으로 지역 방송의 중계 우선의 방식을 취하며 유지될 수 있었다.[23]

2) 콘텐츠 중심의 MBC의 성장

1990년대 이후 MBC는 대중문화 영역 전반의 활기와 더불어 콘텐츠가 주도하는 성장의 기회를 맞이하기 시작했다. 1991년 〈사랑이 뭐길래〉는 평균시청률 59.6%를 기록하며 역대 한국 TV드라마 평균 시청률 1위를 기록했고, 1992~1992년 〈여명의 눈동자〉와 같은 드라마의 인기는 MBC가 가진 방송 콘텐츠의 힘을 사람들에게 분명히 각인시켜주었다. 콘텐츠 제작 역량이 중요하게 고려되면서, 1994년 MBC가 일산 신도시에 신사옥 부지 매입을 계획하는 등 더 좋은 콘텐츠 제작 환경을 만들기 위한 노력이 본격화되었다. 이 시기에 지역 MBC도 새로운 공간을 마련하는 등 변화하는 방송 환경에 대한 대응을 준비하기 시작했

---

23 이는 당시의 비즈니스 모델의 핵심 요소가 광고였기 때문에 가능한 것이기도 했다. 지역 기반의 광고 수요와 지역 경제의 특성이 이러한 지역 단위의 방송 생존을 가능하게 했다.

다. 1991년 11월에는 여수MBC가 신사옥을 준공했고, 1992년 11월에는 전주MBC가 남원방송 TV를 개국했다. 1994년에는 삼척MBC가 신사옥에서 TV 전파를 처음으로 송출했다.

방송을 둘러싼 제도 환경은 2000년대에 들어오며 다시 한 번 요동치기 시작했다. 2000년에 기존의 〈방송법〉과 〈종합유선방송법〉, 〈유선방송관리법〉 및 〈한국방송공사법〉으로 분산되었던 법체계를 통합한 일명 통합 〈방송법〉이 제정된 것이다(김여라, 2019). 특히 중요한 변화 중 하나는 외주 제작 비율의 확대였다. 외주 제작 비율은 2000년에는 20% 이상, 2001년에는 30% 이상으로 확대되었다(문성철, 2011). 외주 제작 정책은 제작 주체의 다원화와 독립제작사 육성 등을 통해 기존의 방송 산업의 수직적 통합구조를 분산하는 것을 목적으로 하는 것이었고(방송위원회, 2001), 이후 방송 독립제작사들을 중심으로 제작 기반이 확장되는 변화가 나타났다.

1990년대로부터 축적된 영상 문화의 성장과 방송 산업 진흥을 위한 법제도의 정비와 더불어 광고시장에서 방송 부문의 성장은 방송 콘텐츠에 대한 투자가 활성화될 수 있는 중요한 배경을 마련해주었다. 특히 주목할 만한 변화는 광고시장에서 방송과 신문의 위치 역전이 나타난 것이었다. 전체 광고비에서 방송광고의 비중은 2002년부터 신문광고를 넘어서기 시작했다(제일기획, 2003). 사람들의 방송에 대한 주목이 높아지면서 MBC는 광고수익 성장의 수혜를 누릴 수 있었고, 이는 방송 콘텐츠의 질적 성장을 위한 중요한 기반이 되어주었다. 광고시장에서 방송과 신문의 위치가 역전된 것은 특히 텔레비전 방송이 전체 미디어 시장에서 중심을 차지하는 중요한 변화의 신호였다.

이 시기에 MBC는 다수의 콘텐츠를 성공시키며 그 영향력을 크게 확대했다. 한류의 태동은 콘텐츠 창작을 둘러싼 경쟁을 가속화했다. 드라마 〈대장금〉(2003~2004)의 성공이 한류 열풍으로 이어지면서 해외 수출이라는 새로운 수익의 기회를 열어주었다. 2005년부터 시작된 〈무한도전〉은 이후 13년간 가장 강력한 브랜드를 자랑하며 MBC 예능 콘텐츠의 전성기를 이끌었다.

방송영상 콘텐츠를 제작할 수 있는 역량을 갖춘 사업자가 제한된 상황에서의 다채널, 다매체화는 기존에 경쟁력을 갖춘 사업자의 영향력을 높여줄 수 있는 기회로 작용했다. MBC TV는 콘텐츠 영향력을 다채널로 확대하기 위해 MBC플러스, 드라마넷 등 자회사 설립을 통해 케이블 채널에 진출했다. 텔레비전 미디어의 채널과 플랫폼이 유선방송, 지역민방 등으로 확장되는 가운데서, 콘텐츠 경쟁력을 가진 MBC에게 확장의 기회가 열린 것이다.

다만, 콘텐츠 중심의 산업 변화는 지역방송의 입장에서 서울과 지역의 격차를 강화하는 요인이기도 했다. 해외 매출과 예능 콘텐츠의 영향력을 바탕으로 수익화를 해낼 수 있는 가능성이 생겨난 중앙의 방송사와, 이러한 확장의 기회를 갖지 못한 지역 방송사의 제작 기반의 차이는 쉽게 좁혀지지 않았다. 이러한 흐름은 당시의 방송 산업 실태조사 결과에서도 확인해볼 수 있다. MBC 본사는 금융위기 이전인 2007년까지 안정적인 흑자를 거두었지만, 지역 MBC의 경우 서울과의 격차가 점차 벌어지기 시작한 것이다. 지역 MBC의 입장에서는 자체 제작을 줄이고 중앙사의 콘텐츠를 수급하는 것이 수익을 강화하는 전략이란 인식을 갖게 되면서, 지역의 자생력이 약화되는 악순환을 겪기 시작했다.[24]

3) 디지털 미디어 확장기, MBC 콘텐츠의 영향력 확대

〈그림 1-1〉 지상파 방송사 당기순손익 현황(2003~2007)

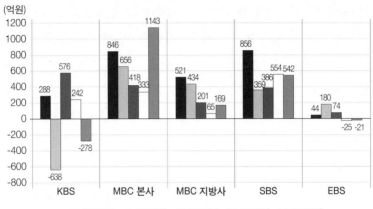

자료: 방송통신위원회(2008: 27).

　2000년대에 들어오면서 방송 산업은 본격적으로 '디지털 기술'과의
싸움을 시작했다. 인터넷의 발전과 디지털 기술의 발전은 방송 사업자
들에게 새로운 기술의 도입이라는 전환의 과정을 겪게 했다. 디지털화
의 영향은 제작 현장에서부터 송출 및 수신 전반에 변화를 가져왔다.
문제는 이러한 변화의 과정 중에서는 실제 승자가 되는 기술이 무엇인
지 알기 어렵다는 점이다. 디지털 기술의 확장에 따라 미디어로서의 방
송의 확장 시도가 이루어졌지만, 과도기적인 기술에 대한 투자라는 점
에서 모두가 성공으로 이어진 것은 아니었다.
　디지털 미디어 확장 시도의 대표적인 사례는 DMB다. 지상파DMB

24　이 시기에 매체의 다양화로 인한 광고 시장에서의 경쟁 심화와 지역 경제의
　　침체 속 서울 소재 광고주에 대한 의존 등의 문제가 지속적으로 제기되었다
　　(방송위원회, 2003).

방송은 2005년 12월 1일 개국했다. 휴대전화 등 모바일 미디어의 활용이 늘어나는 상황에서 '내 손안의 TV'라는 새로운 시장을 열어주는 변화였다. MBC는 myMBC라는 지상파 채널을 개국하고, 시차를 두고 지역 MBC의 참여를 확대해나가는 전략을 취했다. 2007년 8월에는 부산방송이, 2007년 12월에는 강원권 지상파 DMB방송을 개국했고, 2008년 1월에 대구경북권 MBC에서 로컬 프로그램 송출을 시작하는 등 지역에서의 시청 범위를 넓혀갔다.

DMB는 광고를 기반으로 무료로 시청이 가능한 방식의 수익 모델을 가지고 있었다. 다만 광고 매체로서의 영향력이 확인되지 않은 상태에서, 이용자가 늘어가고 있었음에도 광고수익은 정체되어 있었다. 2010년을 기준으로 단말기 보급이 2,000만 대를 돌파하는 등 이용자는 빠르게 증가했음에도 광고 매출이 2008년에 89억 원, 2009년에 124억 원에 머무르며 예측을 크게 밑돌았던 것이다(김상훈·안대천, 2010). 결과적으로 DMB는 모바일 초고속 인터넷이 확대되면서 점차 그 힘을 잃어가는 과도기적 기술에 머무르게 되었다. 2011년 LTE 기반의 4세대 이동통신의 등장으로 모바일 미디어를 통한 동영상 이용이 확대된 것은 DMB에겐 치명적인 변화였던 것이다.

디지털 기술의 변화는 채널의 확장으로만 나타난 것은 아니었다. 디지털 TV로의 전환과 방송 송출의 HD 도입은 방송사업자들에게 큰 투자의 소요를 예고하는 것이었다. 1997년 디지털TV 방송의 전송방식이 결정된 이후로 추진이 본격화된 방송의 디지털 전환은 2008년 〈디지털전환특별법〉의 제정을 근거로 2012년 12월 31일로 지상파 아날로그 방송을 종료할 때까지 이어졌다. 막대한 비용이 들어가는 방송의 디지털 전환은 지역 MBC 방송에겐 적지 않은 부담으로 작용했다. 특히

2008년에는 금융위기로 인한 광고시장 위축으로 지역 MBC의 영업이익이 적자로 돌아서자, 2009년의 디지털 전환 비용을 대폭 삭감하는 등 어려움을 겪기도 했다(≪PD저널≫, 2008.12.23.).

이러한 한계에도 불구하고 2000년대의 MBC는 방송 콘텐츠의 경쟁력을 바탕으로 다채널과 다매체 환경에서 영향력을 확대해나갔다. 상암의 디지털 미디어 시티 조성 과정에서 첨단 디지털 신사옥 신축을 추진하기 시작한 것도 이 시기의 일이다. 연간 시청률에서도 다른 방송사를 압도하며 우위를 보이던 시기가 2000년대 초반에 이어졌으며, 케이블TV 등 다양한 매체에서 MBC 콘텐츠의 높은 영향력을 확인할 수 있었다. 대표적으로 〈무한도전〉은 '리얼 버라이어티'라는 새로운 영역을 개척하면서, 강력한 팬덤을 형성하며 오랜 기간 독보적인 예능 콘텐츠로 사랑을 받았다. 〈무한도전〉을 비롯한 다수의 MBC 콘텐츠가 디지털 기술로 확장된 다양한 채널과 매체를 통해 시청자를 만날 수 있는 환경도 마련되었다. 이렇듯 MBC는 경쟁력 있는 콘텐츠를 통해 다양한 플랫폼으로 확장해나갈 수 있는 동력을 확보할 수 있었다.

6. 콘텐츠가 플랫폼이 되는 시대, MBC의 새로운 도전

1) 또 한 번의 미디어 격변과 MBC의 대응

2000년대 후반, 방송 산업에 또 한 번의 격변이 나타났다. 2009년의 IPTV의 출범 2010년의 종합편성채널의 개국, 그리고 2010년의 아이폰 국내 출시와 2011년 4세대 무선통신 LTE의 시작을 통해 본격화된 모바일 미디어 혁명은 방송 산업의 판을 근본적으로 바꾸기 시작했다.

먼저 IPTV의 개국은 '방송통신 융합' 시대의 상징처럼 통신의 패러다임이 방송을 장악하는 출발점이었다. 물론 IPTV에서도 지역 방송의 재전송의 기반은 유지되었으나, SO 사업자의 지역 독점이란 틀은 깨지기 시작했다. 이는 오랫동안 유지되던 방송산업의 지역적 기반의 위축과 중앙의 영향력 확대라는 흐름을 강화하는 것이었다. 2000년대에 위성방송의 권역을 넘어선 재송신 가능성을 두고 첨예한 갈등을 벌였던 지역 지상파 사업자 입장에서는 지역의 영향력을 위축시킬 수 있는 압력이 더 강화되는 것이었다. 이는 지상파 방송의 수신이 유료방송에 의존하고 있는 상황과도 무관하지 않다. 2010년대 이후의 방송 수신은 유료방송 플랫폼을 통해서 주로 이루어졌다. 유료방송 가입 가구 비율은 2011년 이후로 90% 이상을 계속 유지하고 있고, 2020년에는 처음으로 IPTV가 유료방송 중 50.1%를 차지하는 등 유료방송 시장에서의 주요한 위치를 차지했다.

종편의 개국은 콘텐츠 제작에 있어서의 지상파 독점을 무너뜨리는 상징적인 사건이었다. 2006년 개국한 tvN과 같은 대형 PP 사업자의 콘텐츠 제작 역량이 성장하면서 지상파를 위협하기 시작한 시점도 2010년대 초반부터였다. 이러한 종편의 등장, IPTV의 출범, 대형 PP의 경쟁력 강화 등은 방송 시장의 콘텐츠 경쟁을 심화시켰다. 다수의 콘텐츠들이 유료방송 채널을 통해 지역의 경계를 넘어 영향력을 확대하면서 콘텐츠 소비의 지역적 기반은 더욱 위협받기 시작한 것이다.

스마트폰의 성장은 방송 미디어의 지위를 근본적으로 흔들기 시작했다. 방송매체 이용행태 조사 결과를 보면, TV의 필수매체 인식은 2011년에 60.0%에서 2012년 54.4%, 2013년 46.3%로 급감하기 시작하는 것을 확인할 수 있다(방송통신위원회, 2015: 14). 2020년에는 TV의 필수

매체 인식은 29.5%로 지속적으로 감소하고 있는 반면, 스마트폰은 67.2%로 지속적으로 증가했다. 10년에 걸쳐 TV는 핵심 미디어의 지위를 점차 잃어버리고, 그 자리를 스마트폰이 차지하기 시작한 것이다.

이렇게 2010년대를 지나며, 텔레비전 방송 산업의 위기론이 가속화되기 시작했다. 유튜브를 비롯한 뉴미디어의 성장은 기존의 지상파 방송의 콘텐츠 대응의 한계를 보여주었다. 가장 큰 위협이 되는 것은 방송 광고시장의 변화였다. 특히 방송 광고시장의 위축은 광고와 재전송 수입에 의존하는 지역 MBC에게 더 큰 경영적 압박을 가져왔다. 콘텐츠 기반의 비즈니스가 가능했던 중앙 MBC와 달리, 콘텐츠 역량이 취약하고 별도의 판로를 만들기 어려웠던 지역 MBC에겐 방송 광고시장의 축소는 더욱 치명적인 변화였다.

방송 광고시장의 변화 속에서 지역 방송의 위치에 대한 고민은 깊어지기 시작했다. 지역 방송국 간의 통폐합 논의도 지속적으로 제기되었고, 실제 일부 지역의 통폐합이 이루어지기도 했다. 인터넷 미디어의 성장은 지역별 방송 사업자의 영향력을 약화시키는 기술적 변화를 가져왔고, 지역 MBC의 광역화 논의도 이 과정에서 확산되기 시작했다.[25] 이와 함께 지역 방송의 존재 근거가 되는 지역성의 문제를 어떻게 할 것인지에 대한 고민도 깊어졌다.

---

25 MBC는 적극적으로 지역 방송사의 합병을 추진했다. 2011년에는 진주문화방송과 창원문화방송이 통합되어 MBC 경남으로 출범했으며, 2015년에는 강릉문화방송과 삼척문화방송을 통합한 MBC 강원영동이 출범했다. 지역 MBC의 통합은 지역 주민과 해당 방송국 구성원들의 강한 반발을 불러일으켰다.

급변하는 미디어 환경 속에서 MBC의 대응은 콘텐츠의 경쟁력을 강화하고, 시청자와의 접점을 확대하는 것이었다. 온라인 미디어 중심의 콘텐츠 소비가 확대되는 가운데 콘텐츠의 유통 범위를 확대하기 위한 노력이 본격화되었다. MBC, SBS, KBS 방송 3사가 공동으로 투자해 설립한 콘텐츠연합플랫폼 주식회사의 출범이 대표적인 사례다. 2012년 7월부터 POOQ의 유료 서비스를 시작하면서 실시간 TV와 VOD로 서비스를 확장해나갔다. POOQ은 OTT 시장이 확대되는 과정에서 2019년 SK텔레콤의 oksusu와 통합, wavve란 이름으로 서비스를 이어가고 있다. 이러한 직접적인 OTT 서비스뿐 아니라, IPTV 등 디지털 온라인 기반의 유료방송 플랫폼을 통한 VOD 판매 역시 증가했다.

동영상 공유 서비스로의 진출도 본격화되었다. 2014년에 MBC와 SBS가 스마트미디어렙(SMR)을 설립, 네이버TV 캐스트에 방송 콘텐츠의 클립 영상을 제공하고 이에 대한 광고 판매를 대행하면서 온라인 클립 영상을 통한 사업을 본격화했다. 유튜브의 영향력이 확대되면서, 2018년부터는 MBC가 메인 뉴스를 유튜브를 통해 실시간으로 제공하기 시작했다. 스마트미디어렙을 통해서 2019년부터 유튜브에도 클립 영상 공급이 이루어졌다. 2020년 기준으로 MBC는 38개 채널에 총 37만여 개의 동영상을 업로드하고 총 누적 조회수가 340억 회를 기록하는 등(≪아주경제≫, 2020.10.15.) 온라인 미디어에서의 영향력을 확대하고 있다.

글로벌 시장으로의 진출 확대는 MBC의 플랫폼 확장의 범위를 국내에서 해외로 넓히는 것이기도 하다. MBC는 2019년에는 드라마 〈봄밤〉을 시작으로 글로벌 OTT 서비스 넷플릭스에도 일부 콘텐츠를 공급하기 시작했다. 또한 콘텐츠 직접 수출뿐 아니라 포맷 수출과 같은 새

로운 수출 방식을 통해 방송 한류의 범위를 확장하고 있다. 2010년대
에 들어서 〈아빠 어디가〉, 〈나는 가수다〉와 같은 예능 콘텐츠로부터
시작된 포맷 수출은 〈복면가왕〉에 이르러서는 22개국에 포맷을 판매
하는 등 높은 성과를 거두고 있다.

2) 온라인 시대, 지역 콘텐츠의 광역화 시도

온라인 미디어의 성장은 지역 MBC에게도 새로운 기회를 가져다주
고 있다. 팟캐스트, 유튜브와 같은 온라인 플랫폼을 통해 지역의 콘텐
츠가 광역의 수용자를 만날 수 있는 기회가 마련되면서 새로운 활로가
열리기 시작했다. 이전까지의 기술 발전의 역사는 지역 MBC에게 계속
해서 어려움을 안겨주는 변화였다고도 할 수 있다. 그런데 온라인 미디
어의 확산 속에서 지역 MBC가 콘텐츠를 중심으로 새로운 기회를 열어
갈 수 있는 가능성이 나타나기 시작한 것이다.

대표적인 사례가 MBC 강원영동의 〈하우투〉와 〈청춘 스마트 클라
쓰〉이다. 지역 MBC의 제작비를 모아서 제작한 강연 영상을 뉴미디어
기반의 서비스를 통해 일반 수용자에게 확산하고, 이를 기반으로 새로
운 수익모델을 개척한 것이다. 이뿐 아니라 지역 MBC의 뉴스나 시사
교양 콘텐츠들이 유튜브를 통해 보다 넓은 지역으로 확산될 수 있는 기
회들도 늘어나기 시작했다. 2020년에 방송된 포항 MBC의 특집 다큐
멘터리 〈그 쇳물 쓰지마라〉는 2021년 방송협회가 주최한 제48회 한국
방송대상에서 대상의 영예를 안았다. 이는 지역에서 출발한 콘텐츠가
전국적인 공감을 이끌어낼 수 있다는 걸 잘 보여주는 사례다.

미디어 기술의 발전과 플랫폼의 변화는 MBC가 콘텐츠를 중심으로
산업 구조를 재편하는 중요한 동력이 되어왔다. 이러한 변화 속에서 지

역의 MBC들은 한편으론 위기를 마주했지만, 역설적으로 유튜브와 같은 온라인 미디어를 통해 수용자와의 접점을 형성하면서 새로운 기회도 함께 만나고 있는 것이다. 글로벌 시장에서 한국의 콘텐츠가 주목을 받게 되면서, 이러한 지역성에 기초한 새로운 콘텐츠들에 대한 수요는 오히려 증가하고 있다. 세계와 지역의 연결이 OTT 서비스 등을 통해 긴밀해지면서, 지역성을 잘 담은 콘텐츠에 대한 관심도 높아지고 있는 것이다.

7. 나가며

이 글은 MBC의 역사를 플랫폼의 변화라는 관점에서 접근하면서, 특히 전국적인 네트워크로서 MBC의 확장의 과정을 지역과의 연계 속에서 논의하고자 했다. 부산의 라디오 매체로 출발한 MBC라는 이름은 서울을 거쳐 빠르게 전국으로 확장해나갔다. 라디오에서 텔레비전으로, AM에서 FM으로 전파를 활용한 플랫폼을 지속적으로 확장했고, 누구보다 빠르게 전국 네트워크화를 이루며 한국 전역을 연결시키는 미디어 플랫폼으로서의 위치를 확보할 수 있었다. 이후 다채널화와 다매체화로 대표되는 미디어 환경 변화 속에서 MBC는 콘텐츠를 중심으로 새로운 확장을 시작했다. 디지털 미디어 환경 속에서 콘텐츠는 한국의 한계를 넘어 전 세계로 확장할 수 있는 기회를 만났다. 다만 이러한 변화 속에서 중앙과 지역의 격차의 문제가 부상하기 시작했고, 방송의 미디어로서의 영향력도 약화되기 시작했다.

미디어 환경은 지금도 빠르게 변화하고 있다. 디지털 미디어의 성장은 전통적인 방송의 지위를 흔들고 있다. 그러나 좋은 콘텐츠를 가진 사업자가 전 세계의 팬덤을 만나고 영향력을 확대할 수 있는 기회는 오히려 확장되고 있다. 미디어가 아닌 콘텐츠가 플랫폼이 되는 시대에, 지역 MBC의 작품들도 지역의 한계를 넘어서 더 많은 이들을 만날 수 있는 기회가 열리고 있다. 글로벌 미디어를 통해 다양한 콘텐츠를 만날 수 있는 환경이 열리면서, 이제 사람들은 지역의 특색이 담긴 콘텐츠에 가치를 부여하고 있다. 어디에서도 볼 수 없는 지역만의 이야기를 담아낼 수 있는 콘텐츠에 대한 관심이 어느 때보다 높아지고 있는 시기인 것이다.

MBC의 역사는 끊임없이 시대의 플랫폼을 발견하고, 확장하는 과정이었다. 지금 가장 강력한 플랫폼은 다름 아닌 콘텐츠 자체이다. 로컬의 콘텐츠가 글로벌로 확장될 수 있는 새로운 미디어 시대에 대응하기 위해서라도 지역의 콘텐츠를 강화하며 그 힘을 바탕으로 MBC의 확장을 이어나갈 필요가 있다. 부산에서 시작된 MBC의 전통이 서울을 거쳐 전국으로, 그리고 세계로 나아갔던 확장의 역사를 기억하며, MBC가 시대적 요구를 품은 콘텐츠의 힘을 바탕으로 더 큰 확장의 여정을 이어나가길 기대해본다.

참고문헌

≪경향신문≫. 1962.12.4. "문화방송 1년", 4.

≪경향신문≫. 1966.5.4. "라디오: 세 민방 자꾸 비슷해가", 7.

≪경향신문≫. 1968.10.23. "MBC 프로그램 개편", 5.

≪경향신문≫. 1974.10.21. "청취율 의외로 높은 FM 방송", 8.

≪경향신문≫. 1973.1.20. "음악팬 실망시키는 FM 방송", 5.

≪국제신문≫. 1959.5.31. "방송이 가야할 길 좌담회 上", 4.

≪국제신문≫. 1959.6.2. "방송이 가야할 길 좌담회 下", 4.

≪부산일보≫. 1989.5.3. "(방송) 16개 지방 MBC勞組 연대쟁의 투쟁", http://www.busan.com/view/busan/view.php?code=19890503000139.

≪아주경제≫. 2020.10.15. "KBS·MBC 새 먹거리 된 유튜브… 한해 수입 100억 원", https://www.ajunews.com/view/20201015153740851

≪조선일보≫. 1972.7.29. "저질 쎗는 청음, FM 방송", 5.

≪조선일보≫. 1973.12.20. "무성의한 m '모닝쇼' DJ", 8.

≪조선일보≫. 1978.1.21. "FM 방송 CM 너무 많다", 7.

≪한겨레≫. 1989.10.1. "지방 MBC 위상정립 대책위 '보고서' 펴내", https://m.hani.co.kr/arti/legacy/legacy_general/L521046.html.

≪PD저널≫. 2008.12.23. "지상파 디지털전환 지역방송은 '깜깜'", http://www.pdjournal.com/news/articleView.html?idxno=19472.

강명구·백미숙. 2005. 『방송이념으로 공익개념의 형성과 건전한 국민의 형성』. 방송문화진흥회

강명구·백미숙. 2007. 『초기 방송인 구술인터뷰: 정순일 편』. 방송문화진흥회.

강형철. 2002. 「MBC 네트워크: 방송제도론적 함의」. ≪방송과 커뮤니케이션≫, pp. 55-78.

김금동·정태수. 2017. 「비디오를 통한 관람 공간의 재편(1987-1997)」. ≪영화연구≫ 73, pp.45-80.

김상훈·안대천. 2010. 「지상파 DMB 광고 현황과 활성화 방안」. 2010 한국광고학회 세미나 자료.

김여라. 2019. 「새로운 미디어 서비스 출현에 따른 '방송법' 개정의 과제」. ≪이슈와 논점≫ 제1622호. 국회입법조사처.

김영수. 2012. 「지역방송 콘텐츠의 다중 창구화 현황과 지역방송인의 인식」. ≪지역과 커뮤니케이션≫ 16(2), pp.61-87.

김영희. 2009. 『한국 사회의 미디어 출현과 수용: 1880~1980』. 커뮤니케이션북스.

김영희. 2011. 「한국사회와 텔레비전 방송 50년」. 한국언론학회 편. 『한국텔레비전 방송 50년』, pp.1-22.

김용호. 1984. 「지역사회 발전에 있어서 지역 방송의 역할」. ≪전주우석대논문집≫ 6집, pp.175-203.

김재영·이승선. 2015. 「지역방송의 내부 식민지는 어떻게 작동하는가?」. ≪한국언론정보학보≫ 78호., pp.35-78.

노정팔. 1978. 「지방방송의 실태」. ≪관훈저널≫ 27, pp.141-156.

대전문화방송. 1996. 『대전문화방송 30년사』. 대전문화방송.

문성철. 2011. 「외주제작 정책 20년의 성과 평가」. ≪방송과 커뮤니케이션≫ 12(3), pp.154-206

문화방송 30년사 편찬위원회. 1992. 『한국문화방송 30년사』. 한국문화방송.

방송위원회. 2001. 「방송산업 육성 지원정책연구」. 연구 2001-2.

방송위원회. 2003. 「지역방송발전위원회 종합보고서」.

방송통신위원회. 2008. 「2008년 방송산업 실태조사 보고서」.

변동현. 1982. 「지방방송의 활성화를 위한 조사연구」. ≪관훈저널≫ 34, pp.244-261.

백미숙. 2007. 「라디오의 사회문화사」. 유선영. 박용규. 이상길 외. 『한국의 미디어 사회 문화사』. 한국언론진흥재단.

부산문화방송. 2009. 『부산문화방송 50년사』. 부산문화방송.

윤상길. 2011. 「한국텔레비전 방송기술의 사회문화사」. 김영희 외. 『한국 텔레비전 방송 50년』. 커뮤니케이션북스..

윤희각·남인용. 2017. 「지역방송사의 방송권역 광역화 전후 경영성과와 편성 변화」. ≪방송과 커뮤니케이션≫ 18(4), pp.173-214.

임종수. 2004a. 「1960~70년대 텔레비전 붐 현상과 텔레비전 도입의 맥락」. ≪한국언론학보≫ 48(2), pp.79-107.

임종수. 2004b. 「한국방송의 기원」. ≪한국언론학보≫ 48(6), pp.370-396.

정순일. 1991. 『한국방송의 어제와 오늘: 체험적 방송현대사』. 나남.

정순일·장한성. 2000. 『한국 TV 40년의 발자취: TV 프로그램의 사회사』. 한울.

제일기획. 2003. 『2003 광고연감』.

조항제·박홍원. 2011. 「한국 텔레비전 50년의 정치와 경제」. ≪방송문화연구≫ 23(1), pp.41-71.

최영묵. 2012. 「정수장학회 운영 실태와 개선방안 연구」. ≪지역과 커뮤니케이션≫ 16(3), pp.277-304.

최이숙. 2011. 「TV 방송 50년의 자화상: 한국 TV 저널리즘의 변천」. 김영희 외. 『한국텔레비전 방송 50년』. 커뮤니케이션북스..

제 2 장 ● ● ●

MBC의 제도적 정체성

조항제

1. 들어가며

2008년 12월 19일 최시중 방송통신위원장은 방송문화진흥회의 창립 20주년 행사에서 "(MBC가) 공영방송, 민영방송, 공민영방송 등 여러 가지로 일컬어지는 게 오늘의 현실이다. 이제 MBC의 정명(正名)이 무엇인지 스스로에게 물어봐야 한다"(≪중앙일보≫, 2008.12.20.)고 지적했다. 덕담보다 비판에 가까운 이 말을 듣고 당시 (이명박) 정부가 곤욕을 치렀던 그해 여름의 촛불시위와 〈PD수첩〉의 광우병 편을 떠올린 것은 비단 필자만은 아닐 것이다. 그러나 그에 그치지 않았다. 그로부터 10년 남짓 지난 2019년 11월 28일, 이번에는 당을 바꾼 민주당 정부가 '공공서비스 방송(PSB)'(안)을 제기하면서 다시금 MBC의 정체가 무엇인지를 묻고 나왔다(정영주, 2020). 직전인 2018년, MBC는 기록적인 1,237억의 적자를 보였다. 이듬해 MBC는 사장이 직접 공공재원 지원안을 제기해 논란을 빚었다(미디어오늘, 2020.6.3.).

2008년 당시 최시중이 MBC의 정명을 물은 것은 정말 MBC에 제대로 된 이름을 찾아주려는 선의에서 나온 것으로 보기는 어려울 것 같다.[1] 무려 네 개나 종편을 신설해 MBC의 경쟁자를 반시장적으로 늘리거나 MBC에서 이른바 '좌파 대청소'(김우룡 당시 방송문화진흥회 이사장; 한상진, 2010)를 감행한 이후의 방통위 정책을 보더라도 이는 다분히 압박의 수단에 가깝다. 노동자가 운영한다는 뜻의 '노영(勞營)방송'은 이들이 붙인, MBC를 압박하는 명분이었다. 2000년대 초반 미디어렙의 경쟁체제 논의에서 MBC가 보여준 상업적 이기주의를 부추겨 분열을 꾀하려는 의도도 있었을 것이다. 그렇다면 당시 MBC는 정책당국에 의해 외파와 내파를 골고루 당한 셈이다.

2019년의 공공서비스 방송 안은 어떻게 봐야 할까? 공공서비스 방송은 영국의 방송정책에서 나온 개념으로 공적 의무를 지고 있는 주요 지상파 방송 전체를 가리킨다(Ofcom, 2004). 소유나 재원 형태에 따라 개별 방송의 의무에는 차이가 있지만, 기본적으로 공공서비스란 개념 자체는 상업방송까지 포함하는 포괄성을 지향한다. 그러나 한국에서 이 안은 오히려 배제성과 분할에 의도가 있어 보였다. 지금까지 같은 공영방송으로 분류되어왔던 KBS와 EBS는 따로 '영조물'로 분리해 공공서비스 방송에서 빼놓았기 때문이다. 국가로부터 독립을 필요로 하는 언론의 특성상 같은 영조물이라 하더라도 방송은 특수해야 하고(이지효, 2018), 공사(public corporation) 자체가 이미 공공적 틀 내에서 자율성을 소화하려는 의도가 있는 조직 형태(이창근, 2015)라는 점을 감안하면, 공

---

1 이런 추론에 대해서는 이은용(2010)을 참조하라. 이은용은 최시중 때의 방통위 분위기를 잘 전달하고 있다.

공서비스 방송 안은 MBC(또는 YTN)[2]에만 어울리는 안인 것이다.

이 안의 배경에는 지상파 방송의 전반적인 경영난이 있어 보였다. 한국에서 지상파 방송은 2010년대 이후 광고비 추이가 단적으로 보여주듯 매출 실적이 급전직하해 지난 10년간(2011~2019) 무려 49.8%나 감소했다. 같은 기간 모바일은 600억에서 3조 2,800억으로 55배나 성장해 이제 지상파는 모바일의 1/3 수준에 불과해졌다(이상의 통계는 금준경, 2020).[3] 이 여파로 광고의존도가 절대적인 MBC는 2018년 1,237억의 적자라는 기록적인 수치를 낳았다. 이렇게 지상파 방송의 경영이 추락하자 그간 임기응변식으로 현상을 유지하던 미디어정책 전반이 새롭게 조정될 필요성이 커지게 되었다. 특히 공공재원의 중추인 수신료가 40년째 동결되면서 여러 파행을 낳았다는 점을 감안하면, 이는 단순 필요를 넘어 절박함의 수준에 이르렀다고 할 수 있다. 이럴 때, 먼저 문

---

2 만약 소유의 형태에 초점을 맞춰 MBC와 YTN을 같은 성격의 방송으로 보고자 한다면, 이야말로 분류의 편의에 매몰되어 지금까지의 공영방송 역사 전체를 무시해버리는 것이다. 법적 근거로만 하더라도 〈방문진법〉이 있는 MBC와 일반 〈상법〉에 따르는 YTN은 전혀 다르다. 헌재는 오히려 방문진도 영조물로 봐야 한다는 결정을 내린 바 있다(헌법재판소, 2012). 시장적 위치나 행태만으로 SBS와 같이 보려는 시도도 있을 수 있지만, 이 역시 정치적 고비마다 반후견주의적 파업을 11차례나 벌인 MBC를 소유주 헤게모니가 확고한 완전 상업방송 SBS와 같게 만드는 것이다. 소유와 관련된 행동유도성(affordance; Benson et al, 2018)에서 MBC와 SBS는 완전히 다른 방송이다.

3 시청자와의 관계 지표인 시청률로 봐도, 이 기간 동안 지상파 방송은 모두 꾸준하게 하락했다. 채널별 시청률(수도권/가구)에서 KBS1은 15. 87%에서 8.41%로 떨어졌으며, 상업방송인 SBS조차 15.08%에서 8.29%로 거의 반 토막이 되었다(정철운, 2018). 시청률에 민감한 상업방송조차 이러할진대 다른 방송은 볼 필요도 없다.

제가 되는 것은 공영도 아니고(MBC보다 더 공영적 색채가 강한 방송이 둘이나 따로 있으므로), 사적 소유도 아닌 '상업(재원)방송' MBC이다.

주지하다시피 MBC는 기존의 공영과 민영이라는 이분화에 비추어 잘 맞지 않는 '다른' 방송이다. 방송문화진흥회·정수장학회라는 공적 단체가 소유하지만 공적 지원은 거의 받지 않는 상업적 재원의 방송이다. 만약 이 방송이 주어진 공적 목적을 달성한다면 말 그대로 '시장의 성공'의 정말 흔하지 않은 사례가 될 것이다. 하지만 그렇다기에 MBC는 시청률과 선정주의 경쟁에 너무 많이 매달린다. 이런 MBC의 하이브리드한 특성은 항상 정책이 추구하는 특유의 가치, 곧 분명하고 알기 쉬워야 하는 실천적 가치와 관련해서는 상당한 장애가 된다. 그렇다고 MBC가 기존의 것에 맞게 변모하기에는 너무 많은 것이 바뀌어야 하는 어려움 속에 있다. 이 어려움은 그간 수없이 논의되고 여러 보고서에 제시된 미래적 제안들이 대부분 실천에 옮겨지지 못하고 그저 말의 성찬에만 그친 점에서도 잘 엿볼 수 있다(정영주, 2020).

그러나 이런 이분화를 벗어나면, 의외로 '기형', '모순'에 불과했던 MBC가 나름의 정체성을 인정받을 수 있는 길이 열린다. 그건 영국의 채널4(웨일즈에는 S4C)나 최근 덴마크의 TV2 같은 MBC와 유사한 사례를 통해 하이브리드하지만 다른 것과 같은 공영방송으로 모델화하는 것이다. 지금까지 한국 방송에서 이런 식의 논법은 거의 없었다. 공영방송을 논하면 주 공영방송 하나만 다루는 식이었다. 그 결과 BBC는 거의 빠짐없이 거론되었지만 채널4는 언급되지 않았다. MBC 나름의 정체성을 따져 보려는 노력은 일부 시도에 국한되었다.[4]

채널4는 영국이 기존의 '국가적' 공영방송인 BBC만으로는 소수자를 존중할 수 없고 제작진의 다양성도 보장하기 어려워 만든 제2 공영방송이다.[5] 당시 규제기구였던 IBA의 자회사(나중에 독립했다)로 만들어 전액을 상업적 재원으로 운영하게 했다. 자체 내 제작진을 거느리지 않고, 외부 (독립)제작사에 프로그램을 의뢰하는 이른바 '출판사형' 편성 방송이기도 하다. 광고를 재원으로 하지만, 상업적 경쟁을 피하기 위해 영업권도 갖지 않는다. 이렇게 특이한 채널4지만, 그러나 기형이라고 하지는 않는다. MBC와 비교해보면, 편성·소수자 방송이라는 점이 다르고, 공공 소유에 상업적 재원이라는 틀은 같다. 당시(1977~1980년대) 영국 사회에서는 BBC의 한계가 충분히 드러나 채널4의 설립 의의가 나름으로 인정될 만했다. 그러나 보기에 따라서는 규제기구의 자회사라거나 편성 전문이라는 속성이 얼마든지 '정상'이 아닌 것으로 보일 수도 있는 방송이다(이런 방송이 세계 어디에 있겠는가?).

스웨덴이나 덴마크, 노르웨이 등의 스칸디나비아 국가들은 1990년대 탈규제 시대를 맞아 전면적인 상업화를 택하는 대신 '공공적 소유와 상업적 재원' 또는 '상업적 체제와 편성 규제'를 결합시킨 하이브리드 공영방송, 곧 TV2(덴마크와 노르웨이), TV4(스웨덴) 등을 만들었다. 이들은 상업방송의 무절제를 중화시켜 탈규제가 일으킬 수 있는 가장 큰

---

4   한국 공영방송에서 BBC가 가졌던 모델적 함의에 대해서는 조항제(2014)를 참조할 수 있다. 비교 시각에서는 아니지만 MBC를 전문직적 공영방송으로 키우자는 제안은 조항제(2003)가 한 적이 있다.

5   채널4가 만들어지는 과정과 맥락에 대해서는 캐터롤(Catterall eds., 1999)을 참조할 수 있다. 채널4를 IBA의 자회사로 만든 사람은 1979년에 대처 내각의 내무장관이 된 화이트로(W. Whitelaw)였다. 화이트로는 보수당 출신으로 BBC를 지지했던 사람인데, 그의 지론은 대처의 생각과는 반대였다(Curran & Seaton, 2010).

부작용을 차단하는 효과를 발휘했다(Lund & Berg, 2009). 특히 덴마크의 TV2는 국가 소유와 상업적 재원을 결합시킨 MBC와 거의 유사한 형태를 띠었다. 이로써 '기형'이 하나 더 늘어난 셈이다.

서비스의 성격이 아니라 소유와 통제, 재원을 중심으로 하는 방송 구분, 곧 공영과 민영은 둘 사이의 중간 영역을 인정하지 않는다. 공적 소유이면서 상업적 재원에만 의존하고 경쟁에 민감한 방송은 자기 자리가 없다. 덴마크처럼 완전한 상업방송의 무절제를 방지하기 위해 하이브리드를 구상하는 마인드란 가능하지 않다. 스웨덴이나 노르웨이처럼 엄격한 편성 규제를 상업방송과 동반하게 하는 마인드도 역시 불가능하다. 물론 이런 방송이 그저 하나 더 있다고 해서 MBC가 없는 정체성을 만들어낼 수 있다는 뜻은 결코 아니다. 이런 방송에 대한 구상이 결코 방송의 공적 서비스의 질이나 방송 생태계의 건강성을 해치는 것이 아니며, 기존 공영방송의 기득권을 해치는 것 또한 아니라는 것이다.

이 글의 목적은 MBC가 우리 현대사의 중요 단면이 모두 응축된 결정체(結晶體)라는 점을 보여주고, 이를 하나의 독립된 정체성으로 인정해주고자 하는 데 있다. 이를 위해 이 글은 먼저 한국에서의 공영방송이 여러 측면에서 서구의 것과는 다른 방향으로 조건화될 수밖에 없었다는 점을 살펴본다. 특히 수신료의 오랜 정체에 따른 광고에 대한 높은 의존도는 미디어시프트가 발생하는 최근 들어 공영방송을 더 큰 위기 속에 노출시킬 수밖에 없다는 점을 강조한다. 다음으로 MBC의 명목적 또는 (반대로) 실질적 소유 및 통제관계를 연대기별로 고찰하고 MBC의 중간적 특성이 개별 정책이나 정부 단위에서 해소하기 어려웠던 역사적 산물이라는 점을 보고자 한다. 마지막으로 '다르지만 같은' 공영방송으로 MBC에 대한 정책적 고려사항들을 제시한다.

2. 한국에서의 공영과 민영

1) 5공의 전일적 공영화

이념으로서 공영방송의 매력은 저널리즘의 독립성과 문화의 자율성을 위협하는 국가와 시장 권력으로부터 일정한 거리를 두면서 민주적 '공론장(public sphere)'을 실현시킬 수 있다는 점이다. 이에 따라 공영방송은 적어도 이념적으로는 그리 어렵지 않게 합의에 도달한다. 그러나 콜린스(Collins, 1998)의 지적대로 모든 공영방송(사)에는 항상 실제('ises')과 규범('oughts')이 혼재되어 있고, 양자의 괴리가 공영방송의 정당성을 약화시켜왔다는 점 또한 부인할 수 없는 현실이다. 그리고 이 괴리는 공영방송을 자신의 조건에 맞게 스스로 만들고 다른 변화에 맞춰 적응시켜왔던 '원형'에 비해 그 이념을 '빌려온' 나라에서 더욱 크게 나타난다. 특히 1980년대 이후의 한국의 방송역사는 이 괴리의 역사라 해도 과언이 아닐 정도로 정도와 파장이 심각했다(조항제, 2003).

한국에서 제도로서 공영방송이 처음 도입된 때는 5공이 들어선 1980년이다. 조직의 틀로서 공사(公社)가 만들어진 것은 1973년이지만, 이 공사화를 제도로 보기는 어렵다. 무엇보다 법의 국민적 대표성이나 책임성을 확보할 제도적 장치를 마련하지 않았고, 더 중요한 것은 그런 의사 자체가 없었기 때문이다(서규석, 1973). 공영방송의 요건이 유럽에서조차 그렇게 분명하지 않고, 각 나라마다 법제도적 사정도 다르므로 이를 일의적으로 보기는 어렵다. 그러나 공영방송에 이런 대표성이 없다는 것은 아무래도 자격에 미달하는 것으로 보아야 한다. 이를 반영하듯 법에서도 본법(〈방송법〉)이 아닌 조직법(〈한국방송공사법〉)의 제정에 그쳤다. 법 자체의, 또는 제도 자체의 변화라기보다 국영방송의 조직형태 변환에 훨씬 더 큰 무게가 주어진 것이다.

물론 나름의 의의는 있다. 그간 수없이 논의되던 조직 변환이 마침내 이루어진 것이다.[6] 유신체제와 공사화를 모순된 관계로 볼 수도 있지만, 유신체제 같은 무소불위의 독재가 아니었다면 방송의 민간 이양(사실, 반 정도도 안 되지만)은 불가능했을 가능성이 높다. 정당성이 없었던 유신의 성격상 체제 홍보를 강화할 수 있는 유능한 조직을 원했던 점도 있었을 것이다(조항제, 1994). 당시 관료들은 재원이나 인력 운용에서 자율성은 커지면서 공무원으로서 특권은 유지하는 방송청(放送廳) 안을 선호했다. 물론 KBS에 참여해있던 일부 방송인들은 공사화를 원했다. 공사는 언론을 비롯한 당시 시민사회에서 편의적으로 표현되던 '반관반민(半官半民)'을 현실로 옮긴 것이다.

1980년 한국방송은 전일화(專一化)된 공영이 되었다. 이 전일화란 것은 당시 존재하던 TBC를 KBS(2TV)에 편입시키고 MBC조차 KBS의 소유로 만들었으므로 시장에는 오로지 KBS밖에 남지 않았다는 뜻이다. 당시 법인 〈언론기본법〉은 공영방송에 대한 정의를 따로 시도하지 않았는데, 그 이유는 방송은 모두 공영방송이었으므로 방송에 대한 것만 정하면 되었기 때문이다. 이처럼 전일적이어야 했던 것은 상업방송이 있으면 이들이 강력한 견인·흡인력을 발휘할 것으로 보았

---

6 이의 기원을 따져보면, 국영화 시절까지 올라가야 한다. 일제 때만 해도 민간(조선방송협회)이 소유했던 방송은 오히려 해방이 되면서 국영화되었다. 이에 대한 비판은 각종 정치적 계기들마다 여러 차례 제기되었다. 4·19 때의 '거구기(舉口器; 舉手器에서 '손'을 라디오의 '입'으로 바꾼)' 논쟁은 이의 대표격이 될 것이다.

기 때문이다(이수정, 1983: 6).

그러면서 5공 체제는 공영방송에 대한 대대적인 선전을 시도했는데, 다음과 같은, 마치 (미디어) 정치경제학의 한 주장을 옮겨놓은 것 같은 당시 정무비서관이었던 이수정(1983: 5)의 생각은 이를 잘 보여주는 것이다.[7]

거대한 과점기업이 이익을 장악하고 사회와 국가에 대해서도 가공할 힘을 휘두르게 되는 상업방송에 공익성을 지켜줄 규제력은 현실적으로 미약하다. 경제 권력에 의해 장악되는 상업방송은 수용자에게 무료나 광고에 의해 운영된다. 라디오나 텔레비전의 프로그램을 장악하고 있는 사람은 광고주이며 광고기업이다. 이들이 광고료를 내는 사활적 이해관계는 우선 시청률일 수밖에 없다. … 상업방송은 대중의 '백치화'를 촉진하는 현상을 가속한다. 이것은 방송기업의 수익성, 광고와 시청률, 감정적 호소와 인기 영합에 의한 대중동원 등 구조적인 상관관계에서 빚어지는 현상이다.

이처럼 상업방송을 신랄하게 비판하면서 공영방송(BBC를 직접 언급한다)을 대안으로 내세운다.[8] 공영방송은 '백치화' 대신 '교양화'를 추구

---

7 이수정은 그 유명한 '4·19선언문'을 집필한 사람이다. 한국일보 기자를 하다 유신체제 직전에 문공부에 들어가 영국과 네덜란드 등에서 공보관을 지냈다. 이 글을 쓴 직후에 MBC의 전무를 했고 6공 때는 문화부장관까지 했다. 필자는 학위논문을 쓸 때, 그에게 인터뷰를 요청했으나 강하게 거부당했다. 다만 전화로 인터뷰를 조금 했는데, 그는 나에게 당시 상황(5공)을 이해시키려고 애썼다.

할 수 있다는 것이다. 그러나 바로 다음 대목에서 이수정은 공영방송의 가치를 교묘하게 왜곡하면서 당시 편파성으로 비판받던 KBS를 옹호하기 시작한다. "공정성과 다양성은 가치로부터 자유로운 '올림픽적 중립성'을 의미할 수 없다. 방송이 진리와 비진리 사이의 중립성, 정의와 불의의 사이, 자애와 잔인·관용과 편협·진실과 허위의 중간에 설 수는 없는 것이다. 방송도 결국 국민의 생명력을 담고 있는 헌정의 신념과 기본적 윤리, 국가이익으로부터 이탈할 수 없는 것이다"(p.8).

이수정은 다양한 주장들, 이념들, 정책들 사이에서 중립(BBC적 불편부당성)을 지켜야 하는 공영방송을 중립이 존재할 수 없는 진리·정의와 비진리·불의로 치환해 공정하지 않은 방송을 옹호한다. 그러나 이 논리의 위에는 국가의 이익을 사실상 체제·정권의 이익과 같은 것으로 간주하는 현실의 논리가 자리한다.[9] 정권·체제는 진리·정의이므로 언론으로서 이를 따르는 것은 당연한 노릇이 된다. 이를 비판하는 일부 야당이나 운동권 세력의 주장은 비진리나 불의·허위에 해당되므로 이를 보도하지 않는 것은 결코 편파적인 것이 아니다(조항제, 2018b).

---

8 이런 입장을 상업방송에 대한 비판 일변도 태도와 마찬가지로 굳이 '잘못됐다'고 할 수는 없을 것이다. 그러나 당시의 '교양'이 지극한 정치성과 편파성을 아울러 지니고 있었다는 점도 도외시해서는 안 된다. 대중미디어인 텔레비전에서 막무가내의 오락 혐오 또한 문제가 있고, 이에 대한 즉자적 대체물로서 교양도 결코 같은 차원에서 주장될 수는 없다.

9 이수정은 이 주장까지는 차마 못한다. 이수정은 영국 공보관 시절 BBC의 가이드라인 같은 것을 분명 보았을 것이며, 이 가이드라인의 핵심은 잘 알려져 있다시피 불편부당성(imparitality)이다. 그러나 이 발표에서 불편부당성은 전혀 언급되지 않는다.

체제의 방송과 공영방송을 일치시키면서 나머지를 모두 악으로 몰아붙친 5공의 공세는 그러나 나름의 어떤 의의를 갖고 있었다. 그건 다음의 두 차원에서 확인해볼 수 있는데, 첫째는 한국 방송의 성장과정과 1970년대의 상업적 행태가 초래한 당시 집권층을 비롯한 식자층의 윤리적 비판을 나름으로 이 정책이 수렴했다는 점이다. 물론 이 비판이 남성·중(노)년·엘리트·학부모·유교윤리 등에 의해 주도된 차별적 시점에 의한 것임에는 틀림없었다(조항제, 2011), 그러나 방송에 대한 규제(특히 자율적 규제)의 필요성만큼은 국민적 공감대를 갖게 해주었다.

둘째, 방송매체의 정치적 가능성 또는 반대로 정치적 억압성을 확실히 학습하게 해주었다. 5공의 대대적인 방송정책은 커지고 있는 방송의 정치성을 확실하게 상기시켜 주었으며 방송에 대한 정책이 언제나 정치성을 지닐 수밖에 없음을 잘 보여주었다. 이 시기에 있었던, 처음에는 조세 저항 차원에서 시작된 'KBS 시청료 안내기 운동', 'KBS안보기 운동'이 자연스럽게 정치(반정부)운동으로 발전한 것은 이를 반대 측에서 예증한 것이다. 5공은 공영방송의 이념을 스스로 주장해 정치적으로 되면 될수록 '시청료 안내기'를 반정부운동으로 발전시키는 것을 정당화할 수밖에 없는 자가당착에 빠진 것이다.

2) 민주화 이후의 공영방송

명분과 실제가 전혀 달랐던 공영방송이었고, 권위주의체제하에서의 공영방송이 어느 정도는 형용모순이었던 만큼 민주화 이후에 공영방송이 재논의되는 것은 당연한 일이었다. 물론 처음에는 원상 복귀론이 우세했다(조항제, 2020). 그러나 그러기에는 삼성과 TBC 관계가 복원되어야 하고, MBC도 소유문제를 비롯해 원점에서 재논의해야 한다. 너무 일이 커지면서 방향성도 확신할 수 없게 된다는 뜻이다. 결국 큰 방향은 공영방송의 '재확립'으로 잡혔는데, 거기에는 다음과 같은 선언을 한 노동조합의 창립이 영향을 미쳤다.

　　본래적 의미의 공영방송이란 국민의 재산인 전파를 당대 권력의 손아귀로부터 보호, 독립성을 확보하기 위해 고안된 제도적 장치였으나 우리의 '공영방송'은 권력이 방송을 독점하고 도구화하기 위해 허울뿐인 '공영'을 간판으로 내건 데 지나지 않고 있다. 우리의 주인인 시청자들로부터 외면당하고 비난받는 현실이 이를 웅변으로 증명하고 있다. 따라서 그동안 왜곡, 굴절되어온 방송체제는 전면적으로 고쳐져야 하며 … 이것은 저 빛나는 6월 투쟁으로 우리에게 방송민주화운동의 공간을 확보해준 국민에 대한 최소한의 보답이기도 하다. … 우리는 합법적인 노조 활동을 통해 바람직한 노사 관계를 확립함으로써 이 같은 비민주적 요소들을 개선, 극복할 수 있음을 확신한다('문화방송 노동조합 창립선언문'; ≪문화노보≫ 창간호, 1987.12.14.).

본래적 의미의 공영방송을 바람직한 노사관계를 통해 달성해보겠다는 이 선언은 당시 사장 후보자에 대한 성공적 인사 개입을 통해 부분적으로 현실화되었다.[10] 그러나 방향이 이렇게 잡히자 방송의 법제적 변화는 최소한에 그쳤다. 방송문화진흥회를 신설해 MBC의 명목상 소

---

10 청와대 대변인을 지냈던 황선필이나 유정회 국회의원 경력의 김영수를 말한다. 황선필은 취임하지 못했고 김영수는 취임은 했으나 사실상 사장 역할을 거의 하지 못하고 퇴임했다(조항제, 1990).

유주체를 변화시키고, 방송의 국민적 대표기관인 방송위원회의 권한을 부분적으로 강화한 것에 머문 것이다. 이는 공영방송의 임무를 하드웨어(법제)가 아닌 소프트웨어(편성·프로그램)에 넘긴 것으로 나름의 장단점을 갖고 있었다. 뜨거운 반향을 불러일으킨 〈어머니의 눈물〉(MBC)이나 〈5공 특집〉(KBS) 같은 사회다큐멘터리, '역 편파논쟁'을 불러일으키면서 당시 민주화의 한계까지 드러내주었던 드라마 〈땅〉이 성과라면, 공영방송에 대한 불충분한 법적 보장과 정권의 방송에 대한 개입 가능성은 이의 단점이었다.

그러나 이후에도 계속 공영방송과 현실 사이의 괴리는 쉽게 좁혀지지 않았다. 이미 오랜 동안 이념과 동떨어진 많은 것들이 관행화되어 있었으므로 세부 영역에서는 변화의 목적에 대한 합의조차 어려웠고, 저항도 거셌기 때문이다. 그럼에도 불구하고 KBS 1TV의 광고 중단(곧 수신료의 전기료 병산)이나 EBS의 독립(공사화) 등은 나름대로 그간의 논의가 어렵사리 일구어낸 합의의 결정체로 볼 수 있다.

아마도 이 괴리에서 가장 큰 것이 수신료일 것이다. 수신료는 공영방송의 대표적인 재원이고, 국민이 직접 부담하므로 방송사에 주어지는 책무의 압력 또한 가장 큰 재원이다. 대신 상방경직성이나 역진성, 회피가능성 등이 강해 일반 조세에 비추어보면 단점 또한 많다. 주지하다시피 유럽을 중심으로 한 대부분의 공영방송이 원조인 BBC를 따라 수신료를 기본 재원으로 정했으나 1980년대 들어 방송 환경이 바뀌면서 수신료는 위기를 맞았다(조항제, 2015). 무료인 상업방송이 신설되면서 '사용료(licence fee)' 개념의 정당성이 약해졌고, 나라에 따라서는 저항운동도 있었다.[11] 이에 따라 수신료는 포기되거나 재규정되는 길을 밟았다. 대체 재원은 대부분 상업재원보다는 공공재원(국고)이었다. 특히 가장 최근에 이를 바꾼 나라인 핀란드는 방송 이름을 앞에 붙인 YLE세 같은 목적세를 신설했다. 독일은 수신기 기준을 가구당으로 바꾸었다(Herzog & Karppinen, 2014). 이를 수신료로 부를 수 있을지는 또 다른 논의가 필요하겠지만, 국민이 방송을 위해 재원을 '직접 부담'한다는 기본 형태는 변함이 없다.

그러나 한국의 수신료 문제는 이들과는 전혀 다르다. 한국처럼 독재 시절의 트라우마를 극복하지 못하고 41년째 단 한 번의 인상도 없이 정체(停滯)하고 있는 나라는 적어도 필자가 알기로는 없다. 수신료 정체는 자연히 광고에 대한 높은 의존을 만들어 단기적 경기나 경제사정 전반에 민감한 공영방송, 경제적 기반이 취약해 자신의 임무를 제대로 달성하지 못하는 공영방송을 낳게 된다.[12]

수신료의 정체는 자주 언급되는 한국 방송의 구조적 '기형성'과도 밀접하게 연관된다. 이 기형성은 그것이 공영이든 민영이든, 심지어 교육 방송까지 광고를 하지 않는 방송이 하나도 없다는 점, 상대적으로 공영 방송이 너무 많다는 점, 방송 광고가 사실상 정부에 의해 독점 대행되

---

11 최근 유럽에서 수신료를 가장 적극적으로 거부하는 세력은 극우 포퓰리즘 당이며, 스위스에서는 국민투표까지 하면서 수신료를 지켜냈다. 스위스 국민들은 처음에는 거부 주장에 호응을 보내다가 나중에는 필요한 재원으로 인정했다(Holtz-Bacha, 2021). 아직도 민사적(민간 계약) 영역에 머물러 있는 일본의 NHK에서도 수신료 저항이 있었다(정지희, 2017).

12 이를 잘 보여주는 모순이 재미있는 (KBS) 2TV의 프로그램이 1TV의 시청자를 뺏어오는 현상이다. 지금까지 2TV의 편성은 상업적이고 경제적인 수준에서만 1TV를 보완하는 수준에 머물렀다. 그러나 이조차도 지상파 방송의 경쟁력이 급감하면서 별 의미가 없어지게 되었다.

고 수익률이 규제되고 있다는 점, 그럼에도 불구하고 방송의 상업적 경쟁이 치열하게 전개되고 있다는 점, 또 모든 방송이 중앙집중적 형태를 취하고 있는 점 등이다. 물론 이런 인식에는 '너무 많은 공영방송'처럼 오해도 있다.[13] 그러나 공영방송(들)이 차별성 없이 너무 시청률 위주로 편중되어 있다는 점은 큰 모순이 아닐 수 없었다.

SBS 도입에 대한 반감은 이런 이유 때문에 컸다. 공영방송이 좀 더 제자리를 찾아가야 하는 시점에 상업방송이 새로 도입됨으로써 경쟁이 격화되고 시청률 경쟁이 더 기승을 부릴 것이 두려웠던 것이다. 대체로 이 시기 이후부터 다른 나라에서도 시장장벽이 낮아지고 새로운 인자가 늘어났으므로 이를 완전히 명분 없다 할 순 없었다. 더욱이 이미 지상파와는 비교할 수 없게 많은 채널을 가진 케이블TV까지 도입이 예고된 터였다. 논쟁은 결국 공영이냐 민영(또는 사영)이냐 하는 이분법으로 경도되었다. 작게는 소유 주체로, 크게는 방송 서비스의 성격을 중심으로 이루어진 이 공/민영 제도 논의는 SBS 도입 이후에도 크고 작은 방송 개편의 논의 때마다 '얼굴'을 바꾸면서 계속 등장했다.

---

13 공영방송이 복수인 나라는 많다. 영국(BBC, 채널4)과 독일(ARD, ZDF, Arte 등), 벨기에(VRT, RTBF) 등이 대표적이고, 복수는 아니지만 이탈리아는 공영방송(RAI)에 더 많은 채널인 세 개(아날로그 기준)를 배정한다. 일본은 위성방송을 공영방송(NHK)이 주도하게 한다. 1974년 세 개의 방송으로 공영 텔레비전을 나누었던 프랑스는 한 개(TF1)는 민영화하고 두 개는 통합해(아날로그 기준) 지금의 FR로 운영한다. 호주는 원래의 것(ABC)에 원주민용 다문화 공영방송(SBS)을 하나 더 운용해 역시 복수이다. 물론 단수인 곳도 많다. 이렇게 방식이 다양한 것은 각 나라의 사정이나 조건, 방송에 주어진 사회적 의무에 맞춰 운용이 달라졌기 때문이다. 한국 역시 한국에 맞게, 주로 정치사를 따라 공영방송을 복수로 갖게 되었을 뿐이다.

그러나 본산인 유럽에 비해 한국의 공영방송은 대체로 다음과 같은 세 가지 부분에서 능력이 현저하게 떨어진다.[14] 첫째는 역시 재정 능력이다. 수신료의 장기간 정체로 광고에 대한 의존이 높아진 가운데 2010년대 이후 '미디어시프트'가 발생하면서 전체적으로 재원과 생활 비중이 급감했다.[15] 이 무능은 공영방송이 할 수 있는 일을 크게 제한하고 다시 이 제한이 무능으로 되돌아오는 악순환을 만든다. 둘째는 디지털화 방식에 따른 플랫폼 상실이다. 주지하다시피 유럽의 공영방송들은 대부분 자신의 (지상파) 플랫폼을 갖고 있지만, 한국의 경우에는 IPTV나 케이블TV 같은 유료 플랫폼에 편승해야 한다. 사실상 종편의 하나로 전락한 셈이다. 셋째, 제도적 미비의 문제이다. 특히 정치적 후견주의와 이에 따른 엽관제(spoil system)는 진보와 보수 사이 정권 변환이 여러 번 일어난 이후에도 해결되지 못한 난제이다.

이 중 가장 중요한 것은 구성원 사이의 내분과 반목까지 불러 일으켜 공영방송이 가진 역량조차 온전히 집중시키지 못하게 하는 셋째 부

---

14 벤슨 등(Benson et al, 2017)이 유럽의 12개 주요 민주주의국가를 분석한 바에 따르면, 공영방송의 성공 조건은 다음의 네 가지이다. 첫째는 다년에 걸쳐 안정적인 재정(계획), 둘째, 정파적 정부의 개입을 막는 법규, 셋째, 정부로부터 독립을 보장하고 안정적인 인사를 하는 감시기구, 마지막으로 시청자평의회나 정기적 시청자 서베이 같은 시청자의 활발한 참여제도의 존재이다. 한국에 비춰보면 거의 하나의 조건도 충분히 만족시키지 못한 것을 알 수 있다.

15 이를 말해주는 단적인 지표 하나는 '일상생활에서 필수적인 매체' 인식이라고 생각한다(나는 이를 생활비중이라 했다). 이 인식의 연도별 추이에서 TV는 2011년 60.0%에서 2020년 29.5%로 떨어졌다. 반대로 디지털 온라인화의 대표적인 매체인 스마트폰은 2012년 24.3%에서 2020년 67.2%로 증가했다(방송통신위원회, 2020). 불과 10년 만에 양자의 위치가 완전히 역전된 것이다.

분이다.[16] 2010년대 들어 예고된 시프트가 발생했음에도 공영방송은 이에 대한 대비보다는 오히려 연이은 파업으로 구시대의 유산에 맞서 야 했다. 후견주의적 정부와 반후견주의적 노조의 대립으로 2010년대 공영방송은 쇄신이 아니라 갈등의 연대가 되어버렸다(조항제, 2018a). 더 심각한 것은 혁명에 가까운 탄핵 이후에 등장한 문재인 정부하에서 도 해결의 실마리나 정책적 수단을 찾지 못했다는 점이다. 시청자에게 KBS는 여전히 '정부의 방송'으로 공정성에 문제가 있고, 인력 비대화와 고임금의 도덕적 해이를 가진 '방만한 조직'으로 치부될 뿐이다(공적책 무와 수신료공론조사위원회, 2021). 미래의 과제에 대해서는 '방송'의 영 역을 넘어선 '미디어'로 서비스를 확대하면서 재원 문제(수신료 인상)를 극복해야 하고, 구래의 과제에 대해서는 후견주의를 근절할 제도적 수 단을 마련해야 하는데, 공영방송 세력은 여전히 소수에 머물러 있고 문 제는 산적해 있다.

넓은 의미에서 볼 때, 적어도 2000년대 초반까지의 한국 방송은 경 쟁이 치열하면서도 공적 방송의 헤게모니가 유지되는 '공공방송체제' 였다고 할 수 있다. 이 체제의 강점은 경쟁에 충실해 대중의 기호에 민 감하지만 그래도 공영방송의 이념은 지키려고 하는 점이다. 반면 약점 은 역시 높은 광고의존으로 소수자를 존중하기 어렵고 변덕스러운 경 기에 좌우되지 않을 수 없는 것이다. 특히 이 점은 수신료의 도움을 전 혀 받지 못하고 오로지 광고에만 의존해야 하는 '주관적' 공영방송인

16 이 내분을 보여주는 단적인 징표는 노조와 보도국의 정파적 분열일 것이다. KBS는 진보에서 보수로 정부가 교체되면서 노조가 갈라졌고(조항제, 2018a), 보도국 역시 분열상을 가속화했다(최영재, 2014).

MBC의 경우 더 크게 증폭될 수밖에 없다. 그러나 시프트는 기존 공영 방송의 역할을 더욱 약화시킬 것이다.[17] 이런 미디어가 미래에도 있기는 하겠지만, 분산적·고립적으로 되면서 이전에 비해 영향력이 크게 줄어들 것이다. 그렇다면 MBC를 비롯해 기존 공적 섹터의 외곽에 있었던 인자들에게도 지금까지와는 다른 관심이 필요할 것이다.

3. MBC의 역사적 정체성

1) 소유와 경영: 원격 조정

'주식회사'의 형태를 띠고 있는 대부분의 방송에서 누가 지분을 지배적으로 소유하느냐, 누가 이를 (궁극적으로) 통제하느냐의 문제는 매우 중요하다. 많은 한계를 갖고 있기는 하지만, 그 나름대로 장점이 크기도 한 공/민(사)영 이분법 역시 바로 이 소유의 신원과 형태를 가장 큰 기준으로 한 것이다. 그러나 역사적으로 살펴본 주식회사 MBC에서 법적·경제적 소유 문제는 그리 중요하지 않다. 아니 보다 정확하게 말해 중요하지 않게 되었다.

주지하다시피 MBC는 1959년의 부산문화방송에서 기원했다. 부산문화방송은 김상용이 시작했으나 자금난에 봉착해 곧 김지태의 소유로

---

17 그런 측면에서 공영방송은 정치 판단의 기초가 되는 '지식' 차원(Soroka et. al, 2012)과 상대편 진영의 주장에 대해 정보를 얻을 수 있는 기회가 되는 '교차 노출'(Castro-Herrero et. al, 2018) 차원에서 독보적 장점을 잃지 않고 있다. 한국의 공영방송 역시 불충분하나마 이런 차별성은 보여주고 있다고 생각한다.

넘어갔다. 라디오로는 민간 소유의 최초 상업방송이었고, 김지태가 부산일보도 가지고 있었으므로 언론복합기업이기도 했다. 김지태는 1961년 서울민간방송도 설립해 네트워크 MBC의 터전을 닦았다. 그러나 5·16 이후 김지태가 부정축재자로 몰리면서 이 방송은 부산일보·부일장학회와 더불어 사실상 당시 대통령인 박정희에게 강제로 넘어가게 되었다(한홍구, 2012).

이 방송이 부일장학회가 전신인 공익법인 5·16장학회의 소유로 되었으므로 MBC도 명목적으로는 공적단체가 소유하는 방송이 되었다. 이러한 소유 변화는 MBC에 크게 두 가지의 변화를 가져오게 되는데, 첫째는 MBC의 정치적 성격이 바뀌었다는 점이고, 둘째는 MBC의 경영이 소유자의 직접 경영에서 위탁 경영, 통제 면에서는 직접 통제에서 원격 조정으로 바뀌었다는 점이다. 물론 그 소유자는 드러내놓고 소유를 주장할 수 없는 '공인'이었다.

MBC는 부산문화방송 시절만 하더라도 정치적 측면에서 상당한 중립 의지를 가지고 있었다. 3·15 부정선거와 4·19 혁명에 대한 부산문화방송의 상대적으로 충실했던 사실 보도는 이를 잘 말해준다(부산문화방송, 2009). 그러나 소유 변화 이후, MBC는 완전한 친정부적 방송으로 바뀌었다.[18] 또 5·16장학회는 장학의 목적보다는 MBC의 운영이 훨씬 더 큰 비중을 가진 사회·정치 단체로 변모해 서울의 키스테이션과 때로는 갈등을 일으키면서까지 MBC의 네트워크 확장을 주도했다.

둘째, 이 변화를 통해 점차 MBC는 소유와 경영이 분리되기 시작했

---

18 1980년 광주민주화운동 당시, KBS가 아닌 MBC가 광주 시민들의 방화의 대상이 된 점이 시사하는 바가 크다.

다. MBC의 실제적 소유자는 MBC를 직접 운영할 수 없는 다른 공적 위치(대통령)를 가지고 있었으므로 MBC의 경영은 간접 또는 위탁 경영의 형태를 띠지 않을 수 없었다. 소유의 통제 역시 직접 통제에서 원격 조정의 형태로 바뀌었다.

그러나 이후 MBC는 소유 측면의 정치성보다 경영 측면의 대중성 유지·확대 논리에 더 큰 영향을 받으면서 발전했다. 물론 이 둘 사이는 대개 조화로웠지만, 때로 갈등하거나 경합하기도 했다. 소유와는 별개로 MBC는 변함없이 전액을 광고에 의존하는 상업적 주식회사였으므로 대중성을 존중해야 했기 때문이다. 물론 소유에서 오는 여러 특혜도 이 주식회사의 행보에는 큰 도움이 되었다.[19] 그러나 이 특혜는 점차 고도화되어가고 있던 상업방송의 일상적 관행에 주어진 부가적인 것이었지 이 관행 전체를 대체할 수 있는 것은 아니었다.

2) 소유 개편: 명목상의 재벌 소유

1971년 MBC는 대대적으로 소유구조를 개편한다. 원래 5·16장학회는 전국 네트워크를 KBS와 마찬가지로 중앙의 키 스테이션이 모든 지역(국)을 총괄하는 직할체제로 구상해 확장을 시도했다. 그러나 이 확장은 정치적 목적을 앞세워 무리하게 진행한 탓에 모사의 자금 사정을

---

19 물론 크게 보아 이 역시 장점과 단점이 교차하는 이중성을 갖고 있었다. 1969년 TV 개국 시 이전과 달리 차관을 원활하게 받게 해준 점이나 때맞춰 KBS의 광고를 중단시킨 것, 증자 때 증권거래소 등의 허락을 받지 않고 무단으로 처리한 점 등은 특혜의 예이나 1971년 대선에 맞춰 무리하게 방송망을 확장해 결국 경영 부실을 초래한 점, 죽어가는 신문사(경향신문)를 인수해야 했던 점 등은 단점에 해당한다.

크게 악화시켰다. 이 악화는 "그(타인자본) 속에 차관이 포함되어 있는 경우 차관의 상환연도 도래와 더불어 장기저리의 차관은 단기고리의 사채 또는 은행채로 전환될 것이고, 그 결과는 특별 증가가 없는 한 기업으로 존재하기 어려운 단계"(한국방송회관, 1972: 64-65)에까지 도달했다. 빚의 전체 액수가 28억이었고, 이 중에 사채가 무려 18억이나 되었다(정순일, 1991).

이에 따라 1971년 MBC는 사장(이환의; 물론 박정희의 낙점이었다)을 바꾸면서 대대적으로 소유를 개편, 일단 증자를 감행해 당시 재벌로부터 전체 지분의 70%에 달하는 결정적인 '도움'을 얻어냈다. 해태, 현대, 금성, 동아건설, 교보 등이 1억 원씩, 쌍용은 1억 5,000만 원, 미원이 5,000만 원의 주식을 사들인 것이다(정순일, 1991).[20] 물론 사실상 기부나 다름없었고,[21] 실제로 이 지분은 나중에 KBS, 방송문화진흥회로 다른 반대급부 없이 돌아갔다.

순수하게 기업적인 마인드로만 볼 때 이러한 증자는 MBC의 경제적 소유를 사실상 변화시킨 것이나 다름없다. 지역방송도 지배 지분(대부분 85% 정도)을 지역의 토호나 유력 정치인들에 모두 매각해버렸으니

---

20 이 사실은 사사(社史)에서는 잘 밝혀져 있지 않다. 아마도 그 사정은 다음 같은 정순일(1991)의 회고가 잘 보여주지 않는가 한다. 당시 MBC는 증권거래소에 당당히 상장한 공개 법인이었으므로 MBC가 대대적인 증자를 하자 증권거래소가 "누구 마음대로 증자를 하고 증자분을 양도하느냐고 호통을 쳤지만, 막무가내로 처리해버렸다"(p. 202).

21 재미있는 것은 이를 이환의는 재벌은 '민간인'으로, 매각은 '분양'으로 표현한 점이다(문화방송, 1992: 416). 그리고 이런 재무구조 개편을 국민 앞에 '공개' 했다고 말했다.

이 역시 마찬가지이다. 그러나 이러한 정리와 배분이 MBC를 바꾼 것은 아니고 그럴 의도도 전혀 없었다. 서울MBC에 대한 배치적 통제는 기본적으로 경제적 지분에 기초하는 것이 아니었기 때문이다. 여기에서 MBC는 또 한 번 '변화된 소유'와 '변하지 않은 경영', 명목과 실질 사이의 괴리를 경험했다.

이후 같은 경영자가 10년간이나 이어진 1970년대에 MBC는 전형적으로 위탁 경영을 했다. 이 시기에 박정희가 눈에 드러나게 개입한 예는 경향신문 인수 건 정도에서만 보인다.[22] 방송에 대한 정권적 통제는 MBC뿐만 아니라 모든 방송에 공히 가해졌다. 이 시기 MBC의 경영·편성 양태는, 공사화는 되었지만 국민적 대표성이 없어 공영방송으로 보기 어려운 사실상의 국영 KBS와 삼성 소유의 전형적인 상업방송 TBC 사이의 중간적 수준이었으나 아무래도 상업방송인 TBC에 조금 더 가까웠다고 볼 수 있다.[23] 이렇듯 MBC의 이중성은 김지태의 소유가 5·16

---

22 당시 박정희는 이환의를 불러 "요사이 MBC의 경영수지가 많이 좋아졌다지? … 경향신문을 MBC가 인수하면 어때?"라고 "의논이 아닌 엄한 명령조로" 종용했다고 한다(이환의; 문화방송, 1992: 416). 부채 정리를 마치고 이제 막 흑자 체제로 돌아서려는 마당에 죽어가는 신문사를 인수하는 것은 당시 '경영자' 이환의한테는 전혀 합리적 행위가 될 수 없었다.

23 이 점을 잘 보여주는 예는 당시 'MBC 네트워크 협의체'가 전국 21개 네트사에 시달한 협조사항'(이환의, 1976: 89)일 것이다. 이 협조사항은, ① 방송 용어나 드라마 극중 세트 장면에서 계급성을 자극하는 일체의 어휘·기구·배경 등을 사용하지 말 것, ② 서울 키 사의 뉴스프로그램에 반드시 농어촌 소식을 매 뉴스시간에 한 건 이상 의무적으로 넣을 것, ③ 일기해설·기상예보 다음에 농사지도(농민)·어민지도(어민)·생활지식(주부)을 반드시 부가시킬 것, ④ 활자매체를 병합했다 해서 자만하지 말고 타 신문·방송에 더욱 겸손할

장학회로 바뀌면서부터 만들어지기 시작했던 태생적인 것이다.

3) 언론통폐합과 방송문화진흥회

언론통폐합은 이러한 MBC의 지난 경험을 더욱 심화시켰다. 주지하다시피 TBC를 KBS로 편입시킨 것이 언론통폐합의 가장 큰 변화였으나 MBC에도 이에 못지않은 조치가 있었다. 당시 재벌들이 소유하고 있었던 본사의 지분 70%와 대부분의 지방사 지분을 KBS와 서울MBC로 각각 흡수, 통합시킨 것이다. 물론 모두 강제적인 것이었다. 이로써 MBC는 서울사가 지방사를 모두 소유·통제하는 네트워크가 되었으나 그 서울사는 다시 KBS가 소유하는 완벽한 국가통제체제가 되었다.

그러나 주지하다시피 5공 동안 KBS는 자회사나 다름없는 MBC와 소유 차원의 연계가 전혀 없었고, 오히려 권력적 성격의 치열한 경쟁까지 벌였다. 행정부서까지 중재자로 등장해야 할 정도였다. 이 경쟁을 문화방송사사(1992: 476)는 다음과 같이 비교적 솔직하게 기술하고 있다. "관민방 TV 3사 때의 견제와 평형은 사라지고 남은 양대 TV는 공영방송으로서 쌍벽을 이루는 구도로 전환되었다. 초창기에는 한 치의 양보도 없이 벌인 적대적 과당 경쟁이 극에 달했다. 급기야 1983년에는 행정부서까지 중재자로 등장, 스포츠 중계의 분할 방식이 생겨났고

것, ⑤ 타 매체에서 의식적으로 싸움을 걸어오지 않는 한, 타 신문·방송의 약점이나 비리를 취급하지 말 것, ⑥ 남의 인신·명예에 관계되거나 관청·기업 등의 비리에 관한 폭로 기사는 언제나 타 사의 뒤를 따를 것, ⑦ 신문 지대·광고료의 인상을 타 사보다 앞지르지 말 것 등이 주요 내용인데 대체로 친체제적이면서 '튀지 않아야 하는' 내용으로 되어 있다.

이러한 치열한 경쟁의식은 1985년 올림픽 방송 공동 주관사의 약정서에 서명할 때 까지 계속됐다."

MBC의 명목상의 소유주가 KBS이고 당시가 채널 간 차별성을 유난히 강조했던 전일적(專一的) 공영제 시기였음을 감안한다면 이러한 경쟁은 이해되기 어렵다. 그러나 위탁경영체제였던 이전의 MBC를 감안한다면, 이 점 또한 쉽게 수긍된다. 이 역시 MBC의 공식적 소유가 바뀐 것은 별 중요한 계기가 아니었음을 보여주는 일례일 뿐이라는 것이다. MBC를 실질적으로 움직이는 힘은 정치권력에 있었고 소유를 비롯한 공식적 관계들은 그저 허울에 불과했다. 그러나 이 시기 MBC는 체제 홍보에 더 노골적이었던 KBS 때문에 시청자들로부터 상대적인 신뢰를 얻을 수 있었다.

민주화 이후에도 MBC의 지위나 운영행태는 크게 달라지지 않았다. 1987년의 〈방송법〉 개정과 1988년의 〈방송문화진흥회법〉 제정은 논란이 많았던 MBC의 KBS 소유 지분을 신설된 공익 단체인 방송문화진흥회에 소속시키는 정도만 바꾸는 데 그쳤다. 사원지주제 같은 것이 일부 논의되었지만 실행에 옮겨지지 못했다. 정수장학회 지분 또한 그대로였다. 그나마 진흥회의 설립 목적도 MBC의 경영과 관련된 것이 전혀 아니었다.[24] MBC에 대해 진흥회가 할 수 있는 일은 경영진의 단순

---

24 진흥회의 주요 업무는 첫째, 방송문화의 발전 및 향상을 위한 사업, 둘째, 방송문화진흥기금의 운용·관리, 셋째, 기타 공익 목적의 사업 등이었다(〈방송문화진흥회법〉 제11조). 진흥회는 그저 MBC의 초과수익을 문화 발전에 선용하는 말 그대로의 공익 단체에 불과했다. 소유주로서 가장 중요한 MBC의 경영에 관한 감독 업무는 2000년에 법이 개정되면서 들어갔다.

선임이 전부였다. 물론 이 역시 진흥회 내에는 결정권이 없었다. 진흥회를 구성하는 이사가 방송위원회·국회(의장)에 의해 위촉되었으므로 MBC에 대한 결정은 여전히 정부·집권당의 정치적 이해에 의해 좌우되었다. 전형적인 '정치적 후견주의(political clientelism)'(조항제, 2018a)였다. 이렇듯 진흥회가 명목상의 소유주에 불과해지고, 그 주요 기능에도 정권의 입김을 피할 수 없게 되자 개편 이후에도 MBC는 달라진 것이 하나도 없게 되었다. MBC의 소유와 경영 분리는 다시 이전과 하등 다를 바 없는 원격 조정, 또는 '소유 따로 경영 따로'의 2원화로 귀결 지어지게 된 것이다.

따라서 민주화 이후, MBC에서의 갈등이 주로 사장 '임명' 건을 둘러싸고 벌어졌던 건 당연한 소치였다. 시스템에서 변화가 무망해지자 사람 문제로 초점이 옮겨간 것이다. 정권의 입장에서 볼 때, MBC에 대한 통제는 절차적 측면이 다소 복잡해진 것 외에 달라진 것이 없었다. 따라서 이 개편은 사원지주제 같은 것으로 자율성의 제도화를 요구했던 MBC의 내부 구성원들의 큰 반발을 불러 일으켰고, 앞서 본대로 반후견주의를 내세운 노동조합은 이들의 저항의 근거지가 되었다. 1990년대 이후 MBC의 경-노 관계가 늘 정치권력과 노동조합의 대결로 비화되었던 이유는 이처럼 시스템의 오류와 그 시스템에 참여하는 인자들 사이에 큰 인식의 괴리가 있었기 때문이다.

4) 정권 교체와 방송개혁위원회의 민영화 주장

1997년 처음으로 이루어진 정권 교체는 방송 정책에도 여러 모로 기대하는 바를 크게 했다. 해방 이후 처음으로 방송이 정부로 대표되는 기득권·보수 세력으로부터 풀려나는 순간이었기 때문이다. 1998년 만들어진 방송개혁위원회는 새로운 집권세력이 방송에 대한 미래적 청사진을 그리기 위해 만든 조직이었다. 방송개혁위원회는 노조까지 포괄하면서 자못 성대하게 출발했다.

그러나 방송개혁위원회는 실패했다. 가장 큰 잘못은 역시 후견주의를 제대로 청산하지 못한 것이었다. 물론 오랜 야당 생활을 거친 김대중 정부는 이전 정부에 비해 방송과 노조에 훨씬 유화적이었고, 자의적 개입의 수준도 훨씬 낮았다. 그러나 김대중 정부 역시 정부였고, 정치권력이었으며, 따라서 상징조작이 필요했다. 무엇보다 민주정부라는 자존심 때문에 방송에 대해 개입하는 것을 (이전보다 적었다 해도) 스스로 정당화했다. 정치 공학 측면에서도 부족한 정당 조직을 이미지를 통해 만회하려는 전략적 필요성이 컸다(조항제, 2020). 개혁위원회는 운영면에서도 노조가 중간에 탈퇴하는 등 혼선을 빚었다. 물론 시청자 권리가 성문화되고 표류하고 있던 위성방송의 법적 근거가 마련되는 성과가 있기는 했다. 방송위원회·KBS·MBC 등에 야당이 참여할 수 있는 지분도 늘어났다. 방송문화진흥회의 업무에 MBC의 경영에 대한 관리 및 감독 기능을 추가한 점도 MBC의 거버넌스를 분명하게 한 좋은 변화였다. 그러나 거기까지였다.

방송개혁위원회는 당장의 실천과 관계없이 MBC에 단계적 민영화라는 주문을 내렸다(방송개혁위원회, 1999). 먼저 1단계로 정수장학회 소유 지분의 방송문화진흥회 인수를 추진하고, 2단계로 지방계열사부터 민영화를 추진하여 마지막 3단계에 가서 MBC 본사의 민영화 방안을 검토하기로 한 것이다. 물론 이 민영화는 몇 가지 조건을 달고 있다. 즉, 대기업·언론사·외국자본의 참여를 금지하고, 공개 입찰방식을 채택하는 문제와 함께 매각대금은 디지털 전환 재원으로 활용하도록 했다.

결과론이지만, 이러한 MBC의 구조 변화에 대한 논의는 KBS에 제안된 광고 중단(수신료 재원 전환)만큼이나 현실성이 없어 결국 논의로만 그치고 말았다. 먼저 민영화는 MBC 구성원의 거센 저항을 만나면서 난관에 봉착했다. 정수장학회 지분을 회수하는 문제도 쉽게 되지 않았다. 이 과정에서 변화가 손쉬웠던 것은 방송문화진흥회가 MBC에 대한 경영 및 편성의 감독기능을 갖도록 한 것과 총매출액 대비 100분의 7이내의 공적 기여금을 내도록 한 것이다. 근간에는 전혀 변화 없이 정치적 측면과 경제적 측면에서 최소한으로만 통제 장치를 마련한 셈이다.

이러한 역사적 전개과정은 MBC의 기업적 행로나 조직 문화에 많은 영향을 미쳤다. 이의 특징을 요약해보면 대체로 다음과 같다. 첫째, 김지태 이후 MBC의 명목상 주체가 된 인자들은 MBC의 위상과 관련된 결정에서 결코 주체가 될 수 없었다는 점이다. 즉 그것이 5·16장학회였든, 재벌(들)이었든, KBS였든, 방송문화진흥회였든 MBC의 위상을 결정한 것은 이들이 아니었다. 이 점은 이들 대주주들이 한 번도 MBC에 대해 주주로서의 권리를 행사하거나 시장 가치에 상응하는 배당(금)을 받아본 적이 없는 데서 단적으로 드러난다.[25] 이 점에서 공사화된 KBS 역시 MBC와 별 다를 바 없다고 볼 수도 있지만, 그래도 KBS는 주식회사의 형태가 아니었고 지난 여러 개편 동안 소유 자체가 문제된 적은 한 번도 없었다는 점에서 MBC와는 큰 차이가 있다.

둘째, MBC가 독립채산체이고 재원이 광고라는, 한 번도 바뀐 적이

---

25 정수장학회에 준 정액 수준의, MBC의 경영 성과와는 아무런 관계없는 장학금을 주식에 대한 배당금이라고 부를 수는 없을 것이다. 단적으로 말해 MBC는 형태상 주식회사이나 결코 일반 기업이 아니다.

없는 구조 역시 당초부터 소유주의 성격과는 별 관련 없는 운영 형태와 일상 관행을 낳았다. 즉 소유가 누구이든, 또 경영자가 누구이든 간에 MBC가 외부의 결정에 종속되고, 시장의 동향에 민감한 조직이 될 수밖에 없었다는 것이다. 이 점은 MBC의 정체성이, 특히 시청자가 느끼는 MBC의 이미지가 항상 대중(시청자)과 동떨어지지 않은 가운데 형성되었다는 것이다. '만나면 좋은 친구'라는 MBC의 로고송 가사가 그저 광고만은 아니었던 셈이다.

셋째, 앞서의 두 가지의 결과로 볼 수 있는 것으로 MBC의 정체성은 내부 구성원의 자율화 의지에 결정되었다는 점이다. 특히 민주화 이후, 외부의 개입이 약해지고 내부 의사가 단결권을 가진 노조로 대표되면서부터 이런 의지는 더욱 강해졌다. 그간 여러 차례 계기마다 밝힌 이들의 지향이 공영방송이므로 MBC의 정체성은 공공적 소유체제와 구성원의 자율·전문직 의지에 뒷받침되는 '자기충족적(self-fulfilling)' 공영방송인 것이다.[26] 이 공영방송과 민영화를 비롯한 다른 범주 사이의 손익계산은 결국 '얼마나 이 방송이 잘 공공적으로 행동하느냐'일 텐데 과연 다른 범주가 그럴 수 있을지는 불투명하고, 아마도 지금 상태보다

---

26 스스로 공영방송이라고 믿으면서 공영방송적 역할을 해내는 경우를 말한다. 이를 보여주는 단적인 현상 하나는 잘 알려진 탐사보도프로그램 〈PD수첩〉이다. 여러 편이 유명하지만, 특히 황우석 편은 당시 진보와 보수, 국익과 정부, 타 언론 등의 반대를 모두 물리치고 진실을 관철시킨 보기 드문 예이다. 황우석 편의 제보자는 〈PD수첩〉 진행자 최승호가 15주년 기념 특집에서 클로징으로 한 멘트, "우리가 능력이 없어서 방송을 못 내보낸 적은 있어도 외압으로 못한 적은 없다"를 듣고 제보를 결심했다고 한다(김도연, 2017). 이 외압을 견디는 힘이야말로 MBC의 독특한 주객관적 구조의 산물이다.

도 더 낮지 않을 것이다.

넷째, 이런 MBC의 특성은 대조적 입장에 있는 KBS와 SBS 사이에서 마치 단진자운동처럼 왔다 갔다 하면서 한국 방송의 성격을 결정했다. 적어도 21세기 초반까지는 MBC가 이전의 TBC(KBS 2TV)나 SBS와 치열한 시청률 경쟁에 돌입했을 때, 한국 방송의 성격은 상업주의가 되었고, KBS(1TV)와 보다 가까워졌을 때는 공공방송체제가 되었다. 앞서 서론에서 언급한 바대로 덴마크 등의 스칸디나비아 국가들이 탈규제시대를 맞아 '공공적 소유와 상업적 재원' 또는 '상업적 체제와 편성 규제'를 결합시킨 하이브리드 공영방송을 만든 것과 MBC는 비교적 근사하게 어울릴 수 있다.

지금의 디지털모바일 시대가 어떤 방향으로 전개될지를 모두 알기는 어렵다. 그러나 지금보다 공공영역이 커질 것으로 예상하는 이는 사실상 전무하다. 볼트머(Voltmer, 2013)의 지적대로 "내적 다양성이 지배적 패턴이 되는 뉴미디어 체제는 없다"(p.181)고 해도 과언이 아니다. 그렇다면 MBC를 민영화·상업화하는 실익은 거의 없다고 할 수 있다. '범람'이라는 말이 잘 어울릴 만큼 상업적 민간 미디어들은 이미 넘칠 정도로 많기 때문이다. MBC에는 오히려 지금까지의 중간적 정체성을 인정해주고, 다르지만 같은 공영방송으로 '할 수 있는 일'과 '해야 할 일'을 분명하게 밝혀주는 것이 훨씬 필요한 선택이라고 할 수 있다. 특히 수많은 희생자를 낳았던 정치적 후견주의의 청산은 그 어떤 정책적 개편 조치보다 시급하다 할 것이다.

4. 나가며

민주화 이후, 공영방송은 재확립되는 길을 걸었다. 분명 권위주의체제의 산물임에 틀림없었지만, 공영방송은 민주적 제도로서의 의의를 다시 인정받았다. 그러나 상업방송인 SBS가 등장하면서 치열한 시청률 경쟁이 전개되었고, 공영방송과 상업방송 사이는 적어도 담론적으로는 엄격하게 이분화되기 시작했다. 이 이분화가 낳은 가장 '뜨거운 감자'는 공적으로 소유되면서도 광고재원에 의존하는 MBC였다.

비판자들의 눈에 MBC는 공영이면서도 별다른 통제를 받지 않고, 상업방송과 큰 차이가 없는 행태를 보이면서도 상업방송의 효율성을 추구하지 않는 특혜를 받았다. 사실 그간 MBC에 대한 학계를 비롯한 주변의 비판은 이 '특혜'에 집중되었다고 해도 큰 과언은 아니다. 따라서 이들에게 MBC 자신의 공영방송 주장은 시장의 특혜를 누리면서도 공적 통제는 피하기 위한 빌미로만 비춰졌다. MBC는 시장과 단절된 엄격한 공영이 되든지 아니면 시장에 더 민감하고 효율성을 추구하는 민영이 되는 형태 변환을 하지 않으면 안 되었다. 이러한 변환 요구는 이분화에 비추어 볼 때는 당연한 것이었고, 정권이 바뀌면서 등장한 개혁위원회조차 '장차'라는 조건을 붙이기는 했지만 MBC가 민영화되어야 한다는 결론을 내렸다.

그러나 이러한 결론에는 한국 사회의 특수성과 역사적 발전과정을 너무 쉽게 이분화로 재단한 오류가 있었다. 1980년대 후반 이후부터 전개된 한국의 민주화과정에서 MBC가 보여준 과거 상쇄의 노력과 정치적 다원주의에 대한 실천은 나름대로 큰 의의를 지니는 것이었다. 이렇게 MBC가 민주화를 위해 노력할 수 있었던 배경에는 위로부터의 압력이 상대적으로 작으면서 공적으로 소유되는, 달리 말해 소유주의 헤게모니 같은 것이 없으면서 공적 행위의 명분이 있는 MBC 구조의 또 다른 이중성이 있었다. 이 이중성은 앞서의 특혜와 동전의 양면을 이루는 것이다(조항제, 2003).

이런 이분화는 이후에도 정명논쟁이나 공공서비스 방송 안에서 재연되었다. MBC에 맞는 이름을 찾아주자는 정명론은 전형적인 이분화 논리로 MBC의 자율성을 압박하려는 의도를 지녔다. 공공서비스 방송 안은 영조물 공영방송과 그렇지 않은 방송을 분리하면서 공영방송 범주에서 MBC를 배제하려 했다. 복잡한 셈법을 내재한 정치적 목적에서든 단순 정책적 목적에서든 MBC를 공영방송 범주에서 배제하는 것은 결코 실익이 없다. 특히 민영화는 그 자체로 '자중손실'에 불과할 뿐이다.

최근 채널4는 민영화 압력에 시달리고 있다(김지현, 2021). 영국의 민영화론자들은 지금 체제에서 채널4는 크게 두 가지의 문제에 접해 있고 이의 대안이 민영화라고 주장한다. 첫째 문제는 공적으로 소유되는 채널4의 지금 구조로는 미래를 위한 획기적 투자가 어렵다는 점이다. 의회의 감시를 받으므로 2억 파운드(약 3,181억 9,000만 원) 이상 돈을 빌리거나 제3자에게 투자받는 것이 불가능하다고 한다. 소유권을 매각하면 이러한 자본에 대한 제한에서 벗어나 미래를 위한 대규모 투자가 가능해진다. 둘째는 자체 제작 없이 독립제작사 중심으로 외주 제작하는 현재의 출판형 시스템이 가진 문제점을 해소하기 위해서다. 이런 방식은 채널4가 판권을 소유하지 않는 만큼 방송 이후에 판권 판매를 통한 추가 수익을 올릴 수 없다는 단점이 있다. ITV와 채널4를 비교해 볼 때, 채널4는 전체 매출의 90%를 광고 수익에 의존하는 데 반해, ITV의 경우 2019년 전체 매출 33억 파운드(약 5조 2,501억 3,500만 원) 중 63%

를 비광고 수익으로 올린 점이 그 근거였다.

그러나 이러한 근거들은 MBC에는 거의 해당되지 않는다고 할 수 있다. 먼저 대규모 투자가 민영화 이후 가능해질 것이라는 주장은 한국의 경우에는 거의 맞지 않는다. 아무런 제한이 없는 종편의 경우에도 이런 투자는 전혀 이루어지지 않기 때문이다. 그래도 영국은 글로벌 시장에서 영어·백인이 누리는 장점이 있어 채널4의 잠재력을 상대적으로 높이 평가할 수 있지만(빅브라더의 세계적 유행을 보라), 한국의 경우는 이보다 훨씬 약할 수밖에 없다고 보아야 한다. 두 번째는 더더욱 맞지 않는다. 지금 체제에서도 MBC는 오히려 비판을 받으면서도 자신의 프로그램 판권을 대부분 갖고 있고, 이를 통해 많은 수익을 얻고 있다(방송통신위원회, 2021).

또 하나, MBC의 미래와 관련해 고려할 만한 사항은 상업체제와 편성 규제를 선택한 스웨덴과 노르웨이의 하이브리드의 경우 디지털화 이후 상반된 결과를 낳았다는 점이다. 완전 상업방송으로 변환한 스웨덴 TV4와 기존의 하이브리드 위치를 고수한 노르웨이 TV2의 경우, TV4의 시장 점유가 거의 그대로인 데 비해 TV2는 1/3 정도가 감소했다(Ohlsson & Sjøvaag, 2019). 그만큼 시장압력이 컸다는 뜻일 것이다. 이를 통해 민영화의 시장 경쟁 우위를 주장할 수도 있지만, 이보다 먼저 고려할 사항은 디지털화 이후 양국의 시장이 심하게 글로벌화되면서 '시장의 실패' 현상이 광범위하게 나타났다는 점이다. TV4가 상업적으로 성공했지만 이 성공은 '상처뿐인 영광'에 불과했던 것이다. TV2는 시장에서는 비록 실패했지만 그래도 공공성을 어느 정도는 유지했다. 이를 기초로 노르웨이 정부는 재정을 포함, 필요한 지원을 하면서 TV2의 규제를 오히려 강화했다. 이런 TV4와 TV2를 두고 성공과 실패를 말한다면 사회적 필수재의 과소생산을 막아야 하는 정책의 목적이 도리어 전도되어버리는 것이다.

다르지만 같은 공영방송으로 MBC에 필요한 조치로 가장 우선적인 것은 정치적 후견주의를 종식시켜 MBC의 자율화 기반을 공고히 해주는 것이다. 더불어 공영방송으로서 자격요건을 강화하고 방문진의 공적 통제 기반을 실질화시킨다. 사장의 임기를 보장하고 경영진의 책임성을 진작하면 내부에서 스스로 공영적 실천을 할 수 있는 여력이 생긴다. 지상파 방송의 시장기반이 계속 축소되어가는 만큼 중장기적 경영계획을 수립해 하나의 지침으로 삼으면 좋을 것이다. 기업적 효율과 인력 경량화는 공적 목적을 위해서도 이제는 충분조건이 아니라 필요조건이므로 매년 목표를 설정해 꾸준히 실천되어야 한다.

참고문헌

≪문화노보≫ 창간호, 1987.12.14.
≪중앙일보≫, 2008.12.20.

공적책무와 수신료 공론조사위원회. 2021. 『2021 KBS 공론조사: 국민께 듣는 공영방송의
    책임과 의무』.
금준경. 2020. "KBS · MBC 광고매출 추락, 바닥이 없다" 미디어오늘, 2020.5.16.
김도연. 2017. "황우석 제보자 '지금 PD수첩에 제보하라면? 그냥 죽죠'" 미디어오늘,
    2017.7.3.
김지현. 2021. "정부의 여섯 번째 채널4 민영화 시도 반대 여론 만만찮아" ≪신문과방송≫
    8월호, pp.112-115.
문화방송. 1982. 『문화방송사사』. 문화방송.
문화방송. 1992. 『문화방송 30년사』. 문화방송.
미디어오늘, 2020.6.3.
방송개혁위원회. 1999. 『방송개혁위원회 보고서』.
방송통신위원회. 2021. 「2020 회계연도 방송사업자 재산상황 요약」.
배학철. 1988. "대토론회: 자율.경쟁언론의 과제-TV 뉴스와 공익성". ≪신문과방송≫ 5월호,
    pp. 20-22.
부산문화방송. 2009. 『부산문화방송사사』.
서규석. 1973. 「한국방송의 오늘과 내일」. ≪저널리즘≫ 여름, pp.14-22.
이수정. 1983. 「한국에서의 공영방송의 지향」. 1983 방송인 포럼 발표문.
이은용. 2010. 『미디어카르텔: 민주주의가 사라진다』. 마티.
이지효. 2018. 『독일 공영방송의 다양성』. 헌법재판소 헌법재판연구원.
이창근. 2015. 「BBC 자율성의 제도적 기원」. ≪방송문화연구≫ 27(2), pp.123-158.
이환의. 1976. 『교육방송론』. 열화당.
정순일. 1991. 『한국방송의 어제와 오늘』. 나남.
정지희. 2017. 「NHK 수신료 납부 정지 · 거부운동을 통해 본 현대 일본의 공영방송 인식과
    시민사회의 변동」. ≪언론정보연구≫ 54(2), pp.185-223.

정철운. 2018. "그 많던 KBS · MBC 시청자는 어디로 갔을까" 미디어오늘, 2018.8.23.

조항제. 1990. 「1980년대 언론의 인적 지배구조」. ≪사상문예운동≫ 5호, pp.61-75.

조항제. 1994. 「1970년대 한국 텔레비전의 구조적 성격에 관한 연구」. 서울대 박사학위논문.

조항제. 2003. 『한국 방송의 역사와 전망』. 한울.

조항제. 2011. 「1970년대 신문의 텔레비전 드라마 비판」. 한국방송학회 엮음. 『한국방송의 사회문화사』. 한울.

조항제. 2014. 「한국방송에서의 BBC모델」. ≪언론정보연구≫ 51(1), pp.5-38.

조항제. 2015. 「공영방송의 미래적 모색」. ≪언론과학연구≫ 15(4), pp.405-446.

조항제. 2018a. 「한국 공영 방송 노동조합의 자율성 투쟁: 반후견주의와 전문직주의 노조주의」. ≪언론정보연구≫ 55권 2호, pp.112-168.

조항제. 2018b. 「한국의 (공영)방송과 민주화 30년: 역사적 제도주의의 입장」. 『한국의 언론과 언론운동 성찰』. 컬처룩.

조항제. 2020. 『한국의 민주주의와 언론』. 컬처룩.

최영재. 2014. 「공영 방송 보도국의 정파적 분열」. ≪커뮤니케이션이론≫ 10권 4호, pp.476-510.

한국방송회관. 1972. 『한국방송연감 '72』.

한홍구. 2012. 『장물바구니』. 돌아온산.

헌법재판소. 2012. 방송법 제8조 제8항 위헌소원(헌재 결정례, 2012헌바358).

Benson, R., Powers, M., & Neff, T. 2017. "Public media autonomy and accountability: Best and worst policy practices in 12 leading democracies." *International Journal of Communication*, 11, pp.1-22.

Benson, R., Neff, T., & Hessérus, M. 2018. "Media ownership and public service news: How strong are institutional logics." *The International Journal of Press/Politics*, Online First, pp.1-24.

Castro-Herrero., L., Nir, L., & Skovsgaard, M. 2018. "Bridging gaps in cross-cutting exposure: The role of public service broadcasting." *Political Communication*, 35, pp.542-565.

Catterall, P. Eds. *The making of channel 4*. London: Frank Cass.

Collins, R. 1998. *From satellite to single market: New communication technology and European public service television.* London: Routledge.

Herzog, C., & Karppinen, K. 2014. "Policy streams and public service media funding reforms in Germany and Finland." *European Journal of Communication*, 29(4), pp.416-432.

Holtz-Bacha, C. 2021. "The kiss of death. Public service media under right-wing populist attack." *European Journal of Communication*, 36(3), pp.221-237.

Lund, A. B., and Berg, C. E. 2009. "Denmark, Sweden and Norway: Television diversity by duopolistic competition and co-regulation." *International Communication Gazette*, 71(1-2), pp.19-37.

Ofcom. 2004. Ofcom review of public service broadcasting. Available at: https://www.ofcom.org.uk/__data/assets/pdf_file/0023/25655/psb.pdf.

Ohlsson, J., & Sjøvaag, H. 2019. "Protectionism vs. non-interventionism: Two approaches to media diversity in commercial terrestrial television regulation." *Javnost-The Public*, 26(1), pp.70-88.

Soroka, S., Andrew, B., Aalberg, T., Iyengar, S., Curran, J., Coen, S., Hayashi, K., Jones, P., Mazzoleni, G., Rhee, J. W., Rowe, D., & Tiffen, R. 2013. "Auntie knows best? Public broadcasters and current affairs knowledge." *British Journal of Political Science*, 43(4), pp.719-739.

Voltmer, K. 2013. *The media in transitional democracies.* London, UK: Polity.

제 3 장

시대의 저널리즘
MBC 〈PD수첩〉
박건식

1. 탐사보도의 태동기

1980년대는 컬러TV가 도입된 데다 카메라 장비의 소형화, 경량화가
이뤄져 현장중계가 가능해지면서 기술의 진보가 이뤄진 시기다. 그러
나 내용적으로 보면 군부 쿠데타가 일어나면서 '보도지침', '땡전뉴스'
라는 저널리즘의 암흑기를 맞는다. 특히, 5·17 비상계엄선포 발표 후
5·18 광주민주화운동에 대한 보도 통제는 극에 달한다. 계엄사 언론
검열관은 광주민주화운동 관련 기사를 모두 삭제하는 등 사전 검열이
극에 달했다.

1980년 5월 18일 MBC는 "6시 현재 민간인 피해는 하나도 없었습니
다"라고 보도하여, 광주시민들의 분노를 자아냈다. 이후 국가가 인정한
사상자만 154명에 달했다. 분노한 광주시민들은 1980년 5월 20일 밤 9
시 50분쯤 광주MBC에 불을 질렀다. 사흘 뒤 5월 22일 MBC 뉴스에서
이득렬 앵커는 불타는 광주MBC 건물을 방영하면서 "폭도에 의해 불타

는 광주문화방송의 모습"이라고 방송했다. 그러자 어떻게 시민을 폭도로 매도할 수 있냐고 항의전화가 빗발쳤다.

MBC가 땡전뉴스, 어용화의 길을 걷고 있을 때, 1980년 5월 12일과 13일 보도국 기자들은 계엄령의 즉각 철폐와 언론검열 전면거부를 결의하고, 5월 20일에는 제작거부를 결의했다. 그러자 계엄사령부는 1980년 6월 9일 검열거부 및 제작거부를 외친 언론인들을 '계엄포고령 10호' 위반 혐의로 연행, 구속했다. 구속된 언론인은 문화방송의 노성대 부국장, 오효진 사회부 기자, 경향신문의 서동구 조사국장, 이경일 외신부장, 박우정, 표완수, 홍수원 기자 및 동아일보 심송무 사회부 기자였는데 대부분이 문화방송, 경향신문 기자들이었다. 계엄사령부는 '광주사태는 권력에 짓눌려온 민중의 의거'라고 광주민주화운동의 진실을 알린 언론인들에 대해 계엄사령부는 유언비어 날조혐의로 구속, 해고시켰다.

한편, 1980년 7월 5일 문화방송 사장에 취임한 이진희는 '신군부 도우미'를 자처하며 "언론인은 국가관이 투철해야 하며 체제의 수호자가 돼야 한다"며 전 사원의 일괄사표를 받은 뒤 무려 97명의 직원들을 해고시켰다.[1] 비판 언론인이 제거된 MBC에는 언론 부역자들의 권언유착과 용비어천가만이 흘러나올 뿐이었다. MBC는 〈새 시대의 지도자상〉(1980년 8월 1일), 〈새 지도자〉(1980년 8월 6일), 이진희 사장이 직접 나선 〈전두환 국보위 상임위원장과의 한 시간짜리 대담〉(1980년 8월 11일), 〈이순자 여사와의 대담〉(1980년 8월 13일), 〈전두환 육군대장

---

1 문화방송과 경향신문은 1974년부터 통합하여 공동으로 운영하다가 1981년 3월부터 분리·운영되었다.

전역식〉(1980년 8월 22일)을 방송하는 등 전두환 개인 우상화에 몰두했다.

특히 MBC 사장 이진희는 1980년 8월 11일 전두환과의 대담 직전 담화에서 "저희 MBC가 지금 이미 팀을 만들어서 시골 곳곳에 내려 보내는데, 전 장군님 어린 시절부터 현재까지의 일대기를 취재하고 있습니다. 고향에 가서 얘기 듣고 다 하고 있습니다"라고 개인 우상화 계획을 밝힌 뒤 "그동안 국보위를 만드시고 맡아 오시면서 노고가 크신 전 장군께서는 새 시대를 영도해야 할 역사적 책무를 좋든 싫든 맡으셔야 할 위치에 있지 않나 봅니다"라고 공개적으로 대통령이 되라고 부추겼다.

이후 MBC는 노골적으로 〈전두환 대통령 동남아 방문 특집〉(1981년 7월 1일), 〈전두환 대통령 일본방문 특별방송〉(1984년 9월 6일), 〈세계가 본 전두환 대통령〉(1986년 3월 4일) 등의 신용-비어천가를 부른다.

1986년 북한이 서울을 삽시간에 쓸어버릴 수 있는 엄청난 규모의 금강산댐을 건설한다는 소식을 알리면서 전두환 정권은 대응 댐인 평화의 댐 건설을 발표한다.

MBC는 금강산댐 수량이 무려 200억 톤에 달하고, 서울에 물이 도달하면 50m 정도가 돼 서울 전역이 잠길 수 있다는 침수설을 연이어 보도하는데, 특히 '서울 주요건물 침수 예상도'는 국민들에게 큰 충격을 주었다. 금강산댐이 물을 방류하면 송파 등 서울 전역이 침수되고 63빌딩까지 물에 잠기는 것으로 나오자 코흘리개 유치원생부터 칠십 노인까지 앞 다퉈 평화의 댐 건설을 위한 성금을 냈다.

민주화에 대한 열망과 대통령직선제 요구가 빗발치던 1986년 MBC는 '세상에서 가장 비싼 코미디 세트'를 활용해 금강산 수공설을 연일

방송된 금강산 수공설 자료화면

보도하여 레드콤플렉스를 자극하면서 전국을 공안 정국으로 몰아넣은 대국민 사기극의 장본인이 됐다.[2]

　시민들의 피와 희생으로 일궈낸 1987년 민주화 국면에서 MBC 기자와 PD들은 고개를 들 수 없었다. 치열한 비판정신으로 무장한 보도로 1987년 민주화를 획득한 것이 아니라 무임승차해서 얻은 언론자유였던 것이다.

　언론사 통폐합과 강제해직이 자행되고 〈언론기본법〉 시행, 보도지침의 하달이 일반화된 시기에 MBC 저널리스트들은 그야말로 청와대 정치권력의 하청업체에 불과했다. 저항했던 언론인은 해직을 당했고,

---

2　MBC 〈이제는 말할 수 있다: 200억 물 폭탄의 진실, 금강산댐〉(2001년 7월 20일 방송)

저항하지 못한 언론인들은 땡전뉴스나 '오더성' 특집물을 만들면서 독재정권의 부역자, 나팔수 역할을 감당할 수밖에 없었다.

1987년 6월항쟁이 일어나자 취재 현장에서 기자들이 시민들에게 취재거부를 당하고, 조롱을 당하는 일이 빈발했다. 명동성당에서 MBC 취재차량을 발견한 시민들이 사이드미러를 부수고, 운전석을 열어 운전기사 머리를 사정없이 가격한 사건도 일어났다. 혼비백산한 취재차량은 시위현장을 빠져나갔고, 도망가는 차량을 향해 시민들의 야유가 쏟아졌다.

6월항쟁 직후인 7월 13일 서울 시내 곳곳에서 수모를 당한 기자들이 중심이 된 '방송언론의 민주화를 위한 우리의 다짐'이라는 선언문 낭독과 철야토론을 기점으로 MBC 방송 민주화 운동이 점화되었다. 침묵의 굴종을 해왔다는 자괴감이 합쳐지면서 방송 민주화에 대한 요구가 봇물 터지듯이 쏟아져 나왔고, 이 흐름은 MBC 방송민주화추진위원회(약칭 방민추)라는 기구를 결성하는 데까지 이른다. '방민추'는 '방송민주화 실전 토론대회' 등을 개최하는 등 왕성하게 활동했지만 임의조직의 한계를 보였는데, 편성과 편집권 독립성을 지켜낼 수 있는 제도적 장치인 노동조합을 결성하는 데까지 이른다.

1987년 12월 7일 방송사 최초로 MBC 노동조합이 결성되었는데, 낙하산 사장을 퇴진시키고, 보도국장, 편성국장 등 5개 국장의 중간 평가제를 관철시키는 성과를 가져왔다. 구성원들의 민주화 요구는 프로그램에 대한 요구로 분출되었다.

이 시기에 MBC는 관리감독기관으로 방송문화진흥회라는 공익재단이 만들어지면서 명실상부한 공영방송의 모습을 갖추게 됐고, 사원들은 공영방송에 걸맞게 광주 민주화운동을 제대로 다룬 프로그램을 방

〈어머니의 노래〉

영하는 것이 숙원사업이었다. 교양제작국 PD들은 광주학살을 다룬
〈어머니의 노래〉를 제작해놓고도 경영진의 완강한 반대로 방영할 기
회를 찾지 못하고 있었다.

노동조합은 조합원을 대상으로 시사회를 하면서 회사 경영진들을
압박해 나갔다. 호시탐탐 방영 시기를 엿보던 PD들은 새해 준비 등으
로 상대적으로 경영진의 감시가 느슨한 연말연시를 노려 집중적으로
촬영을 하고 편집을 했다.

처음으로 광주학살 문제를 다루다보니 "불리한 내용을 다루면 MBC
에 수류탄을 까 던지겠다"는 공수부대원들의 협박을 받는 살벌한 상황
이 계속됐다. 이러한 공포 분위기 속에서 집필하겠다고 나서는 방송작
가가 없어, PD들이 원고를 나눠 쓰는 악조건 속에서 1989년 2월 3일
〈어머니의 노래〉가 드디어 전파를 탔다. 이 프로그램에서 조비오 신부

는 계엄군이 시민들에게 헬기로 기총소사를 했다는 역사적 증언을 했다. MBC에는 공수부대 출신들이 몰려와 웃통을 벗고 시위를 벌였고, 국방부는 유감을 표명하는 성명서를 냈다. 헬기조종사들은 헬기 기총소사 부분 인터뷰를 문제 삼아 조비오 신부와 제작진을 고소했다.[3]

방송 후 반향은 엄청났다. 44%라는 폭발적인 시청률을 기록했고, MBC에는 시민들의 성원과 격려 전화가 쏟아졌다. PD들은 이 프로그램을 계기로 MBC에서 시사프로그램을 만들 수 있다는 사명감과 자신감을 갖게 되었고, 노동조합을 중심으로 정권과 경영진의 압력을 막아낸 경험이 〈PD수첩〉을 탄생시키는 데 동력으로 작용했다.

방송사 외부에서 시작된 거대한 민주화의 열풍이 자괴감에 젖어 있던 MBC 내의 구성원들의 내면의 양심을 건드려 민주화운동을 끌어올렸고, 이 과정에서 노동조합은 MBC가 명실상부한 공영방송 체제로 바뀌 나가는 데 중심 역할을 했다. 결국 MBC에서 〈PD수첩〉(이하 PD수첩으로 표기한다)과 같은 PD저널리즘이 가능했던 것은 공영방송 시스템과 노동조합이란 쌍두마차였다.

2. 본격 '사회 고발'을 시작한 PD수첩

1990년 5월 8일 방영된 PD수첩은 첫 출발을 '피코 아줌마 열 받았다'로 정했다. 미국으로 도망간 다국적기업 피코의 무책임한 경영과

---

3 1989년 2월 4일 MBC 〈뉴스데스크〉.

〈PD수첩 '도시는 꽃, 농촌은 뿌리: 그래도 농촌을 포기할 수 없다'〉

임금착취와 체불로 고통 받는 중소기업 여성 노동자들의 절규를 담은 첫 회는 PD수첩이 걸어갈 길을 상징적으로 보여준다. '소외된 이웃을 위하여'라는 프로그램 슬로건이 보여주듯, 노동자, 농민, 장애인, 도시 빈민, 여성, 아동 등과 관련된 PD수첩 제작진의 노력은 산업재해, 노동환경, 장애인 차별, 농민문제, 성희롱과 성차별, 전세 대란 등으로 구체화됐다.

그중에서도 1990년 9월 4일 우루과이라운드 가입으로 농산물 수입 개방이 됐을 때 어려워질 농민과 농촌문제를 다룬 '도시는 꽃, 농촌은 뿌리: 그래도 농촌을 포기할 수 없다' 편은 PD수첩의 정신을 잘 살린 프로그램이었으나, 예고방송까지 나갔음에도 불구하고 최장봉 사장의 말 한마디로 불과 방송 몇 시간 전에 불방이 결정됐다.

당시 서울에서 남북 고위급회담이 열리고 있었는데, 경영진은 "남북

회담에 참석하는 남측 대표의 사기에 영향을 줄 수 있다", "북측 대표에게 우리의 좋지 않은 모습을 보여줄 수 없다"는 이유로 방영불가 지시를 했다. 노동조합과 제작진들의 격렬한 항의가 있었고, 항의를 주도한 안성일 노조위원장과 김평호 사무국장이 해고되는 사태까지 벌어졌다.[4]

노조위원장과 사무국장이 해고되자 노동조합은 52일간이나 진행된 장기 파업에 돌입했다. 정권과 경영진은 노동조합을 분쇄시키기 위해 방송사 안에 경찰을 투입하고 조합원들의 회사 출입을 막는 등 강경 대응으로 맞섰다. 긴 파업 끝에 MBC 노사는 제작 자율성 훼손을 막기 위해 '국장책임제'를 단체협약에 도입한다. "편성, 보도, 제작상의 실무 책임과 권한은 관련 국장에게 있으며, 경영진은 편성, 보도, 제작상의 모든 실무에 대해 관련 국실장의 권한을 보장해야 한다"는 '국장책임제'를 근거로 PD수첩 제작진은 권력이나 경영진의 부당한 압력을 막아왔다.

성역 없는 탐사보도로 불리는 PD수첩의 보도 특성은 출입처가 없다는 점에서도 요인을 찾을 수 있지만, '국장책임제'라는 제도적 장치가 있었기 때문에 가능했다. 경영진과 제작진의 입장이 충돌할 때, 상당수 국장들은 사임이라는 배수진을 치면서 제작 자율성을 지키기 위해 노력했고, 이것이 PD수첩이 저널리즘의 정신을 지켜올 수 있게 된 배경이 됐다.

이러한 제도적 뒷받침을 바탕으로 PD수첩은 비전향 장기수, 인민군 유해 보존의 필요성, 북파공작원 인권, 월남전 고엽제 피해자, 월북 작

---

4   우여곡절 끝에 2주 후인 1990년 9월 18일 '그래도 농촌은 포기할 수 없다' 편은 방송됐다.

사가에 대한 저작권 문제 등 냉전기간 금기로 터부시됐던 영역을 공론장으로 끌어올렸고, 다미선교회, 할렐루야기도원, 영생교, 소쩍새 마을의 가짜스님 일력, 영생교, 만민중앙교회, 신앙촌 천부교, 세계정교, 대순진리회 등 종교적 금기와 성역에 과감히 메스를 들이댔다.

한편, 2000년대 이전 PD수첩은 함평 여고생 성폭행 사건, 티켓다방, 미성년 매매춘, 춤바람 난 아내, 윤락행위방지법 등의 성(性)과 관련한 사건들도 자주 다뤘다. 탐사보도가 외면하지 않아야 할 문제이지만 중요한 것은 이런 문제를 다루는 방식이다. 성(性)과 관련한 보도는 자칫 인권보호라는 취지를 잊어버리고 선정적 호기심에 빠져 시청률 올리는 방편으로 악용되기 쉽다.

PD수첩은 1998년 6월 16일 '원조교제: 10대 신종 아르바이트'를 다뤘다가 방송위원회에 의해 '시청자 사과조치'란 중징계를 받았다. '원조교제' 편은 어디에 가면 '성매매'를 하는 여학생들을 만날 수 있고, 어떻게 하면 '성매매'를 할 수 있는지 등 아주 쉽게 접근법을 안내한다는 비판을 받았다.[5]

3. 사회고발을 넘어 거대 담론의 바다로 나아가다

PD수첩은 2000년대로 접어들면서 '시대의 정직한 목격자'라는 이름

---

5   방송위원회는 1998년 8월 14일 '시사고발 다큐멘터리 프로그램 현황과 문제점 조사'라는 보고서에서 1998년 6월 방송분의 34개 아이템 중 8개가 성과 관련된 내용을 담고 있다며 선정주의를 비판했다.

에 걸맞게 한미관계, 국제관계, 재벌문제, 정치개혁 등으로 시야를 넓혀 출입처 저널리즘이 보여주지 못했던 각종 민감한 내용들을 '성역 없이' 선보였다.

'삼성 황태자 이재용 재산 수조 원의 의혹', '불패신화 무노조 삼성', '족벌', '재벌 현대 정주영가의 이력서' 등 경제 민주화 주제와 '열풍 낙선운동', '지도층 그들만의 세금 내역서', '고위직 인사 무엇이 문제인가', '정현준 게이트 진실은 무엇인가', '국가보안법 52주년', '정치 철새 그들에게 국민은 없다' 등의 시사 문제로 외연을 넓혀 나갔다.

특히, 한미관계, 남북문제 등 첨예한 부분까지 프로그램이 확장되었다는 것 2002년의 특징이라고 할 수 있다. '한반도 핵 위기와 악의 축', '흔들리는 전투기 F-X호' 등 한반도 안보문제와 한미관계에서 주권문제 등을 다루었는데, 특히 2002년 6월 13일 경기도 양주군에서 미군 장갑차에 깔려 불의의 죽음을 당한 효순이 미선이 두 여중생의 죽음을 '미군 전차와 두 여중생 그 죽음의 진실'(2002년 7월 16일), 'SOFA, 미군 범죄의 면죄부인가?'(2002년 8월 6일)이라는 제목으로 잇따라 방영한 데 이어 다시 2002년 11월 26일 '그들만의 재판, 미군은 무죄인가?'를 방영하면서 2002년 대한민국 주권의 의미를 물었다.

주한미군 문제는 한미동맹과 안보, 그리고 반미감정이라는 측면에서 매우 민감한 주제였지만, PD수첩은 2002년 세 차례에 걸쳐 미군 장갑차에 의한 여중생 사망 사고를 연속적으로 다뤘다. 그런데 2002년 11월 26일 세 번째 방송 후 PD수첩 홈페이지를 비롯한 인터넷에서부터 반향이 크게 일어나기 시작하더니 '앙마'라는 누리꾼이 촛불집회를 제안하기에 이르렀다. 이후 불평등한 SOFA(한미행정협정)에 분노한 촛불집회가 광화문과 시청에 열렸고 들불처럼 전국으로 확산되었다. 시

〈PD수첩 '미군 전차와 두 여중생의 죽음의 진실'〉

민들이 자발적으로 광화문, 시청 앞 광장에 모인 것은 1987년 민주화 집회 이후 처음이었다.[6]

어떻게 보면 평범한 교통사고인데, 국민들은 왜 이렇게 폭발적인 반응을 보였을까? 효순이 미선이가 교통사고를 당해서 숨진 날은 바로 국민들 상당수가 광화문과 시청에 모여서 2002년 한일 월드컵에 환호하던 순간이었다. 그 순간에 경기도 북부 지역의 한 도로에서 꽃다운

---

6 PD수첩 방송이 끝나고 인터넷 아이디 '앙마'가 PD수첩 시청자 게시판을 비롯해 몇 군데 사이트에 "우리가 들고 있는 촛불은 촛불이 아니라 미선이 효순이의 영혼"이라며 촛불 추모제를 하자고 제안한 이후, 시민들이 자발적으로 동조하면서 들불처럼 촛불시위로 번져갔다.

나이의 여중생들이 차디찬 시신으로 죽어갔다는 사실을 월드컵의 환호성이 끝나고서야 알게 된 국민들은 자괴감에 빠져들었다.

국민들을 더욱 분노케 한 것은 미군의 태도였다. 한국에서 일어난 사고에 대해 한국 법무부는 사상 처음으로 미국 측에 재판권 포기 요청서를 보냈지만, 미군은 SOFA 규정을 들어 거절했다. 그러자 전국적으로 한미행정협정 개정을 요구하는 집회와 목소리가 높아졌다. 그러나 미군은 자신들이 재판권을 행사했고, 2002년 11월 20~22일 동두천시 캠프 케이시 내 군사법정에서 열린 군사재판에서 배심원단은 미군 병사 2명에 대해 무죄평결을 내렸다. 두 피고인은 5일 뒤 미국으로 출국했다.

관제병 니노 병장에 대해 무죄판결이 나자 분노한 시민들은 재판이 열린 캠프 케이스 앞에 가서 시위를 벌였는데, 경기경찰청 기동대에서 시위대를 무자비하게 진압하는 영상이 뉴스를 통해 전 국민에게 고스란히 전달되었다. 곤봉으로 여성 시위자의 머리를 내리쳐 피투성이가 된 모습 등 부상자가 속출한 광경들을 본 국민들은 분노했다.

국민들은 경찰이 자국민을 보호하고 주권을 지키려고 노력하기는커녕, 오히려 몽둥이로 무자비하게 진압하는 장면을 보면서 분노했다. PD수첩 제작진도 마찬가지였다. 금요일 아침에 출근해서 전날 밤 뉴스 이야기를 하다가 이 문제를 취재하자고 의기투합했다.[7]

---

7 취재를 하자고 제안한 당사자는 당시 PD수첩 부장이던 최진용 PD였다. 최진용 부장은 출근하자마자 전날 2002년 11월 21일 MBC 〈뉴스데스크〉 '경찰, 여중생 사망 미군 무죄선고 항의집회 과잉진압'이란 보도를 보고, 울분을 느낀다며 취재를 제안했다. 당시 출근해 있던 4명의 PD도 공감을 해서 즉석

방송일까지는 3~4일밖에 시간이 없어서 조능희, 이우환, 박건식, 한학수 등 PD 4명이 모두 현장에 투입돼 취재와 편집을 했다. 짧은 시간에 제작된 방송의 반향은 상상 이상으로 컸고, 방송 이후 광화문과 시청은 거대한 촛불의 물결을 이뤘다.

PD수첩의 '그들만의 재판, 미군은 무죄인가?'는 출입처가 없는 PD 저널리즘의 장점을 잘 살린 프로그램이라고 판단된다. 고정된 출입처에 앉아 있으면 시민들은 어느 출입처의 대상도 아닌 사각지대에 놓이게 되고, 시민들의 거대한 움직임은 출입처의 시야에서는 잘 보이지 않는다. 출입처가 없는 PD들이 현장에 나가서 시위대를 만나고 시민단체와 교감을 하면서 거대한 변화의 흐름을 출입처 기자들보다 먼저 감지하게 된 것이다.

2002년의 대한민국은 역동적으로 바뀌고 있었다. 경제소득 수준이 매우 높아졌고, 올림픽, 월드컵을 거치면서 문화적 자부심도 높아졌다. 그리고 반공이데올로기와 미국의 힘에 주눅 들지 않는 신세대들이 늘어나면서 주권에 대한 인식 수준도 높아졌다. 이러한 와중에 미국 또는 미군의 한국에 대한 태도는 과거와 전혀 달라지지 않았다.

2002년 미군은 취재를 위해 뚫린 철조망 사이로 미군기지 안에 들어

에서 취재결정이 이뤄지고, 바로 현장으로 출동했다. 원래 11월 26일에는 '대구 개구리 소년 실종 사건'이 방영 예정돼 있었다. 1991년 실종된 대구 개구리 소년들의 유골로 추정되는 뼈가 2002년 9월 26일 대구시 달성구 건물 신축장에서 발견되자마자, PD수첩 제작진은 바로 현장으로 내려가 취재를 벌이고 있었고, 11월 26일 방영할 계획이었다. 그러나 최진용 부장은 '개구리 소년 유골발견' 아이템은 방영을 연기하기로 하고, 효순이 미선이 사건과 관련해 경찰의 인권탄압 문제를 긴급아이템으로 방영하는 것으로 결정했다.

가 취재를 하던 '민중의 소리' 기자들을 감금하고 폭행하여 국민들의 공분을 샀다. 2000년에는 용산 미군기지 영안실에서 맥팔랜드 군무원이 독성을 가진 발암물질 포름알데히드 470병을 한강에 몰래 버린 사건이 발생해, 국민들이 분노하던 차였다. 이때도 한국 사법부는 재판권을 행사하려고 했으나, 미군은 소파 규정을 들어 거부했으며, 미군부대를 찾아온 한국 법원 집행관들을 문전박대하는 등 안하무인적인 태도를 보여 공분을 자아냈다. 한강 독극물 방류 건으로 소파 규정에 대해 불만이 팽배해 있던 시점에 효순이 미선이 사건은 억눌려왔던 분노가 일시에 폭발한 분기점이 됐다. 마침 한국 사회에는 인터넷 사회에 진입하는 또 다른 거대한 물결이 요동치고 있었고, PD수첩 방송 이후에 벌어진 거대한 촛불집회는 인터넷의 발달과 맞물려 있었다. PD수첩은 시대의 변화를 시민들과 함께 호흡하며 빠르게 포착했다.[8]

반면, 감정 호소에 의존하는 비중이 높고, 한미행정협정의 역사적 전개과정이나, 미군이 독일 등 다른 나라와 맺은 협정, 한국군이 해외에 주둔할 때 당사국과 맺은 주둔협정 등에 대한 종합적인 분석을 통한 해법 모색을 심도 있게 제시하지 못했다는 비판도 동시에 제기됐다. 프로그램이 냉정함을 유지하지 못하고 감정적 호소에 기대다 보면, 한미관계의 건강한 관계 재정립보다는 자칫 그동안 억눌려왔던 억울한 감정들이 분출하면서 반미감정으로만 나타날 우려도 없지 않기 때문이다. 다행히, 성숙한 대한민국 국민들은 테러 등 개인에 대한 보복으로 흐르지 않고, 평화적인 촛불집회로 대의를 알렸다.

---

8 봉준호 감독의 영화 〈괴물〉에서 '괴물'은 미군 맥팔랜드 군무원이 한강에 방류한 독극물로 인해 생긴 돌연변이로 나온다.

이후 미군에 의한 교통사고로 한국인이 숨진 사고가 여러 건 발생했지만, 효순이 미선이 사건으로 억울함을 분출하고 부시 대통령의 공개 사과까지 받은 한국 국민들은 차분한 태도로 사건들을 주시했다. 결과적으로 PD수첩의 '효순이 미선이 방송'은 건강한 한미관계의 재정립이란 긍정적 효과를 이끌었다고 판단된다.

한편, PD수첩은 2003년 1월 핵심 권력기관인 청와대, 검찰, 국가정보원, 국회를 해부하는 4부작 '한국의 권부(權府)' 시리즈를 방영한다. 청와대, 국정원, 검찰, 국회 한 곳만 해도 1년 이상의 장기 취재가 필요한 영역이지만, PD수첩은 2개월 내의 촉박한 일정으로 '돈키호테'처럼 창 하나만 들고 견제 없는 권력을 향해 무모하게 돌진했다. 취재 축적과 인맥구축이 전혀 돼 있지 않던 청와대, 국정원, 검찰 등은 난공불락의 요새 같았다. PD들은 출입기자가 아니라는 이유로 국회 출입도 어려웠다.

청와대 개혁은 김현철, 권노갑처럼 2인자들이 국정농단을 하는 문제를 다루려고 했다. 그러나 은밀하게 움직이는 권력형 비리를 제보 없이 단기간에 취재하는 것은 쉽지 않았다.[9]

방향을 틀어 '대통령직인수위' 문제를 다뤘다. 취재 과정에서 만난 김대중 대통령직인수위원회 이종찬 위원장은 '대통령직인수위 법률'이 마련돼 있지 않은 탓에 대통령 당선인에 대한 예우 근거가 없어 당선인

---

9 김대중 정부하에서 살아 있는 권력인 권노갑에 대해 말해줄 거의 유일한 인물이 청와대 안에서 권노갑을 공개 저격했던 장성민 국정상황실장을 만나기 위해 미국 워싱턴까지 가서 인터뷰를 했지만, 한두 명의 폭로만으로는 한 시간짜리 특집 프로그램인 청와대 개혁을 구성하긴 어려웠다.

이 사용하는 비용은 기본적으로 당선인이 알아서 조달해야 했다고 고충을 털어놓았다. 그러다 보니, 대통령 당선인이 재벌 총수들을 면담하면서 '성의'를 받는 관행도 있었는데, 당연히 임기 초기부터 재벌 영향력에서 자유롭지 못하게 되는 문제점도 생겼다고 고백했다. 또한 대통령 취임과 동시에 정부가 바로 움직일 수 있어야 하는데 인수위 관련 법률이 없다 보니, 국무총리나 장관 선임도 자유롭지 않았다. PD수첩은 이러한 점을 집중 조명했고, 방송 후인 2003년 2월 4일 〈대통령직 인수위 법안〉이 난항 끝에 제정·공포돼, 경비 2억 3천 6백만 원이 지원됨으로써 정상적인 인수위활동이 가능하게 됐다.

'국정원' 편도 고초를 겪어가면서 자금관리, 인사정책, 도청 의혹 등 국정원의 실태와 개혁과제를 본격 진단했다. 그동안 무소불위의 권력기관인 국정원은 PD수첩 취재에 대해 매우 민감하게 반응했다. MBC를 출입하는 국정원 기관원(IO)은 해당 제작진과 간부들에게 "만약 방송이 나가면 MBC에 좋지 않을 일이 일어날 것"이라며 협박을 서슴지 않았다. 그러나 MBC는 위협에 굴하지 않고 예정대로 방송 준비를 해나갔다. 이후 방송 예고까지 나가자 국정원 기관은 방송 전날 밤 만취한 상태로 연출자 임채유 PD의 집에까지 찾아와 "MBC를 민영화시키겠다"는 협박과 함께 임 PD를 폭행하는 만행까지 저지르기도 했다.[10]

---

10 '한국의 권부: 음지의 절대권력, 국가정보원' 편은 국정원의 항의 및 해당 PD에 대한 폭행사건을 겪으면서도 2003년 1월 21일 예정대로 방송됐다. 당시 MBC 김중배 사장은 '국정원 요원에 의한 MBC PD 폭행 사건'을 보고받고 MBC 사옥에 국정원 기관원(IO) 출입금지령을 내렸다. 또, 국정원에도 공식 사과, 재발 방지, 책임자 처벌을 요구했고, 국정원이 바로 사과해 PD 폭행 사건은 일단락됐다.

취재 노하우와 취재망, 전문성도 약한 PD들이 열정 하나만 가지고 성역을 가리지 않고 권력 감시에 뛰어들자 국민들은 박수를 보냈고, PD들도 이후 권력 감시에 어느 정도 자신감을 갖게 되었다. 주목할 점은 상당한 외압을 받았을 것으로 추론되는 경영진들이 일체 제작 간섭을 하지 않고, 오히려 국정원 직원의 폭행 사건이 일어났을 때 제작진을 보호하면서 단호한 조치를 취했다는 점이다. 경영진이 국장책임제의 취지를 이해하고 제작진을 보호할 때, 성역 없는 보도가 가능하다는 점을 보여준 사례라고 할 것이다.

이후 PD수첩은 '불패신화, 무노조 삼성'(2003년 4월 29일), '타워팰리스 옆, 판자촌'(2004년 2월 10일), '각하의 빛, 1,890억 원'(2003년 5월 20일), '한반도 핵 위기와 악의 축'(2003년 2월 4일), '탄핵정국, 기로에 선 국민'(2004년 3월 6일), '주한미군 재배치, 과연 위기인가?'(2004년 6월 1일), '무엇을 위한 파병인가?'(2004년 6월 29일) 등의 뜨거운 감자인 시의성 거대담론을 거침없이 다뤘다.

무엇보다 반향이 컸던 아이템은 친일파 4부작이었다.[11] '친일파는 살아 있다'는 일제하뿐만 아니라 해방 후에도 이합집산을 거듭해오며 친일파가 정치, 경제, 사회 등 모든 분야에서 기득권을 형성하고 있는 대한민국에서 친일파에 대한 청산과 극복 없이 한국 사회는 한 발자국도 앞으로 나아갈 수 없다는 점을 역설했다. PD수첩은 독립운동가를 색출하는 데 앞장섰던 특무대장 김창룡의 묘소가 국립묘지에 안장된 점과

---

11 1부는 2004년 1월 27일 방송된 '친일파는 살아 있다' 1편, 2부는 2004년 2월 17일에 방송된 '친일파는 살아 있다' 2편, 독립유공자 후손들의 몰락을 그린 3부는 2004년 3월 2일에 방송됐고, 4부는 7월 27일에 방송됐다.

친일파 송병준의 후손들이 땅 찾기 소송을 벌이는 점 등을 고발했다.

〈일제강점하 친일반민족행위 진상규명에 관한 특별법〉 개정안은 특히 한나라당 의원들이 주로 반대를 했는데, 2004년 2월 17일 '친일파' 2부에서 PD수첩은 반대한 의원들의 부친 등이 일제하에서 면장 등을 지낸 부역행위 등과 무관치 않을 것이라는 의혹을 제기했다. 한나라당에선 강하게 반발했고, 2004년 3월 4일 선거방송심의위원회에선 해당 방송이 4·15 총선에 출마한 한나라당 의원들에게 불리한 영향을 미쳤다며 '경고 및 관계자 징계' 조치를 내렸다.[12] 선거방송심의위 징계 이후 MBC 경영진은 진행자인 최진용 CP를 교체하고 다른 부서로 발령을 냈다. 그러자 PD수첩 시청자 게시판과 방송위원회 게시판에는 진행자 교체를 반대하는 청원 글이 봇물처럼 쏟아졌고, 최진용 CP를 위한 팬카페까지 개설됐다.[13]

---

12 방송위원회가 '경고 및 관계자 징계' 처분을 내리자, PD수첩 팀은 서울행정법원에 경고처분 취소소송을 제기하는 한편, 2004년 4월 9일 헌법소원심판을 청구했다. 헌법재판소는 방송위가 법률에 근거하지 않고 '경고 및 관계자 징계'를 내리는 것은 헌법상 법률유보원칙을 위배했다며 징계 취소를 결정했다. 당시 '주의', '경고' 조항은 방송법에는 없고 '방송 심의에 관한 규칙'에만 존재했다.

13 당시 PD수첩 앵커 교체에는 최진용 부장이 PD수첩이 거악척결, 거대담론 위주로 방송하는 데 대한 경영진의 거부감이 작용했다는 것이 대체적인 평가였다. 당시 시사교양국장도 공공연히 PD수첩의 방향에 대해 불만을 표시했고, PD수첩을 거쳐 간 PD들 중에서도 PD수첩은 거대담론이나 정치적 아이템은 배제하고 사회문제에 천착해야 한다는 입장을 견지하고 있는 PD들이 있었고, PD수첩 진행자 교체에는 이러한 영향이 작용했다는 의견이 지배적이었고, 최진용 CP 또한 이러한 부분을 감추지 않고 밝혔다(2004년 3월 17일, 미디어오늘, "사소한 악보단 거악과 싸우려 했다: MBC PD수첩 책임프로듀서 떠나는 최진용 PD).

〈PD수첩 '친일파는 살아있다'〉

　　PD수첩 진행자가 교체되었지만, 거대 권력 감시라는 PD수첩의 기
조는 바뀌지 않았다. PD수첩은 독립운동가들의 몰락을 그린 3부를
2004년 3월 2일에 방영한 데 이어, 7일 27일에는 박정희 전 대통령이
만주군 소좌로 활동하던 시절의 친일 행적을 파헤쳤다. 한나라당 박근
혜 대표의 아버지인 박정희를 〈일제강점하 친일반민족행위 진상규명
에 관한 특별법〉 조사대상에 포함시킬지 여부를 놓고 여야가 첨예하게
맞서던 상황이어서 특히 한나라당은 예민하게 반응했다.[14]

14　2004년 3월 6일에는 MBC 〈이제는 말할 수 있다〉의 '만주의 친일파' 편에서
　　만주 친일파를 다루면서 만주에서의 박정희의 친일 행위를 집중 조명했다.

4. 간첩의 의미를 묻다: 레드콤플렉스를 넘어서

이 와중에 PD수첩이 보수 세력과 충돌하는 일이 또 발생했다. 2004
년 7월 13일 예정으로 '송두율과 국가보안법'을 방영하기로 한 것이다.
저명한 독일 철학자 하버마스의 제자이자 『경계인의 사색』 등의 저서
로도 유명한 송두율은 '민주사회건설협의회'라는 재독 반유신단체 초
대의장을 맡아 독재반대운동을 펼쳐왔는데, 이 때문에 독재정권에 의
해 친북인사로 분류돼 고국을 찾지 못하고 있었다.

2003년 민주화운동기념사업회 초청으로 송두율 교수 귀국 움직임이
있자, 송두율이 사실상 북한 노동당 정치국 후보위원이자 서열 23위의
고위급 간부라는 내용들이 흘러나왔다.[15] 독일에 있던 송두율은 2003
년 9월 22일 부인과 함께 귀국했고, 공항에 내리는 순간 국가정보원에
의해 체포됐다. 송두율 귀국 직후인 2003년 9월 27일 KBS는 '한국 사
회를 말한다: 귀향, 돌아온 망명객들' 편을 통해 송두율 문제를 방영했
다. 보수신문 등은 KBS가 간첩을 미화한다며 격렬하게 비난을 퍼부었
다. 이후 보수 세력을 중심으로 수신료 거부운동까지 일어났으며, 방송

---

15 송두율이 김철수라는 주장을 한 사람은 황장엽 전 북한 노동당 비서였다. 이
후 황장엽은 송두율 재판에 증인으로 출석해 1991년 5월 평양을 방문한 송두
율이 북한 노동당 정치국 후보위원으로 추천됐고, 자신에게 주체사상을 교육
받았다고 증언했다. 이에 대해 송두율은 교육을 받은 것이 아니라, 주체사상
에 대해 토론한 것일 뿐이라고 반박했다. 한편 송두율은 1997년 명예훼손혐
의로 황장엽에게 1억 원의 손해배상청구를 했는데, 4년간의 치열한 법정공방
끝에 2001년 8월 법원은 "송두율이 김철수라는 증거는 없다"며 송두율의 손
을 들어주었다.

위원회는 2003년 10월 15일 '송두율 방송'이 국가 기간방송으로서 시청자에게 오해와 혼란을 준 점이 있다며 '권고' 조치를 내렸고, 2003년 10월에 벌어진 KBS에 대한 국정감사는 '송두율 국감'이라고 할 만큼 치열한 공방이 벌어졌다.

국정원은 북한에 방문해 김일성 참배까지 한 송두율 교수가 북한 노동당 정치국 후보위원이자 서열 23위의 김철수라고 발표했다. 국가정보원은 송두율 교수가 이 점을 자백했으며 송 교수에 대해 〈국가보안법〉 위반혐의를 상당 부분 확인해 검찰에 송치했다고 밝혔다.

검찰은 도주 우려가 있다며 구속영장을 신청했으며, 법원은 영장을 발부해 송두율은 구속된 상태에서 재판을 받았다. 2004년 3월 30일 1심 재판부는 "송두율이 김철수라는 황장엽의 진술이 신빙성이 있다"고 판단해 〈국가보안법〉 위반혐의로 징역 7년을 선고했다. 송두율과 검찰이 동시에 항고해 2004년 7월 21일 항소심 재판이 열릴 예정이었다.

항소심 재판 직전에 2004년 6월 PD수첩이 '송두율과 국가보안법'을 방송하겠다고 나선 것이다. PD수첩은 항소심을 앞두고 송두율 재판을 통해 국가보안법의 존재의미를 물으려고 했지만, 송두율이 간첩이라고 굳게 믿고 있는 보수 세력들은 MBC가 재판을 앞두고 간첩을 미화한다며 MBC를 공격할 가능성이 매우 높은 상황이었다.

이러한 상황에서 장덕수 시사교양국장은 '송두율 방송' 기획안을 받고 2004년 7월 13일로 예정된 방송을 허락했다. 이후 장덕수 국장의 보고를 받은 박종 제작본부장은 절대 방송을 내보낼 수 없다며 반대했다. 방송해도 문제없다는 시사교양국장과 절대 방송을 내보낼 수 없다는 제작본부장의 입장이 서로 다른 초유의 사태가 발생했다. 최종 판단은 이긍희 사장의 몫이었다. 2004년 7월 7일 이긍희 사장은 자신이 모든 책임을 질 테니 불방 시키라고 지시했다. 이후 시사교양국장은 제작진에게 불방을 통보했는데, 제작진과 노동조합은 격렬하게 반발하면서 긴급 공정방송협의회 개최를 요구했다.

2004년 7월 8일 열린 긴급 공정방송협의회 자리에서 노동조합은 불방지시에 대해 강력히 항의했다. 마라톤 공방 끝에 이긍희 사장은 기존 PD수첩 자문변호사 외에 보수적인 입장을 가진 변호사 2명을 추가로 선임하여 시사를 한 뒤, 법률전문가인 변호사들이 모두 문제없다고 하면 방송을 내보내겠다는 대안을 제시했다. 2009년 7월 9일 '김&장' 변호사 2명과 PD수첩 자문변호사 등 법률전문가 3명은 시사 후 방송해도 문제가 없다는 의견을 냈다. 김&장 변호사들마저 방송에 문제가 없다는 의견을 개진하자 방송은 2004년 7월 13일에 예정대로 방영됐다. 이후 2004년 7월 21일 벌어진 항소심에서 재판부는 대부분의 간첩 혐의를 무죄로 판정하고 징역 3년 집행유예 5년을 선고했다. 2008년 4월 17일 대법원은 독일 시민권자인 송두율이 북한을 방문한 행위에 대해 〈국가보안법〉상 탈출죄를 적용해 유죄판결을 내린 것은 잘못이라는 취지로 고등법원에 되돌려 보냈다. 송두율이 김철수라는 주장도 받아들이지 않았다.

'송두율과 국가보안법' 편은 여러 가지를 시사한다. 국가정보원이 간첩이라고 확인했고, 검찰은 기소를 하고, 1심 재판부가 유죄판결을 내린 상황에서 PD수첩은 '간첩'의 의미와 〈국가보안법〉의 존재이유를 묻기 위해 방송을 하는 역린을 감행했다. 경영진은 방송이 한국 사회에 몰고 올 후폭풍을 우려해 방송을 반대했고, 제작진은 예상되는 엄청난 후폭풍을 감내하면서까지 한국 사회의 '국가보안법'이란 유령에 도전했다.

PD수첩의 '송두율과 국가보안법' 편은 방송의 독립성을 지키는 데
있어서 제작진 개개인의 의지도 중요하지만, '국장책임제'가 얼마나 중
요한 제도인지 일깨워준 사례였다.

5. 국익과 진실의 딜레마: 황우석 과학사기 보도

이후 MBC와 대한민국에 태풍을 몰고 온 프로그램이 있었는데, 바로
'황우석' 방송이었다. 발단은 2005년 5월 31일 PD수첩 15주년 특집 방
송의 클로징 멘트였다. 최승호 앵커는 "저희 PD수첩은 능력이 모자라
서 제대로 비판하지 못한 적은 많았지만 압력 때문에 피해 간 적은 없
었습니다. 시청자만을 두려워하는 방송, 그것은 여전히 저희 PD수첩
의 신념입니다"라고 말했는데, 이 방송을 눈여겨 본 시청자가 있었다.
원자력병원 레지던트였던 류영준이었다. 류영준은 PD수첩 게시판에
제보 글을 올렸고, PD수첩은 바로 취재에 돌입했다.

한학수 PD가 찾아왔을 때, 제보자 류영준은 "PD수첩은 진실이 먼저
입니까? 국익이 먼저입니까?"라고 물었는데, 이 질문은 황우석 프로그
램 전체를 관통하는 핵심 주제였다. 광고가 모두 끊기고 방송사가 무너
질 수도 있는 위협적인 상황에서 황우석 보도가 MBC에서 가능했던 이
유는 무엇일까?[16]

먼저, 방송문화진흥회란 공영방송 지배구조의 특성을 들 수 있다.

---

16 2005년 11월 22일 '황우석 신화의 난자 의혹' 편이 방송되고 난 다음 주인
   2005년 11월 29일 방송부터 광고가 완전히 끊겼다.

MBC의 사장 등 임원을 선출하고 경영을 관리, 감독하는 기관은 방송문화진흥회란 공공법인이다. 그런데 방송문화진흥회 이사들을 선출하는 곳은 합의제 기구인 방송통신위원회다. 이 점이 대통령이 직접 인사권을 행사하는 KBS 이사회와 차이가 나는 대목이다.

　PD수첩의 황우석 보도는 사실 노무현 정부의 핵심 업적을 공격하는 셈이었다. 노무현 정부의 과학 정책은 크게 진대제 정통부 장관으로 대표되는 정보통신(IT)과 황우석으로 대표되는 생명과학(BT)이었다. 특히, 황우석 교수는 2004년 「체세포 복제유래 인간 배아줄기 세포 확립」이라는 논문을, 2005년에는 「환자 맞춤형 배아줄기 세포 확립」이라는 논문을 과학논문지 ≪사이언스(SCIENCE)≫에 발표해 전 세계를 놀라게 했고, 단연 노벨상 후보로 떠올랐다. 정부는 황우석의 노벨상 수상을 지원하는 '황우석 후원회'를 만들고, 황우석 연구동을 지어 지원했으며, 대사 출신 인사를 서울대에 파견해 노벨상 수상을 도우는 등 파격적인 지원을 했다.

　노벨상 수상 가능성이 높아지는 시점에 PD수첩이 황우석의 연구조작을 보도하는 것은 정권의 아킬레스건을 공격하는 것이나 마찬가지였다. 2005년 11월 29일 PD수첩 방송부터 광고 없는 방송을 하기 시작해서 이후 거의 모든 프로그램에서 광고가 떨어져 나갔지만 MBC의 관리감독기관인 방송문화진흥회는 어떠한 관여나 간섭도 하지 않았다. 외압으로부터 방송의 독립성을 지킨다는 방송문화진흥회의 역할에 충실했던 것이다. 만약, 대통령이 사장을 직접 임명하는 구조이거나 이른바 오너가 지배하는 민영방송이었다면 압력에 굴하지 않고 방송을 내보낼 수 있었을까? 상장된 주식회사였다면 주가는 폭락했을 것이고, 주주들의 압력 때문에 버티기가 매우 어려웠을 것이다.

다른 측면으로는 노사합의제의 산물인 국장책임제를 들 수 있다. 황우석의 연구가 모두 조작이고 사기라는 제보 내용은 고도의 보안을 요하는 사안이었다. 이것이 내부, 외부로 알려지는 순간 취재는 물거품이될 것이 뻔했기 때문이다. 실제로 황우석 연구사기 취재에 있어서, 최초 몇 개월간은 당시 최진용 시사교양국장에게까지만 보고됐다. 최진용 국장은 보안유지를 위해서 취재의 가닥이 설 때까지 상당 기간 경영진에게 보고하지 않았다.[17] 이렇게 할 수 있는 근거는 MBC가 노사 간의 단체협약으로 '국장책임제'를 도입하고 있었기 때문이었다. 즉 프로그램의 방영 여부를 결정하는 것은 실무 국장이 하게 돼 있기 때문에 시사교양국장이 해외출장, 예산, 차량, 카메라, 조연출, 편집실 지원 등에 대해 전권을 쥐고, 진두지휘를 할 수 있었던 것이다. 국장책임제는 PD수첩 제작진이 고도의 보안 속에서 취재를 할 수 있게 한 제도적 뒷받침이었다.

그리고 파업까지 불사하며 언론자유를 지켜온 MBC 구성원들의 집단문화 역시 빼놓을 수 없는 요인이라고 할 것이다. 노동조합과 PD협회가 생기면서 프로그램의 독립성을 침해하는 일이 발생하면 분연히 일체가 돼서 싸우는 문화가 1987년 이후 형성돼왔다. PD 개인이 아니라, 팀 전체, 또는 국 전체로 대응하고, 더 크게는 노동조합과 PD협회

---

17 당시 경영진 중에는 황우석 교수와 서울대 수의대 선후배지간인 임원도 있었고, 진대제 정보통신부 장관과 사돈지간인 본부장도 있었다. 또 세계적 유명인사인 황우석 교수와 친분을 맺고 있는 분들이 많았기 때문에 자칫 선의의차원에서 황우석 교수에게 MBC PD수첩이 취재하고 있다는 내용을 전달할가능성이 있었다.

가 제작진을 보호하면서 외압 시도를 막아왔던 것이다. 그동안 숱한 파업을 겪으면서 독립성을 수호해온 고유의 문화와 전통이 황우석 사태를 맞아 광고가 모두 떨어져 나가고 회사가 망할지도 모른다는 불안한 상황 속에서도 프로그램의 독립성을 지켜야 한다는 공감대를 유지할 수 있는 원천이 된 것이다.

이러한 공감대의 원천에는 '진실'을 파헤치려는 제작진의 투철한 저널리즘 정신이 자리 잡고 있었다. 최승호 CP는 YTN의 취재윤리 위반 보도로 황우석 보도가 무산될 위기에 처하자 한학수 PD에게 "너 구속 돼라!"라고 말했다. 쇼비니즘의 광풍에 휩쓸려 방송을 하지 못하는 상황이 되자, 스스로 구속되는 길을 택해서 재판 과정에서 진실을 밝히겠다는 결기가 들어 있는 말이었다.

2005년 황우석 사태가 일어났을 때, 보도국 고위 간부가 했던 말이 회자가 된 적이 있다. "어부가 낚시를 하는데 대어가 걸렸다. 너무 커서 배가 뒤집힐 판이었다. 어부인 기자와 PD의 대응이 달랐다. 기자는 주위를 둘러보고 보는 사람이 없으면 낚싯줄을 끊어버리는 쪽이고, PD는 죽기 살기로 낚싯줄을 붙잡고 고기를 잡으려고 한다"는 것이다. PD저널리즘의 장단점을 잘 드러낸 비유라고 판단된다.

6. 정권의 탄압과 권력비판 탐사보도의 상관관계: 광우병 보도

2007년 12월 19일 이명박 한나라당 후보가 대통령 선거에서 당선된 직후인 2008년 1월 2일, 대통령직 인수위원회는 각 정부부처에 언론사 간부 및 광고주들에 대한 대규모 성향조사를 지시해 헌법에 보장된 언

론자유를 침해하고 언론을 장악하려 한다는 비판을 받았다.[18]

청와대, 정부, 한나라당은 언론장악이라는 비판에도 아랑곳하지 않고 공공연히 '징벌적 MBC 민영화'를 말하기 시작했다. 2007년 이명박 후보는 MBC 민영화를 아예 공약으로 걸었고, MBC 방송 프로그램에 대한 불만이 있을 때마다 '민영화'를 위협카드로 내세웠다. '징벌적 MBC 민영화' 주장은 MBC가 이명박 후보를 비판할 때마다 터져 나왔는데, PD수첩은 2007년 3월 20일 '검증인가? 음해인가? "이명박 리포트" 논란'을 필두로 '대선 마지막 뇌관의 귀국, 김경준 이면계약서의 정체는?'(2007년 11월 20일), '이명박 BBK 명함의 진실'(2007년 11월 27일), '검찰 수사 발표 임박, BBK의 진실은?'(2007년 12월 4일), '대선, 마지막 3일!: 이명박 동영상 CD 파문'(2007년 12월 18일) 등 대통령선거 직전에 집중 검증 보도를 펼쳤다.[19]

2008년 12월 19일 이명박 후보가 대통령에 당선되자 MBC에 대한 위협은 더욱 노골적으로 전개됐다. 신재민 문화부 차관이 포문을 연 뒤, 최시중 방송통신위원장도 "MBC가 이제 정명(正名)을 가져야 한다"며 민영화를 통한 방송장악 의도를 노골적으로 드러냈다.

그러나 PD수첩은 이러한 협박에 굴하지 않고, 대통령 취임식 2주일 전인 2008년 2월 12일 이명박의 대통령의 핵심 공약인 한반도 대운하

---

18 언론을 장악하려는 시도는 이미 훨씬 이전부터 있었는데, 2006년 11월 9일 당시 국회의원 유승민, 방송위원회위 위원 강동순, KBS PD 윤명식 등이 서울 시내 모처에 모여서 한나라당 집권 시 방송장악을 모의했다.

19 당시 진행자이자 PD수첩 부장이던 송일준 PD는 "이명박 후보를 검증하는 방송이 나갈 때마다 평소 알고 지내던 이명박 캠프 관계자들이 '우리가 집권하면 MBC는 반드시 손보겠다'고 협박했다"고 증언했다.

아마 대부분의 사람들이 심지어 이런 소가
도축됐다고는 생각하지 못할 거예요

〈PD수첩 '긴급취재: 미국산 쇠고기, 과연 광우병에서 안전한가?'〉

를 비판하는 '현지 보고, 독일 운하를 가다' 편을 방송했다.

PD수첩은 이어서 미국 쇠고기 수입협상의 문제점을 주장하며 광우
병의 위험성을 알리는 일련의 보도로 이명박 정부의 쇠고기 수입 방침
을 강도 높게 비판했다. 특히, 2008년 4월 29일 방송된 PD수첩 '긴급취
재: 미국산 쇠고기, 과연 광우병에서 안전한가?' 편은 한미 쇠고기 협상
에 대한 반대 시위에 기폭제 역할을 했다.

노무현 정부에서 막고 있던 30개월이 넘은 쇠고기 수입도 개방하기
로 하는 바람에 광우병 위험성이 있는 쇠고기가 미국에서 대거 수입될
가능성이 높아졌다는 것이 PD수첩 방송 요지였다. 또한 30개월 미만
인 소의 경우에도 광우병 발병 위험이 높은 편도, 회장원위부 등의 특
정위험물질(SRM)을 수입하지 않도록 주의해야 한다는 것이다. PD수첩
방송으로 대한민국은 30개월 미만의 쇠고기만 수입할 수 있게 돼 축산

농가 보호는 물론 국민 건강권에 큰 이익을 가져왔다.

그러나 이명박 정부는 PD수첩 방송 때문에 한미FTA 비준 조기 실현이 불발에 그쳤다고 생각하고 PD수첩 탄압에 나섰다. 촛불시위로 들불처럼 일어난 민심의 분노를 PD수첩을 희생양으로 삼아서 가라앉히려 했던 것이다. 이명박 정권은 언론중재위, 방송통신심의위원회 심지어 검찰까지 모든 수단을 다 동원해 PD수첩을 탄압하기 시작했다.

2008년 5월 6일 농림수산부가 언론중재위에 PD수첩 방송에 대해 반론 및 정정보도를 청구하자 불과 열흘 만인 2008년 5월 15일 언론중재위는 농림수산부의 정정 및 반론보도 청구를 수용하라고 직권 결정을 내렸다. "주저앉은 소가 일어서지 못하는 영상과 관련하여 그 소들이 광우병에 걸렸다는 증거가 없다", "인간광우병으로 의심되던 아레사 빈슨의 사망 원인이 인간광우병이 아닌 것으로 중간 발표되었다"는 영상을 자막과 함께 방송하라는 것이었다. 언론중재위의 직권 중재로 정정보도문이 방송됐지만, 농림수산부는 2008년 6월 20일 명예훼손 혐의로 PD수첩을 대검찰청에 수사의뢰했고, 대검찰청은 즉시 서울중앙지검 특별전담수사팀에 이 사건을 배당했다. 수사팀장은 임수빈 서울지검 형사 2부장이었다.

또한 2008년 농림수산부는 방송통신심의위원회에 제재요청을 했고, 방송통신심의위원회는 2008년 7월 16일 PD수첩 방송에 대해 '시청자에 대한 사과' 명령을 내렸다.[20]

---

20 MBC는 농림수산식품부가 제기한 소송과 검찰 수사가 진행되고 있는 상태에서 방송통신심의위원회 심의 결과가 재판과 수사에 영향을 끼칠 수 있으므로 의견진술기일을 농림수산식품부와의 정정 및 반론보도 청구 소송 1심 판결

(주)문화방송은 MBC-TV 'PD수첩'〈긴급취재. 미국산 쇠고기 광우병에서 안전한가〉1, 2 방송 중, 미국 시민단체 '휴메인 소사이어티'의 동물학대 동영상과 광우병 의심환자 사망소식을 다루면서 여섯 가지 오역과 진행자가 주저앉은 소에 대해 "광우병 걸린 소"로 단정하는 표현을 방송하고, 한국인이 서양사람보다 인간광우병에 더욱 취약하다며 "한국인이... 인간 광우병 발병 확률이 94%라는 내용을 방송하고, 사회적 쟁점이나 이해관계가 첨예하게 대립되는 사안을 다루면서, 미국의 도축시스템·도축장 실태·캐나다 소 수입·사료통제 정책 등에 대해 일방의 견해만 방송한 사실이 있습니다.

시청자 사과 명령으로 방송 된 '시청자 사과'

　방송통신심의위원회의 결정에 화답하듯 MBC 경영진은 2008년 8월 13일 밤 10시 39분쯤 사과방송을 실시했다. 이날 사과방송은 경영진이 정권에 굴복한 것으로 경영진은 조합원들의 거센 반발을 무릅쓰고 전격적으로 사과방송을 실시했다.[21] MBC 노조는 '시청자 사과' 녹화 테이프 반입을 막기 위해 주조정실과 뉴스센터의 통로입구를 봉쇄하며 시위를 벌였으나, 경영진은 자회사인 MBC플러스에 테이프를 보낸 후

선고일 이후로 늦춰달라고 했지만 받아들여지지 않았다.

21　당시 위기관리대응팀으로 구성된 'PD수첩 상황실' 차원에서는 '시청자에 대한 사과' 제재는 위헌 판결을 받을 가능성이 매우 높으므로 헌법재판소에 위헌소송을 제기해서 판단을 받아보자는 제안을 했으나 경영진은 받아들이지 않았다. 당시 경영진은 정권과 대립하는 것을 매우 부담스럽게 생각했다.

MBC 주조정실과 핫라인을 연결시켜 사과방송을 내보내는 편법을 구사했다.

방송통신심의위원회가 시청자 사과 처분을 내리자 검찰은 기다렸다는 듯이 수사에 나섰다. 농림수산식품부에서 명예훼손으로 고소한 것을 근거로 PD수첩 제작진에 대한 수사에 나섰지만, 촛불시위를 잠재우기 위해 PD수첩 제작진을 희생양으로 구속시키려 한다는 것을 모르는 사람은 없었다.[22] 검찰총장은 서울지검 형사 2부에 배당했으나, 당시 임수빈 부장검사는 상부의 기소 지시를 거부하고 결국 사표를 냈다.

특수부 검사를 지낸 금태섭 변호사는 "당시 검찰 내에서 PD수첩 방송이 형사처리 대상이라고 믿는 검사는 아무도 없었다. 검찰에서 중요한 것은 유무죄를 다투는 형사처벌 여부가 아니다. 이 사건을 수사, 기소하고 기나긴 재판과정으로 이어지게 함으로써 촛불집회가 자동적으로 평정될 수 있도록 하는 것이 목표인데, 그것이 공공 안녕이고 공안의 핵심 업무다. 유무죄는 중요하지 않다. 설사 대법원에서 무죄가 난다고 해서 수사하고 기소했던 검사들이 인사에서 불이익을 받지 않고 모두 승진할 것"이라고 전망했는데, 실제 대검 형사부가 2008년 11월 작성한 'PD수첩 사건 향후 수사 방안' 문건에는 강제 수사 필요성의 핵심 이유로 '정국 안정'을 들고 있다. 결국 검찰의 수사와 기소는 범죄 유무를 따지기 보다는 권력의 시녀가 돼서 움직이는 정치 행위였던 셈이다.

---

22 2019년 검찰 과거사위원회는 검찰의 수사착수가 범죄혐의를 밝히는 것이 아니라, 정부정책을 비판하는 방송의 허위성 여부를 캐내는 데 목적이 있었던 것으로 정치적 중립의무를 위반했다고 밝혔다.

이명박 정권과 검찰은 마치 PD수첩 제작진이 거대한 음모를 가지고 이 프로그램을 만든 것처럼 주장하지만, 사실 '긴급취재, 미국산 쇠고기, 과연 광우병에서 안전한가?' 편은 다른 취재 아이템이 제작 불발이 되면서 갑자기 찾은 아이템이었다. 이 프로그램의 제작진은 원래 뉴타운 문제를 취재하기로 하고 서울 노원구의 노회찬 후보와 홍정욱 후보를 취재하고 있었다. 그러던 중 2008년 4월 3일 동작구를 유세하던 정몽준 후보가 MBC 여기자를 성희롱하는 일이 발생했다. 성희롱을 당한 여기자가 정몽준 후보의 지역구인 동작구 뉴타운 문제를 다루겠다고 나서자, PD수첩 팀은 비상이 걸려서 급히 새로운 아이템을 찾기 시작했다. 그때 PD수첩 제작진의 눈에 들어온 것이 이명박 대통령이 미국으로 건너가서 쇠고기 수입협상을 한다는 것이었다. 제작진은 급하게 방향을 틀어서 '미국산 쇠고기 수입'문제를 다루게 된 것이다. 결국 PD수첩 수사는 검찰이 정권에 무릎을 꿇은 대표적인 정치 사건인 셈이다. 경영진 역시 PD수첩 제작진을 보호하려고 하기보다는 제작진을 제물로 삼아 정권과 부드러운 관계를 유지하려고 했다는 비판을 면하기 어려울 것이다.

　반면, 한미동맹, 한미FTA, 미국산 쇠고기 수입 등 고도의 전문성이 요구되는 쟁점에 대해 심도 있는 준비를 하지 못하고 방송한 것은 조급했다는 비판을 받을 여지도 있어 보인다.

　PD수첩은 미국 시민단체로부터 받은 자료테이프 중 주저앉는 소(다우너 소)를 도축장에 집어넣기 위해 전기 충격기로 찌르는 장면을 도입부로 활용함으로써 강력한 인상을 남겼다. 반면, PD수첩은 주저앉는 소의 원인으로 병원성 대장균, 살모넬라 등 다양한 질병들이 원인이 될 수 있다는 점을 간과했다는 비판을 받고 있다. 또, 한국인 중 약 94%가

MM형 유전자를 가져서 광우병에 걸린 쇠고기를 섭취할 경우 인간광우병이 발병할 확률이 94%가량 된다고 했는데, 정률 비율로 더 발병위험이 높다고 계산한 것은 착오였다. 또한 방송 후 아레사 빈슨의 사인이 인간광우병이 아니라 위 절제 수술 과정의 후유증으로 나타난 것은 아쉬움이 남는 대목이다. 다만, MM형의 문제나 광우병 등은 당시 대부분의 언론이 지적하고 주목했던 사항이었다. 그런데 일부 보수언론은 이명박 정권의 탄압이 시작되자, 자신들이 해왔던 보도에 대해선 일언반구의 언급도 없이 PD수첩 공격몰이에 골몰하는 이율배반적 행동을 보였다. 미국산 쇠고기 수입문제를 국민 건강주권의 관점에서 바라보지 않고, 정권 수호라는 정치적 관점에서 바라본 것이 빚어낸 비극이었다.

7. 먹구름의 전조 속에서 이뤄진 권력 감시 보도:
   4대강, 민간인 사찰, 검사와 스폰서 보도

PD수첩은 이명박 정부의 불법적인 공권력 사용에 반기를 들었다. 2009년 1월 용산 참사가 터졌는데, '용산 참사, 그들은 왜 망루에 올랐을까?'(2009년 2월 10일) 편에서 PD수첩은 철거민 진압 때 폴리시아(POLICIA) 글자가 쓰인 방패를 든 이른바 '용역깡패'들이 경찰들 사이에서 경찰 물대포를 들고 진압하는 장면을 공개했다. 이 방송으로 시민 안전을 위해 할 수 없이 진압할 수밖에 없었다는 경찰의 해명은 설득력을 잃고, 건설자본의 이익을 위해 용역회사 철거작업에 경찰이 동원됐다는 비판이 거세게 일었다.[23]

PD수첩의 칼날은 경찰 권력뿐만 아니라 청와대로도 향했다. PD수첩은 2010년 6월 29일 '이 정부는 왜 나를 사찰했나?' 편을 통해 국무총리실 산하의 공직윤리지원관실이 KB한마음 대표 김종익을 사찰했다는 보도를 했다.[24]

김종익 대표가 마이클 무어의 영화 〈식코〉를 패러디한 '쥐코'라는 동영상을 자신의 블로그에 올렸다는 이유로 공직윤리지원관실은 KB한마음에 대해 두 달간 불법 압수수색과 광범위한 관련자 소환조사를 벌였다. 또, 국민은행에 압력을 행사해 김 씨를 대표직에서 물러나게 하고 지분 이전까지 하게 했다. 공직윤리지원관실은 사찰도 모자라 공금횡령과 대통령에 대한 명예훼손을 가한 피의자로 서울 동작 경찰서에 사건을 이첩했다. 경찰은 검찰에 이 사건을 송치했고, 검찰은 기송유예 처분을 내렸다. 공직자의 윤리를 감시하는 기관이 민간인에게 무차별 사찰을 감행하는 바람에 민간인인 김종익 씨의 삶은 완전히 파괴돼버렸다.

그런데 공직윤리지원관실은 국무총리실 산하로 직제만 편제돼 있었고, 실제는 이른바 '영포라인'이 장악한 청와대의 고용사회수석실의 직

---

23 철거회사 직원들이 경찰 물대포를 쏘는 장면과 폴리시아(POLICIA) 방패는 다른 많은 언론사들도 촬영했지만 PD수첩 방송이 나갈 때까지는 촬영한 사실을 모르고 있었다. PD수첩 방송 후에 뒤늦게 깨닫고, 자신들이 촬영한 영상으로 보도했는데, 취재기자는 촬영기자가 어떤 영상을 찍어왔는지 몰랐고, 촬영기자는 취재기자가 쓴 기사에 필요한 영상만 고르다보니 생긴 현상이었다.

24 기획안의 원래 제목은 '대한민국은 왜 나를 사찰했나'였다. 그런데, 당시 시사교양국장은 "사찰같은 나쁜 상황에 '대한민국'이란 용어를 사용할 수 없다'며 반대했다. 조정안으로 나온 것이 '이명박 정부는 왜 나를 사찰했나'였지만, 시사교양국장은 이마저 거부했다. 결국 '이 정부는 왜 나를 사찰했나'로 최종 결정됐다.

접 지시를 받고 있었다. 이후 공직윤리지원관실은 한국노총 간부뿐만 아니라 남경필, 정두언, 정태근 등 당시 여당 국회의원들까지 사찰했음이 밝혀졌다. PD수첩은 '이 정부는 왜 나를 사찰했나?' 편을 통해 국가의 역할에 대해 진지한 물음을 던졌다.

이와 같이 이명박 정권의 집요한 탄압에도 불구하고 PD수첩의 권력 비판은 굴하지 않고 이어졌다. 2008년에 이어 PD수첩은 4대강 사업을 집중적으로 해부하고 비판했다. 2009년 11월 27일 MBC는 〈특별생방송 이명박 대통령과 국민의 대화〉를 특별 편성하는 성의를 청와대에 보였다. 청와대 역시 "MBC를 주관방송사로 선정한 것은 그동안 껄끄러웠던 MBC와 관계회복을 하려는 시도"라고 논평을 했다.[25]

특히, 이 자리에서 이명박 대통령은 '4대강 수질을 지키는 로봇물고기'를 영상화면과 함께 처음 소개했고, 로봇물고기의 활용으로 4대강 사업이 단순한 토목사업이 아니라 IT 등을 융합한 최첨단 미래 산업이라는 점을 부각했다.

그런데 PD수첩은 이 방송이 끝난 직후인 2009년 12월 1일 '4대강과

---

25 이 특집 프로그램의 사회는 손석희로 내정돼 있었다고 한다. 그런데 손석희 앵커는 공교롭게도 특별생방송 직전인 2009년 11월 19일 방송을 마지막으로 〈100분토론〉 진행자를 그만둔다. 권재홍 기자가 후임자로 내정됐고, 2009년 11월 27일 〈특별생방송 이명박 대통령과 국민과의 대화〉 진행을 맡았는데, 손석희 앵커의 하차가 이 특별생방송의 진행과 무관치 않다는 지적이 나왔다. 또한 방송 후에 구내식당에서 열린 뒤풀이에서 사퇴압박을 받던 엄기영 사장과 이명박 대통령 사이에는 화기애애한 분위기가 연출됐고, 이 특집생방송을 계기로 더 이상 엄기영 사장에 대한 사퇴압박은 없을 것이란 전망도 흘러나왔다. 《주간경향》 1247호(2017년 10월 17일), "PD수첩, 이명박 정부의 치부를 드러내다" 기사 참고.

민생예산' 편에서 이명박 대통령의 4대강 주장을 조목조목 비판한다. 특히, 이명박 대통령이 최초로 선보인 로봇물고기에 대해선 신랄하게 비판했다.

방송통신심의위원회를 통해 견제가 들어왔다. 방송통신심의위원회 특별위원회는 4대강 찬성과 반대 비율이 50대 50이 안 된다는 등의 이유로 '시청자 사과'를 권고했다.

정권은 보수단체와 방송통신심의위원회를 통하여 즉각적인 보복을 해왔다. 보수시민단체가 민원을 제기하자마자, 방송통신심의위원회 내 방송분과특별위원회에서는 이 프로그램에 대해 '경고'라는 중징계 의견을 냈고, 소위원회에서도 중징계를 전제로 하는 '제작진 의견진술'을 의결했다. 대통령이 야심차게 국민들에게 설명한 내용을 비판한 '괘씸죄'의 대가는 컸다. 방송통신심의위원회는 PD수첩을 무조건 징계하기 위해 온갖 무리수를 다 사용했다. 이들은 PD수첩이 정부예산과 4대강에 부정적이고 비판적인 인사만 편파적으로 많이 인터뷰했다는 억지논리를 정당화하기 위해 온갖 무리수를 두었다. 심지어 정부 장관급인 정호열 공정거래위원장의 국회 답변도 반정부 인터뷰로 분류하고, 콩나물 값이 올라 걱정이라는 주부의 인터뷰도 반정부 인터뷰로 분류했다. 결국 3시간에 걸쳐 진행된 의견진술 끝에 심의제재는 '권고'로 마무리되었지만, 이후 '4대강' 관련 방송을 취재하려고만 하면 방송통신심의위원회에서 징계를 받았는데, 왜 또 제작하려고 하느냐는 식으로 간섭 및 견제가 들어왔다.

가장 큰 견제는 2010년 8월 17일 '4대강 수심 6m의 비밀' 편에 대해서였다. 4대강 공사가 사실은 한반도 대운하사업이라는 점을 지리정보시스템 등 과학적 탐사보도기법으로 밝힌 이 프로그램에 대해 국토해

〈PD수첩 '4대강 수심 6m의 비밀'〉

양부는 방송금지가처분소송을 법원에 냈지만, 기각 당했다. 가처분소
송이 제기된 직후, 김재철 사장은 제작진에게 사전 원본 시사를 요구했
다. 노사 단체협상 규약상 실무 제작 책임자는 해당 국장이며 경영진은
시사 권한이 없기에 제작진은 사전 검열이나 다름없는 시사 요구를 거
절했다. 그러자 김재철 사장은 방송 보류를 지시했다. MBC에서 사장
지시로 PD수첩 방송이 나가지 않은 것은 1990년 '우리 농촌 이대로 둘
수 없다' 이후 처음 있는 일이었다.[26] '4대강 수심 6m의 비밀'이 방영된
후 회사는 제작진이 심의부의 심의의견을 수용하지 않을 경우 징계할

---

26 이후 사장은 제외하고 제작본부장, 편성본부장 등 제작, 편성 책임자가 시사
   를 하고 난 이후 방영한다는 중재안이 마련돼 제작, 편성 책임자 시사 후
   2010년 8월 24일 방영됐다.

수 있다는 식으로 사규를 개정하면서 PD수첩을 압박해왔다. 또한, PD수첩이 속해 있는 시사교양국 조직을 드라마, 예능 출신들이 주로 본부장을 맡던 제작본부에서 편성본부에 시사교양국을 합치는 방식으로 편성제작본부를 신설하여 PD수첩에 대한 감시망을 강화했다.

그러나 PD수첩은 굴하지 않았다. 4대강에 대한 보도를 이어가는 한편 검찰에도 예리한 메스를 들이댔다. 검찰은 이명박 정권 임기 내내 집권 세력의 통치 도구로 악용되었으며, 정부에 비판적인 세력에 대해서는 무리한 수사와 기소권을 남발하는 정권 홍위병이자 정치검찰의 구태를 보였다. 가장 대표적인 것이 2008년 7월 무렵부터 다음 아고라 경제토론방에서 활동하던 논객 미네르바 박대성 씨를 기소한 사건이었다. 미국 서브프라임 모기지 사태가 한국에도 영향을 줄 것이라는 글을 시작으로 리먼브라더스의 위기를 예측하는 글을 8월 25일에 올린 직후 리먼브라더스의 파산신청 소식이 들려왔고, 환율 변동과 주가지수 등 100여 편에 달하는 경제 예측 관련 글의 내용이 실제 경제상황과 맞아떨어지자 누리꾼들은 환호했다. 2008년 12월 29일에는 정부가 7대 금융기관과 수출입 관련 기업에 달러 매수를 금지할 것이라는 긴급공문을 전송했다는 글을 박대성 씨가 게시하자 기획재정부는 사실무근임을 밝히는 보도자료를 배포했고, 검찰은 수사에 착수했다.

이후 2009년 1월 24일 검찰은 미네르바를 〈전기통신사업법〉 위반 혐의로 구속영장을 청구했고, 법원은 외환시장 및 국가신인도에 영향을 미친 사안이라며 구속영장을 발부했다.[27] 이후 법원에서 무죄가 나

---

27 이후 기획재정부가 2008년 12월 26일 9개 금융기관의 외환 딜러들을 소집해 달러 매입을 자제할 것을 구두로 요청했다는 사실이 새로 밝혀졌다.

긴 했지만, 인터넷 논객이 인터넷상에서 쓴 글에서 일부 정확하지 않은 부분이 있다고 해서 토론이라는 방식을 취하지 않고, 검찰이 물리력을 행사해서 사람을 체포하고 구속 기소하는 것은 표현의 자유를 심대하게 위협하는 행위라고 판단했다.[28]

2009년 국회 국정감사 자료를 중심으로 검찰에 대한 문제 인식을 좁혀 나갔지만, 구체적 제보 없이 자료만으로 방송을 하기는 불가능했다. 그러던 차에 국회 박주선 의원실에서 스폰서 관련 문제로 제보한 인물의 연락처를 받을 수 있었다. 이름과 전화번호밖에 없었다. 전화를 하자마자 제보자 정용재는 믿기 힘들 정도로 놀라운 이야기들을 쏟아냈다. 최승호 PD는 바로 부산으로 가서 제보자를 만났다. '검사와 스폰서'는 이렇게 탄생했다. '검사와 스폰서'가 앞의 다른 프로그램과 차이점이 있다면, 과학적인 빅데이터 조사를 거쳤다는 것이다. 당시 PD수첩은 PD들이 방송 제작 과정에서 일부 부정확한 점이 노출돼 검찰에 체포까지 당하는 등 고초를 겪고 있었다. 무소불위의 힘을 자랑하고 있던 검찰을 상대한 보도이니만큼 털끝만치의 실수도 용납되지 않았다. 또 비록 검찰이 아니더라도 PD수첩의 영향력이 커진 만큼 PD개인의 열정 못지않게 정확한 탐사보도가 절실하게 필요한 시점이었다.[29]

28 2009년 최승호 PD와 미국 미주리대 탐사보도 과정에 같이 가 있는 동안 검찰에 대한 문제 인식을 여러 차례 토론했고, 귀국하면 검찰 문제를 방송하자고 의기투합했다. 최승호 PD는 귀국하자마자, 먼저 4대강 문제에 천착했고, 검찰에 대한 사전 취재는 내가 담당할 수밖에 없었다.

29 미국 탐사보도협회(IRE)에서 1년간 연수한 경험을 바탕으로 최승호 PD와 함께 CAR(Computer Assited Reporting)시스템을 회사에 제안했다. 임원회의에서 10분간 발표를 했는데, 엄기영 사장은 즉석에서 전폭적인 지원을 약속

20여 년 가까이 검사들의 스폰서 노릇을 해왔다고 폭로한 정용재는 자신의 메모장과 기억에 의존해서 인터뷰를 했다. PD수첩 팀은 정용재가 메모와 기억에 의존해서 진술한 검사들이 당시 해당 지검이나 지청에 근무한 것이 맞는지부터 하나하나 팩트 체크를 해나갔다. 그러다 보니, 검사들 전체에 대한 데이터베이스 구축이 선결돼야 했다. 정용재가 특정한 시점에 특정 장소에서 '스폰서' 역할을 했다고 했는데, 해당 검사가 다른 지청에 근무했거나, 아니면 해외 연수중이었다고 한다면 PD수첩은 치명타를 입을 것이 자명했기 때문이다.

검사들 대부분에 대한 데이터베이스 작업이 끝난 후 하나하나 크로스체크가 가능해졌다. 다음에는 정용재가 진술한 술집이나 종업원들을 만나서 확인 작업을 거쳤고 마지막으로 해당 검사들에게 확인하는 과정을 거쳤다.[30] 2003년에 PD수첩은 한국의 권부 시리즈 중 일부로 검찰을 다룬 적이 있었지만, 그때가 총론의 성격이 있었다면, 이번 '검사와 스폰서' 시리즈는 검사 한 명 한 명의 범죄상을 다루는 진검승부의 측면이 있었다. 그리고 검사들은 공직자이면서 공인으로 검사장급 이상의 검사는 실명보도를 한다는 원칙을 세웠는데, 바로 박기준 부산지검장과 한승철 대검 감찰부장이었다.

'검사와 스폰서' 1편의 반향은 매우 컸다. 특히 박기준 부산지검장이

했다. 회사의 지원으로 데이터 전문가를 1명 채용하고, 데이터 처리를 할 수 있는 고사양의 컴퓨터도 구입할 수 있었다.

30 2000년 4월 25일 법의 날 방영을 목표로 제작하던 중 엄기영 사장이 갑자기 물러나고 낙하산 논란을 빚던 김재철 사장이 부임하자, 노동조합은 '정권의 방송장악 시도'에 맞서 파업을 결정한다. 이 파업으로 당시 부장급으로 비노조원이던 최승호 PD 혼자서 제작하게 된다.

최승호 PD에게 협박하는 장면은 국민들의 공분을 자아냈다. 방송에 대해 검찰은 반성은커녕 범죄 혐의를 덮기에 급급했다. 검사들이 이례 적으로 방송 프로그램에 출연해 성매매를 증언했던 여성들을 직접 만나러 부산으로 내려갔다. 그런데 검사들이 성매매 여성들을 직접 조사하는 행위는 사실상 수사를 덮자는 취지 그 이상도 이하도 아니었다. 검사의 취조 앞에 방송에서 성매매를 진술했던 여성들은 모두 진술을 번복할 수밖에 없었다. 성매매를 인정하는 순간 실정법 위반으로 감옥에 가거나 부산에서 영업을 하기는 힘든 상황이란 걸 모르는 바보는 없었다. 결국 검찰은 '검사와 스폰서' 방송으로 교훈을 얻어서 검찰 개혁으로 나아가려고 하지 않고 범죄를 무마하고 덮는 치졸한 방법을 택했다. 검찰이 '검사 스폰서 범죄'와 같이 대상과 범위를 정하지도 못하거나 않고 '진상규명위원회'란 정체불명의 위원회를 부랴부랴 만들어 당장의 소나기를 피하기에 급급했다. 결국 대상과 범위도 정해지지 않은 '진상규명위원회'는 국민의 비판을 피하려는 꼼수나 방패막이에 지나지 않았다.

'검사와 스폰서' 2편은 검찰청사 안에 사무실을 두면서 검사들을 스폰서하고 있는 '범죄예방위원회'의 문제점에 집중하고자 했다.[31] 지역 유력인사나 토착세력들로 구성된 범죄예방위원회는 평소에는 검사들을 합법적으로 스폰서하면서 필요시 검사들에게 청탁을 하는 브로커 노릇을 하고 있었다. '검사와 스폰서' 3편에서는 로펌과 기업에 의한 스

---

31 애초의 기획은 법의 날을 맞아 검찰 및 법원 개혁을 한 편씩 만든다는 계획이었다. '검사와 스폰서'의 반향이 커지자 법원 개혁에 대한 방송은 포기하고, '검사와 스폰서' 방송을 계속하는 것으로 결정했다.

폰서로 범위를 확대하고,[32] 특히 삼성그룹이 관리하고 스폰서 역할을 하고 있는 실태를 삼성그룹 법무실장을 지낸 김용철 변호사의 증언을 통해 방송했다.

결국 '검사와 스폰서' 편은 언론과 국민들의 철저한 감시와 견제만이 검찰 개혁을 이뤄낼 수 있다는 것을 보여주었다. '검사와 스폰서' 방송으로 검찰은 감찰위원회를 신설하여 독립적으로 운영하고, 감찰본부장은 검사 출신이 아닌 외부인사로 임명을 하며, 감찰위원회도 민간인으로 구성한다는 개혁안을 발표했다. 또한, 스폰서 창구로 지목된 범죄예방위원회와의 관계를 끊고, 사무실도 검찰청사 밖으로 옮기기로 한 것이 성과라면 성과였다.[33] 또한 과학적인 데이터베이스를 기반으로 철저히 검증과 사실 확인을 거치는 취재방법은 이후 PD수첩의 새로운 흐름으로 자리를 잡았다.

권력과 직결되지 않는 '검사와 스폰서' 방송은 취재의 어려움은 있었지만 경영진의 별다른 간섭 없이 방송이 나간 반면 이명박 정권을 정면으로 겨냥한 4대강 방송은 방송에 어려움을 겪었다. 처음 2009년 9월 8일 '4대강 살리기 대해부'로 방영이 되었을 때는 별다른 견제가 없었다.

---

32 '검사와 스폰서' 방송 이후 2010년 6월 10일 대검은 감찰본부 신설 등의 개혁방안을 내놓았다. 그러나 대부분의 개혁방안은 얼마 가지 않아 흐지부지됐다.
33 대검만 범죄예방위원회 사무실을 검찰 밖으로 옮기게 했을 뿐 고검이나 지검은 요지부동이었다. 대검도 방송이 나간 1~2년 후에 슬그머니 범죄예방위원회를 청사 안으로 다시 불러들였다.

8. 국정원까지 동원한 전방위적 탄압에 무너지다

MBC에 대한 징벌적 민영화 위협 등 갖가지 압박 속에서도 PD수첩이 민간인 사찰, 4대강 보도, 검찰 보도 등 권력비판을 멈추지 않자, 권력과 권력의 대리인을 통한 PD수첩 압박은 점점 심해져 갔다. 그동안 프로그램에 대한 직간접적인 관여가 주를 이뤘다면, 2011년에 들어와서는 조직개편을 하고, 인사권을 행사해서 PD들과 작가들을 PD수첩에서 내쫓는 폭력적인 방식을 통해 PD수첩을 정권의 입맛대로 좌지우지하려고 했다.

구체적으로 2011년 2월 23일 김재철 사장은 고교 후배인 윤길용 PD를 시사교양국장에 임명함으로써 피바람을 예고했다.[34] 윤길용 국장은 발령받은 지 불과 열흘 만인 2011년 3월 2일 최승호 PD를 비롯해서 PD수첩 PD들을 한꺼번에 다른 부서로 내쫓아버렸고, 2012년 7월 25일에는 PD수첩 작가 6명을 해고했다. 이후 작가 해고로 PD수첩은 2012년 8월 21일 방송을 결방하게 된다. 첫 방송 이래 PD수첩이 외부적 요인으로 결방된 사례는 있지만 방송사 내부 문제로 결방된 것은 처음이었다.

그런데 사실 이러한 탄압은 국가정보원이 주도했음이 나중에 밝혀졌다. 그 일단이 국정원은 2010년 3월 2일 '문화방송 정상화 전략 및 추진 방안'이란 이름의 문건을 작성했는데, 바로 그날은 김재철 사장이 취임하는 날이었다. 문건은 신임 사장 취임을 계기로 노영방송 잔재청

---

34 이미 2010년 3월에 김환균 PD수첩 진행자 겸 부장을 하차시킴으로써 조직 장악을 착실히 해왔다.

산, 고강도 인적 쇄신, 편파프로그램 퇴출에 초점을 맞춰 근본적인 체질을 개선하는 것을 목표로 하고 있었다. 국정원은 PD수첩 등 좌편향 프로그램 제작진의 경우 PD는 물론이고 프리랜서 작가, 외부출연자까지 전면 교체하라고 하고 있다. 그리고 3진 아웃제 등 사내심의와 게이트키핑을 강화하는 조치를 주문하는 것은 물론 국장책임제를 없애고 본부장책임제로 환원시킴으로써 PD저널리즘의 폐해를 근절하라고 주문했다.[35]

국정원이 주도하기 시작한 2011년부터는 프로그램 간섭도 노골적이고 폭압적으로 바뀌기 시작했다. 살아남은 PD들은 비판정신을 잃지 않으려고 치열하게 싸웠지만 탄압은 무자비해지기 시작했다. 대형교회인 소망교회 취재를 하고 있던 최승호 PD에 대해 강제 발령을 낸 데 이어 2011년 3월 7일에는 'MB 무릎기도 국가조찬 기도회'를 취재하던 전성관 PD에게 일방적으로 제작 중단을 지시하고, 항의하는 전성관 PD를 인사위에 회부했다.

이어 '개성공단 폐쇄 1년'을 다루려는 이우환 PD를 용인 드라마아로, 황우석 보도의 주역 한학수 PD를 경인지사로 전출시켰다. 아이템에 대한 간섭과 위협은 점점 도를 더해갔고, '내곡동 사저 논란', '한상대 검찰총장 검증 논란', '제주도 7대 자연경관 선정 논란', '한진중공업과 희망버스', '삼성 백혈병', '오세훈 시장의 한강 르네상스 사업' 등 등 MB 정부가 불편해할 아이템들은 기획서가 찢기는 수모까지 당하며 번번이 쓰레기통으로 던져지기 일쑤였다.

---

35 국장책임제가 프로그램의 독립성과 자율성을 지켜주는 핵심 장치임을 국정원이 스스로 웅변해주고 있는 대목이다.

'한미FTA' 편은 2012년 3월 15일 한미FTA 발효를 앞두고 영향을 알아보기 위해 미국과 FTA를 체결한 캐나다와 멕시코를 취재하는 도중에 담당 부장이 취재 중단 지시를 내린 경우다. 취재 중단에 항의하면 명령불복종으로 인사위원회에 회부해서 징계를 했다. PD들은 아침에는 국장실 앞에서, 저녁에는 로비에서 피케팅을 하며 저항했지만, 비제작부서로 발령이 나면서 뿔뿔이 흩어졌다. PD수첩 작가 6명 해고가 잔혹극의 대미였다. 그렇게 2년여에 걸친 국정원·MBC 커넥션과 PD들의 싸움은 완벽하게 국정원·MBC 커넥션의 승리로 끝이 났다.

최승호PD가 2021년 9월 15일 정보공개청구를 통해 국가정보원으로부터 받은 문건을 보면, MBC내 경영진과 국정원이 유착해서 PD수첩을 탄압하고 PD들을 강제 축출한 사실을 알 수 있다. 2011년 1월 26일 'OOO 취임 이래 주요 근무 동향'을 보면, 김재철 사장에 대해 "시사교양국을 보도본부로 보내 게이트 키핑을 강화하고 최승호 등 핵심인사 일방 전출 조치를 취하겠다고 공언 중"이라고 보고하고 있었는데, 3주 후인 2011년 2월 15일 '(김재철 사장) 선임이후, 문제인물 인사조치 실적' 문건을 보면, "취임초 최승호PD에 대해서 한직으로 보직변경시키겠다는 입장을 전달하였으나 현재까지 인사조치 되지 않고 있으며 실현 가능성도 낮을 것으로 관측"이라고 초조감을 드러내고 있다. 이러한 문건을 통해, MBC 경영진은 최승호PD를 PD수첩 밖으로 내쫓을 계획을 일찌감치 갖고 있었으며, 국정원에도 보고한 것을 확인할 수 있다.

또한, 국가정보원이 MBC 경영진에 PD수첩 탄압을 지시하는 등 사실상 MBC 경영을 좌지우지해왔다는 사실도 드러난다. 날짜 미상의 'MBC「PD수첩」의 政府인사 트집잡기 책동에 면밀 대처' 문건을 보면, 국정원은 "① MBC 경영진을 통해 제작진에게 명예훼손 被訴 가능성을

MBC 「PD수첩」의 政府인사 트집잡기 책동에 면밀 대처

o 「PD수첩」 최승호 PD는 ▨▨▨▨▨ · ▨▨▨▨ 출신 인사들의 인사
　독점 의혹을 폭로한다는 복안아래 취재에 착수

　* 崔 PD는 '4大江의 비밀'·'검사와 스폰서' 등을 제작한 MBC內 대표적인 左편향 인사

　－ ▨▨▨▨ · ▨▨▨▨ 출신인사들의 要職 기용 의혹을 ▨▨▨▨ 과
　　　▨▨▨▨▨▨▨▨ 등을 상대로 탐문하는 한편

　　* ▨▨▨ 은 지난 7·9月 투차례에 걸쳐 ▨▨▨ 과 ▨▨▨ 의 인사개입說을 보도

　－ 대선직후 ▨▨▨ 이 정부·공기업 인사에 개입하고, 총리실
　　 복무점검도 지시했다는 說 등 野圈이 주장하고 있는 내용 및

　－ ▨▨▨▨▨ 이사장(前 大選특보)·▨▨▨▨▨ 이사(前 靑瓦臺
　　* ▨▨▨ 조카 ▨▨▨▨▨▨ 과장) 관련 임용경위 추적

　　* ▨▨▨ (前 홍보수석실 행정관)도 '낙하산 인사'라며 취업배경 탐문중

o 이에 MBC경영진은 방송시점을 1月 중순경으로 예상하면서, 여과없이
　방송될 경우 논란이 우려된다며 대책마련에 부심

➡ 言論의 '아니면 말고'式 허위보도에 대해 원칙대응을 확행, 파문확산 차단

❶ MBC 경영진을 통해 제작진에게 명예훼損 被訴 가능성을 경고하는 한편,
　방송직전 '事前 시사' 등 게이트키핑을 통해 不放·내용순화 촉구

　* 旣 인사조치된 ▨▨▨ PD 사례를 근거로, 최승호· ▨▨▨ PD 등에 대한 전보 확행

❷ 해당인사 및 黨·政에는 MBC측의 취재요청에 일절 불응하되, 불가피한
　경우에도 오해 빌미를 줄 수 있는 언행을 자제토록 주지

❸ 보도시 放通審議委는 내용을 정밀 모니터링, 허위내용은 법정제재 확행

최승호PD의 정보공개청구로 드러난 국정원 문건

경고하는 한편, 방송직전 '事前 시사' 등 게이트 키핑을 통해 不放·내용
순화 촉구", "② 해당인사 및 黨, 政에는 MBC측의 취재요청에 일절 불응
하되, 불가피한 경우에도 오해 빌미를 줄 수 있는 언행을 자제토록 주
지", "③ 보도시 放通審議委는 내용을 정밀 모니터링, 허위내용은 법정제

재 확행"이라고 적시하고 있는데, 국가정보원이 사실상 MBC 경영진에게 일일이 검열을 사주하고 지시하는 등 사실상 MBC의 최고 경영진이었고, PD수첩 탄압을 총지휘했음을 알 수 있다. MBC 경영진은 국정원 문건 그대로 PD수첩 제작진에게 방송 직전 사전 시사를 요구했다. 또한 문건의 구체적 내용과 배포처가 대통령 비서실장, 민정, 홍보수석인 데서도 잘 드러나듯이, 국정원은 여당과 정부 그리고 방송통신심의위까지 총괄 지휘하면서 PD수첩 보도를 방해하기 위해 전방위적으로 총력을 기울였음이 드러났다.

더 구체적으로 살펴보면, 2011년 1월 5일 'MBC 경영진, 내주 PD수첩 낙하산 인사 특집 불방조치 추진' 문건을 보면, "OO에서는 그동안 OOO 등 MBC 경영진 측에 PD수첩팀의 同件 관련 취재 동향을 수시 제보해 주고 불방 또는 내용순화 등 대책강구를 촉구해 왔는바"라고 하면서, "MBC 경영진의 同 프로에 대한 내용순화 및 불방 조치 등이 이뤄지도록 지속 협조해 나가겠음"이라고 하고 있다. 결국, 국가정보원은 "최승호를 PD수첩 밖으로 쫓아낸 것은 PD수첩內 종북세력 수괴를 제거했다는 점에서 일반적으로 알려진 것보다 더 큰 의미가 있는 것임"이라고 의미를 부여하였으며 "최PD의 인사조치로 PD수첩의 정부비난 수위가 다소 낮아질 것으로 관측"했다.

또한, 국정원이 최승호 당시 PD수첩 PD에 대해 해킹 등을 통해 사찰해온 증거가 이번 국정원 문건으로 명백히 드러났다. 국정원 '주요인사 사찰 의혹 관련 조사 결과' 문건 중 '나. 주요인사 사찰 特命활동'에 따르면 국정원은 "MBC PD수첩 최승호PD, OOO 등 민간인 多數에 대한 사이버 점거를 시도, 일부 성공한 정황 확인"이라고 기재하고 있다. 사이버 해킹 등을 통한 사찰이 광범위하게 이뤄졌음을 알 수 있는 대목이다.

권력비판에 대한 날개가 꺾인 PD수첩은 '함께 살자 협동조합'(2012년 3월 12일), '무자식이 상팔자, 자식 빚에 우는 부모들'(2011년 4월 16일), '층간소음 참극, 댁은 안녕하십니까'(2011년 5월 21일), '지라니 합창단, 임 회장의 진실'(2011년 10월 8일) 등 연성화된 아이템을 잇달아 내놓았다. 닐슨 등 시청률조사기관에 따르면, 권력에 대한 감시와 비판정신이 거세된 PD수첩은 이후 시청률이 곤두박질치고 화제성이 떨어지는 등 한동안 속절없이 침묵의 시간을 보내야 했다. 이 때문에 2014년 세월호 침몰 사건이 일어나서 수많은 학생들이 목숨을 잃었을 때도 MBC 구성원들은 보도다운 보도를 하지 못하고 방관자로서의 시간을 보내야 했다. 동시에 방송의 독립성과 자율성을 지켜내는 것은 MBC 노동조합 등 내부 구성원들의 힘만으로는 부족하다는 것도 깨닫게 되었다. MBC가 국민들과 연대하고 국민의 신뢰와 지지를 얻어야만 방송의 독립성을 지켜나갈 수 있다는 것을 일깨워준 교훈의 시기이기도 했다.

9. 시민들의 힘으로 되찾은 탐사보도와 향후 과제

긴 암흑의 시기가 지나가고 변화의 기운이 한줄기 빛으로 찾아왔다. 촛불집회와 정권교체 등의 영향으로 방송문화진흥회 이사진 구성에 변화가 생겼고, 달라진 변화를 바탕으로 2017년 11월 2일 방송문화진흥회 고영주 이사장에 대한 불신임이 가결되었다. 이후 2017년 11월 13일 방송문화진흥회가 김장겸 MBC 사장에 대해 해임안을 의결했다. 이후 2017년 11월 15일 MBC노조는 파업을 중단하고 제작복귀를 선언했다.

PD수첩 제작진은 파업이 끝나기 전부터 팀을 구성해 방송을 준비해

왔는데, 그 결과 2017년 12월부터는 'MBC 몰락, 7년의 기록', '방송장악 10년, KBS를 지키러 왔습니다' 등 정권의 혹독한 탄압을 받아왔던 공영방송의 문제부터 조망했다. PD수첩은 이어서 검찰과 사법권력 개혁문제, 대기업, 부동산 문제를 포함한 경제민주화, 국정원과 기무사의 권력남용, 김기덕, 조재현 등 문화 권력들의 미투(Me-Too)와 2차 가해, 조계종, 명성교회, 만민중앙교회 등 거대 종교권력 등 우리 사회에서 곳곳에서 강력하게 똬리를 틀고 있는 기성 권력들이 갖고 있는 문제에 과감히 도전을 했다.

이 시기 PD수첩은 전통적인 성역 없는 비판의 토대 위에 시대정신을 반영한 집중 보도가 돋보였다. '정상화' 이후의 PD수첩은 조계종 2부작, 명성교회, 만민중앙교회, 성락교회 등 대형 종교기관에 대한 성역 없는 비판, 국정원과 기무사, 검찰, 경찰 등 국가 권력기관의 권력남용에 대한 지속적인 감시, 포스코, 부영, 영풍 등 대기업 및 중견기업에 대한 환경감시, 배명진 등 과학연구자들의 과학사기, 김기덕, 조재현 등의 문화계 성폭력과 2차 가해 등의 문제에 감시의 현미경을 들이대면서도 새롭게 변화하는 시대정신에 충실하고자 했다.

PD수첩이 이전 시기와 다른 몇 가지 특성을 들어보면, 첫째, 검찰과 법원 등의 사법 권력에 대해 끊임없이 문제제기를 하고 물음을 던졌다는 점이다. '흔들리는 사법부, 적폐는 누구인가?'(2018년 1월 23일), '양승태의 부당거래'(2018년 7월 10일), '판사탄핵'(2021년 2월 23일), '판사님은 관대하다: 성범죄의 무게'(2020년 6월 23일), '검사와 고래 고기'(2018년 2월 6일), '검찰 개혁1부: 별장 성접대 동영상 사건'(2018년 4월 10일), '검찰개혁 2부: 검사 위의 검사, 정치 검사'(2018년 4월 17일), '검찰, 반성 없는 반성문: 대검 진상조사단'(2019년 2월 19일), '조국 장관과 표창장'(2019년 10월 1일), '검사 범죄 1부: 스폰서 검사'(2019년 10월 22일), '검사 범죄 2부: 검사와 금융재벌'(2019년 10월 29일), '검찰 기자단'(2019년 12월 3일), '울산 검경내전'(2020년 1월 28일), '검사와 의사친구'(2020년 6월 30일), '검사와 의료사고'(2021년 9월 15일), '7년의 침묵: 검찰, 언론, 그리고 하나고'(2021년 5월 25일), '검찰가족: 어느 부장검사의 고백'(2021년 10월 5일) 등의 프로그램이 검찰, 법원에서 발생하는 사법 정의 문제를 정면으로 심도 있게 다룬 프로그램들이다. '검사와 스폰서' 시리즈에서 보듯, 그동안에도 PD수첩은 권력인 검찰과 법원의 폐해에 대해 다뤄왔지만, 이른바 '정상화'가 된 이후에는 3년에 걸쳐 검찰, 법원을 정조준한 프로그램만 해도 17편이나 될 정도로 사법 권력의 부당한 권한 행사에 대해 꾸준히 문제를 제기하고 비판을 해왔다는 특징을 보여주고 있다. 당시 시대적 화두는 '공정'이었고, 검찰과 법원은 공정을 관리하는 핵심적 기관이지만, 정작 검찰과 법원이 스스로 공정의 원칙을 깨고 특권 위에서 군림한다는 비판이 적지 않았다. 특히, PD수첩은 평검사, 평판사일지라도 실명 비판을 원칙으로 보도해오고 있는데, 이 점 또한 저널리즘 측면에서 의미 있는 작업으로 평가받고 있다.

이 외에도 PD수첩은 문재인 정부에서 벌어지는 부동산 문제에도 집중적인 관심을 기울이며 투기 위험성과 우려를 지속적으로 전달했다. '누가 아파트 값을 올리는가'(2018년 4월 3일), '미친 아파트 값의 비밀' 2부작 (2018년 10월 23일, 2018년 10월 30일), '로또 분양의 배신'(2019년 6월 4일), '의원님의 농촌 투자 백서'(2019년 6월 18일), '지역주택조합의 위험한 곡예, 공중분양'(2019년 7월 16일), '내 집인가 LH 집인가'(2019년 9월 3일), '대한민국 갭투기 대해부 1부: 큰손들의 정체'(2019년 9월 24일), '대한민국 갭투기 대해부 2부: 악어와 악어새'(2019년 9월 24일), '신년특집 1부: 당신이 아파트를 살 수 없는 이유'(2020년 1월 7일), '신년특집 2부: 집 있는 사람들의 나라'(2020년 1월 14일), '신년특집 3부: 커지는 풍선 효과와 불안한 사람들'(2020년 2월 11일), '연예인과 갓물주'(2020년 4월 21일), '미친 아파트 값과 공직자들'(2020년 7월 28일), '개발천국의 은밀한 거래'(2020년 10월 20일), '전세시장, 사기의 설계자들'(2020년 11월 17일), '재건축의 신 in 펜트하우스'(2021년 1월 26일), 'LH와 투기연대기'(2021년 3월 23일), '생존전쟁 1부: 건물주와 벼랑 끝 노포들'(2021년 4월 20일), 'K-부동산 쇼핑'(2021년 7월 13일) 등의 프로그램으로 문재인 정부 시절 아파트를 중심으로 한 부동산 폭등과 투기에 대해 집중적으로 분석하고 비판을 가했다.

셋째, 그동안 시청률 및 전문성의 문제 등으로 PD수첩이 여간해서는 접근하지 않았던 금융부문에 대해서도 PD수첩은 과감히 뛰어들었다. '코인과 함께 사라지다'(2019년 8월 20일), '은행을 믿습니까'(2019년 1월 28일), '대한민국 사모펀드 1부: 6조 라임펀드가 터졌다'(2020년 3월 3일), '대한민국 사모펀드 2부: 조국 펀드 추적기'(2020년 4월 28일), '대한민국 사모펀드 3부: 코스닥의 타짜들'(2020년 5월 5일), '라임, 경찰 그리고 로비'(2021년 1월 19일), '주식 영끌 빚투 청춘 보고서'(2021년 2월 2일), '쩐의 전쟁, 옵티머스'(2021년 7월 20일) 등의 프로그램으로 퇴직 후 노후 생활을 위해 펀드 등에 투자하는 인구들이 늘고 있는 현상을 이용해 불완전 판매 등의 금융사기를 펼치는 금융기관들의 횡포 등을 고발했다.

넷째, PD수첩은 언론권력에 대해서도 과감한 비판을 아끼지 않았는데, '고(故) 장자연 3부작'(2018년 7월 24일, 2018년 8월 21일, 2019년 5월 14일), '호텔사모님의 마지막 메시지'(2019년 3월 5일), '7년의 침묵: 검

1990년 5월 8일 첫 방송 당시의 'PD수첩' 오프닝타이틀

찰, 언론, 그리고 하나고'(2021년 5월 25일)를 통해 조선일보와 동아일보 사주 일가의 문제를 과감히 보도했다. '고 장자연', '호텔 사모님의 마지막 메시지' 편을 통해 당시 막강한 언론권력인 조선일보에 대한 두려움으로 회사 실명도 보도하지 못하던 분위기에서 언론사 이름은 물론이고 방상훈, 방용훈, 방정오 등 조선일보 사주일가의 실명을 가감 없이 보도하여 언론 권력에 대한 성역을 깨려고 시도했고, 'CJ와 가짜 오디션' 편을 통해서는 CJ의 음악 산업 수직계열화로 인한 가짜 오디션 문제를 제기함으로써 PD 개인의 일탈이 아니라, 문화권력 독점 현상에서 필연적으로 나올 수밖에 없는 구조적 문제라는 점을 밝혔는데, 이 프로그램은 당시 드라마, 비드라마 전 분야에 걸쳐 화제성 1위를 차지할 만큼 커다란 반향을 가져왔다.

'정상화' 이후 PD수첩은 제2의 전성기를 맞았다는 일부 평가를 받을 정도로 활력을 되찾았지만, 한계점도 뚜렷하게 드러내고 있다. 먼저, PD수첩이 1987년 민주화 체제의 유산, 즉 여전히 거대권력과 맞서는 핍박받는 지사주의적 속성이 강하고, 엄숙주의, 훈계조, 남성주의적 경향을 탈피하지 못하고 있다는 비판이다. 또한 방법론에 있어서도 여전히 부조리 고발에 대한 분노만 담아내는 데 그치고, 대안을 제시하고 시민들과 함께 현실을 개선해 나가려는 노력은 부족하다는 지적을 받고 있다.

동시에 PD수첩 밖으로 네트워크를 확장하여 지역언론사, 외부 탐사보도기관, 시민들과 협업하여 PD수첩의 힘을 확장하는 것이 아니라 소수의 PD수첩 PD들이 7~8주 간격으로 돌아가면서 만들어 나가는 방식으로는 자기복제의 제작 한계를 벗어나기 힘들다는 것이다. 실제 PD수첩이 외부와 협업을 한 것은 김영미 독립PD와 협업한 '스텔라데이지호, 국가의 침몰'(2018년 1월 9일) 편, 뉴스타파와 협업한 '검사 범죄 2부작'(2019년 10월 22일, 2019년 10월 29일) 편, 그리고 뉴스타파 최승호 PD와 협업한 '4대강 10년의 기록, 예고된 죽음'(2021년 8월 24일) 정도다.

PD수첩이 다양한 외부 요소와의 네트워킹과 협업을 통해 시민들 속으로 뛰어들 때, 현재 PD수첩이 갖고 있는 제작 방식의 문제, 한정되고 자기복제적 성격을 보이고 있는 주제 및 소재의 문제 등을 극복하고, 향후에도 더욱 가치를 발휘하는 탐사프로그램으로 존속할 수 있다는 비판이자 제언인 것이다.

그동안 PD수첩의 시간은 우상과의 싸움의 역사였다. 그 우상은 국가권력, 자본권력, 검찰일 수도 있고, 대형 종교일 수도 있다. PD들 개인은 이 거대한 우상을 깨기엔 너무나 힘이 약하다. 유일한 힘은 진실을 향한 열정과 철저한 사실 확인에 근거한 과학적 탐사보도다. 이러한 점에서 사실 확인을 위한 끊임없는 노력은 PD수첩이 절대 놓쳐서는 안 될 소중한 가치이다. 진실을 향한 열정과 사실 확인에 바탕한 과학적 탐사보도가 합쳐졌을 때 PD수첩은 국민들의 사랑과 신뢰를 받아왔고, 앞으로도 사랑을 받을 것이다.

참고문헌

권기만. 2011. 「PD저널리즘 프로그램 방송 소재에 관한 연구: KBS '추적 60분', SBS '그것이 알고 싶다', MBC 'PD수첩'」. 강원대학교 석사학위논문.

권현진. 2012. 「탐사보도 제작자가 본 정권의 언론통제에 관한 연구 : 심층인터뷰를 중심으로」, 성균관대학교 석사학위논문.

김연식. 2008. 「방송 저널리스트의 공정성 인식 연구: 기자, 프로듀서 직능과 역할인식에 따른 차이를 중심으로」. 연세대학교 박사학위논문.

김환균. 2005. 「언론민주화운동이 방송 편성에 미친 영향에 관한 연구: 문화방송 교양 및 보도 프로그램을 중심으로」. 연세대학교 석사학위논문.

원용진. 2008. 『PD 저널리즘: 한국 방송 저널리즘 속 일탈』, 한나래.

문화방송. 1992. 『문화방송 30년사』. 문화방송.

문화방송. 2011. 『MBC 50년사』. 문화방송.

임명현. 2017. 「2012년 파업 이후 공영방송 기자들의 주체성 재구성에 관한 연구: MBC 사례를 중심으로」. 성공회대학교 석사학위논문.

지승호. 2010. 『PD수첩 진실의 목격자들』. 북폴리오..

최이숙. 2011. 「TV 방송 50년의 자화상: 한국 TV 저널리즘의 변천」. 『한국의 텔레비전 방송 50년: 과거, 현재, 미래』. 한국언론학회.

최용익. 2012. 「사회적 실천으로서의 PD저널리즘에 관한 연구」. 광운대학교 박사학위논문.

한국PD연합회. 2007. 『한국PD연합회 20년사(1987-2007)』. 한국PD연합회.

MBC. 2004. 『한국 PD저널리즘의 보고: MBC PD수첩 501~600회 기념편람』. 2.

MBC PD수첩 팀. 2000. 『PD수첩과 프로듀서 저널리즘』. 나남출판.

제4장

MBC 드라마 오디세이

주창윤

1. '드라마 왕국'으로서 MBC

텔레비전 드라마는 시청자에게 가장 사랑받는 장르이다. 이것은 세계 어느 지역이나 마찬가지다. 다른 대중 서사 장르들보다 드라마가 만들 어내는 상상력은 텔레비전이 시청자에게 제공하는 최고의 즐거움 중 하 나다. 따라서 드라마는 방송사들 사이 가장 경쟁적인 장르이기도 하다.

MBC는 '드라마 왕국'으로 불려왔다. 드라마 왕국은 MBC 드라마가 그동안 이룩한 성과에 대한 자찬이지만, 적어도 1970년대 중반에서 2000년대 초반까지 드라마 왕국으로서 MBC는 모자람이 없었다. MBC 는 시대의 흐름에 맞는 정서를 보여주는 드라마들을 제작해왔으며, 형 식이나 내용에 있어서도 실험적인 작업을 수행해왔다. 더욱이 다른 방 송사들에 비해서 사회현실을 직접적으로 그려내는 작품들도 많이 제작 했다.

멜로드라마나 홈드라마는 시대의 변화에 따라서 여성의 의미를 새롭게 해석했다. 전통적이며 헌신적인 어머니로부터 자신의 삶을 찾아가는 어머니, 가부장제도에 대한 비판, 변화하는 사랑과 윤리 등을 다루어왔다. 정치드라마나 경제드라마 등 선이 굵은 작품을 통해서 역사와 시대를 재해석하기도 했다. 이와 같은 제작 방향으로 때때로 국가권력과 충돌하면서 조기 종영하거나 제재를 받은 경우도 적지 않았다. MBC 드라마는 그만큼 시대를 반영하면서 새로움을 추구했다. MBC는 미니시리즈 형식을 개발하고, 멜로드라마, 트렌디 드라마, 역사드라마, 리얼리즘에 기반한 사회 드라마 등을 선도적으로 제작하면서 한국 텔레비전 드라마를 이끌었다.

이 글은 지난 50여 년 동안 MBC 드라마가 어떻게 변화되어왔으며, 드라마 장르의 창조적 변용을 이루어왔는지, 그리고 어떤 드라마들이 시청자에게 사랑을 받아왔는가를 파악하는 데 있다. 모든 드라마를 본다는 것은 불가능한 일이기 때문에 인기가 있었거나 방영 당시에 화제가 되었던 작품들 그리고 새로운 창조적 변용을 보여준 드라마들을 중심으로 논의할 것이다.

이 글은 우선 멜로드라마와 홈드라마의 진화과정을 살펴보고, 새로운 형식인 미니시리즈를 통한 트렌디 드라마에 주목할 것이다. 현대사의 대장정을 다룬 정치드라마나 기업 드라마가 갖는 의미와 더불어 역사드라마 영역에서 이룩한 성과를 기술할 것이다. 마지막으로 두 편의 장수 드라마 〈수사반장〉과 〈전원일기〉가 갖는 함의에 대해서도 살펴볼 것이다.

2. 멜로드라마의 진화

MBC 텔레비전은 1969년 8월 8일 개국했다. MBC는 개국과 함께 드라마 중심의 편성으로 TBC와 경쟁했다. 개국 드라마는 일일연속극 〈사랑하는 갈대〉, 화요드라마 〈이상한 아이〉, 수요연속극 〈역풍〉, 목요연속극 〈아빠의 얼굴〉, 금요연속극 〈나그네〉, 토요연속극 〈회심곡〉, 일요 자유무대 〈형사〉였다. 주말에 편성된 〈회심곡〉은 숙종 시기 당쟁에 휩싸인 양반가를 그린 역사드라마이고, 〈형사〉는 경찰 드라마가 아니라 반공 드라마였다. 주중은 멜로드라마와 홈드라마를 편성했다.

〈사랑하는 갈대〉는 홈드라마라고 볼 수 있는데, 여주인공 세희는 경제적 어려움으로 대학을 중퇴하고 부잣집 가정부로 들어가서 방황하는 둘째 아들과 사랑에 빠지고, 혼란스러운 가정이 안정을 찾는다는 내용이다.

드라마의 시청률 경쟁은 멜로드라마와 홈드라마 중심으로 진행되었다. 두 드라마 장르는 모두 가족 내 사랑과 문제들을 다루고 있지만, 홈드라마는 불륜을 다루기보다 가족의 일상을 그려내는 경향이 있다(〈그림 4-1〉 참고).

MBC에서 주목할 만한 멜로드라마는 살펴보면, 개국 초기 가장 화제가 되었던 〈개구리 남편〉(1969~1970)을 들 수 있다. 〈개구리 남편〉은 당시 최고의 시청률을 기록하면서 일일연속극의 중요성을 광고주와 제작자에게 인식시키는 계기가 되었다(오명환, 1995: 91). 그러나 〈개구리 남편〉은 방영 기간 내내 방송윤리문제로 언론과 방송윤리위원회 등으로부터 비판을 받았다. 조기 종영된 이후 1970년 11월 21일 〈개구리 남편〉은 공서양속(公序良俗)을 해친다는 공연법 위반으로 과태료 20만 원

〈그림 4-1〉 MBC 멜로드라마와 홈드라마의 변화과정

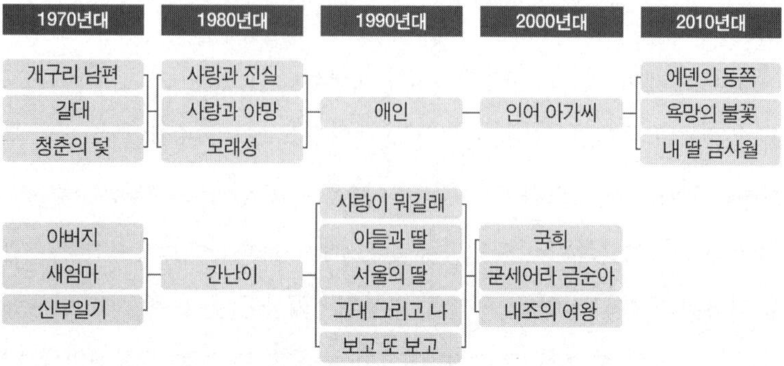

1970년대	1980년대	1990년대	2000년대	2010년대
개구리 남편 갈대 청춘의 덫	사랑과 진실 사랑과 야망 모래성	애인	인어 아가씨	에덴의 동쪽 욕망의 불꽃 내 딸 금사월
아버지 새엄마 신부일기	간난이	사랑이 뭐길래 아들과 딸 서울의 딸 그대 그리고 나 보고 또 보고	국희 굳세어라 금순아 내조의 여왕	

판결을 받았다(≪동아일보≫, 1970년 11월 24일). 불건전한 사회 풍조를 다루고 있다는 이유로 법적 처벌을 받은 첫 번째 드라마가 된 것이다.

1970년대 초반 이후 방송윤리위원회와 문화공보부는 드라마의 내용과 표현을 규제했다. 1974년 문화공보부는 '건전한 가치관 제시와 삶의 질의 향상'을 강조하면서 규제를 강화했다. 〈안녕〉(1975), 〈갈대〉(1975), 〈청춘의 덫〉(1978) 등과 같은 드라마들이 문화공보부의 압력과 방송윤리위원회의 시정 권고에 따라서 조기 종영되었다.[1]

1980년대를 대표하는 멜로드라마는 〈사랑과 진실〉(1984~1985)과 〈사랑과 야망〉(1987)[2]이다. 두 드라마는 모두 자매와 형제의 개인적, 사회적 욕망을 그려내고 있다. 산업화를 겪으면서 한국인이 내면화하기 시작한 물질주의, 탐욕, 거짓 등을 각각의 인물 속에서 형상화한 것

---

1 〈청춘의 덫〉은 50부작으로 기획되었지만 20회로 끝냈다. 조기 종영 이후 곧바로 영화로 제작되었으며, 1999년 SBS에서 다시 제작되었다.

2 〈사랑과 야망〉은 2006년 SBS에서 리메이크되었다.

이다. 〈사랑과 진실〉에서 "'사랑과 진실'은 곧 '미움과 거짓'의 다른 이름"(김홍근, 1998: 97)이기도 하다. 두 자매는 만나기만 하면 서로 다투는데 사랑한다고 말하면서 미워하고, 진실을 말한다고 하면서 거짓말을 한다. 그동안 멜로드라마에서 여성 인물들의 욕망은 억제되어왔었다. 순종하거나 인내하고, 수동적이면서 자기희생을 마다하지 않는 여성상이 멜로드라마에서 지배적으로 나타났다. 그러나 〈사랑과 진실〉은 욕망이 제거되어왔던 기존 멜로드라마의 여성인물들과 달리, 효선과 미선을 통해서 개인적, 사회적 욕망을 적극적으로 그려낸다. 〈사랑과 야망〉역시 서로 성격이 다른 두 형제의 출세욕과 사랑을 그려냄으로써 산업화 이후 커져가는 욕망의 모습들을 묘사했다. 이것은 당대를 살아가는 사람들 내면의 모습일 것이다.

〈모래성〉(1988)과 〈애인〉(1996)은 방영 당시 논란을 불러일으켰는데, 불륜을 바라보는 새로운 관점을 제시하면서도 대조되는 드라마이다. 1980년대 이전까지 불륜드라마는 저속하거나 가정을 파괴하는 사회윤리에 어긋나는 '나쁜' 드라마로 규정되어왔다. '불륜드라마는 가정의 순결을 위해 수난'(김환표, 2012: 84) 당하기는 했지만, 다른 한편으로 보면 당대 한국인의 전통 관념과 윤리의식을 반영한 것이어서 시청자들의 적잖은 동의도 있었다. 불륜드라마에서 자주 등장한 혼전임신, 외도, 성적 표현은 엄격하게 규제되어왔다.

〈모래성〉과 〈애인〉은 기존의 불륜드라마와 다르게 시대의 정서를 담아냈다. 이 두 드라마는 단순히 상업주의적 전략으로만 바라보기 어렵다. 〈모래성〉이 남편의 불륜을 과연 어디까지 인내해야 하는가에 초점을 맞추고 있다면, 〈애인〉은 아내의 불륜까지 보여준다. 이전 멜로드라마에서는 남편의 바람은 사랑이기보다 외도에 가까웠으며, 아내와

〈애인〉

가족들은 남편이 가정으로 돌아오도록 온갖 노력을 다하고 결국 남편은 용서를 빌며 가정으로 돌아왔다. 그러나 〈모래성〉은 그 결이 달랐다. 남편의 바람은 외도가 아니라 사랑을 바탕으로 오랜 기간에 걸쳐 지속되어온 것이고, 아내는 남편의 외도에 대한 결단을 보여준다. 〈모래성〉은 아내가 남편으로부터 독립하면서 남편의 부정을 눈감아주지 않는 결정을 내리기까지 고민을 그렸다(원용진, 1997: 90~92).

〈애인〉은 '저질 불륜드라마'라는 주장과 '있을 수 있는 아름다운 사랑 이야기'라는 논란으로 1990년대 중반 파문을 일으켰다. 이것이 하나의 '문화 현상'인지 아닌지에 대한 논란도 제기되었다. 〈애인〉의 도덕성이 국회의 국정감사 의제로 다루어질 정도였다. 〈애인〉은 기존의 도덕적 규범만으로 설명할 수 없다. 적어도 당시 30대 시청자들의 폭발적인 관심은 윤리문제에 있어서 세대의식의 변화를 보여주는 것이기 때문이다. 〈애인〉은 기혼 남녀의 연애를 다룬 기존 드라마와 두 가지 점에서 달랐다. 기존 드라마는 불륜을 저지르는 기혼 남녀의 행위를 일탈로 그리는 반면, 〈애인〉은 충분히 발생할 수 있는 아름다운 사랑으로 그려냈다는 점과, 기존 드라마에서 불륜의 당사자들은 가족의 중요성을 깨닫고 가정으로 돌아오지만, 〈애인〉은 가족 자체가 사랑하는 두 사람의 장애물이었다는 점이다(안정임, 1996).

2000년대 이후 욕망에 기반한 사람의 자화상들이 더욱더 확대되어 멜로드라마로 그려졌다. 〈에덴의 동쪽〉(2008~2009), 〈욕망의 불꽃〉(2010~2011), 〈빛과 그림자〉(2011~2012), 〈내 딸 금사월〉(2015~2016) 등이 이에 해당된다.

1970~1980년대 MBC는 멜로드라마뿐만 아니라 홈드라마에서도 놀라운 성취를 이루었는데, 이는 김수현을 빼놓고는 설명할 수 없다. 김수현은 〈새엄마〉(1972~1973), 〈강남가족〉(1974), 〈수선화〉(1974), 〈신부일기〉(1975~1976), 〈여고 동창생〉(1976), 〈당신〉(1977), 〈행복을 팝니다〉(1978) 등의 극본을 쓰면서 시청자를 브라운관 앞으로 끌어들였다.

멜로드라마의 내용과 표현에 대한 규제가 심해지면서 홈드라마가 부상했다. 홈드라마는 불륜이나 성적 내용을 다루기보다 평범한 가정 내에서 벌어지는 자녀들의 사랑, 부부 사랑 등을 소재로 삼았다. 〈개구리 남편〉으로 방송윤리위원회로부터 근신처분을 받았던 작가 김동현은 〈아버지〉(1971)를 썼는데, 핵가족 사회에서 아버지의 빈 자리를 그려낸 진지한 가족 사회드라마로 인기를 모았다.

〈새엄마〉와 〈신부일기〉는 압도적인 시청률을 기록했다. 〈새엄마〉는 당시 최장수 일일연속극으로 411회 방영이라는 대기록을 세웠다.[3] 〈신부일기〉도 216회까지 이어졌는데 "이 드라마는 문자 그대로 TV 연속극의 제왕으로 군림해왔다. 그동안 각처에서 실시한 시청자 여론조사에 따르면 70%를 육박"(≪경향신문≫, 1975년 12월 20일, 5면)했다. 언론은 두 드라마가 평범한 일상소재를 통해서 친밀감을 형성하고(≪조선일보≫, 1973년 2월 6일, 8면), 평범한 서민 가정의 가식 없는 생활에 시청자들이 공감했다고 평했다. 〈새엄마〉는 송 씨 가정에 재혼해서 새엄마의 주변에 일어날 수 있는 소재들로 시어머니와의 관계, 남편 문제, 아들의 결혼 문제 등을 다룬 것이고, 〈신부일기〉도 대가족의 이야기와 갓 결혼한 막내 부부의 일상을 담아냈다. 구세대와 신세대의 갈등, 가부장적 모습에 대한 막내며느리의 재치 있는 대응 등이 여성 시청자를 사로잡았다.

〈사랑이 뭐길래〉(1991~1992)는 '대발이 가족'과 '지은이 가족'이 등장한다. 〈사랑이 뭐길래〉는 홈드라마이지만 가족 코미디에 가깝다.[4] 인쇄소를 하는 이 사장과 그의 아들 대발이는 1990년대의 현실을 고려할 때 시대착오적인 인물이다. 이들은 여성을 종속적으로 간주하는 가부장적 이데올로기의 절정을 보여주기 때문이다. 〈사랑이 뭐길래〉는 서로 다른 배경을 갖고 있는 두 집안의 자제인 이대발과 박지은의 결혼 문제를 중심으로 이야기를 전개하고 있지만, 자녀들의 결혼담 말고도, 부부 갈등, 노모 봉양의 전통윤리, 세대 차이와 극복 문제, 노년 삶의

---

3 한국 드라마 역사에서 최장수 일일연속극은 491회 방영한 〈보통 사람들〉(1982~1984, KBS1)이다.

4 1977년 〈왜 그러지〉(유호 극본, 박철 연출)는 주말 연속극이었는데, 가족 코미디에 가깝다. 이 작품은 앞집과 뒷집에 사는 두 가장이 과거에 감정이 있어 늘상 티격태격하며 지낸다. 그러나 양쪽 집의 자식들은 서로 좋아하는 사이가 되면서 이야기가 재미있게 전개된다.

〈사랑이 뭐길래〉

의미, 여성들의 우정 등이 비슷한 무게로 배치되어 있다. 김경수(1998)는 〈사랑이 뭐길래〉가 이 사장으로 대표되는 가부장제의 시대착오성을 비판하는 것만큼이나 자녀들에 대한 한국 어머니들의 병적인 집착을 코믹하게 비판하고 있다고 지적한다.

〈사랑이 뭐길래〉는 한국과 중국이 국교를 맺은 후 1997년 중국 CCTV에서 방영된 첫 번째 한국 드라마였다. '국제 영화극장'이라는 프로그램에서 일요일 오전에 방영되었는데 중국 시청자들의 대대적인 환영을 받았다. 중국 시청자들은 재방영을 요구했고, CCTV는 황금 시간대인 매일 저녁 9시 7분에 방영했는데 '금주의 베스트 텔레비전 연속극 순위'에서 3위 안에 들었을 정도도 인기가 높았다. 리쩐휘(李眞惠, 1998)는 〈사랑이 뭐길래〉에서 한국 가정이 부닥친 문제는 중국 가정에서도 마찬가지이며, 다루고 있는 많은 내용들, 가부장적 집안, 전통윤리와 현대윤리, 세대의식의 차이, 결혼을 둘러싼 갈등 등이 친숙한 느낌으로 다가온 것이 중국에서의 인기요인이라고 지적한다.

MBC 홈드라마는 여러 가지 하위 장르로 나뉘어져 이야기를 전개했다. 우선, 우리의 현대사에서 가난하고 어려웠던 시절을 배경으로 풍요 속에서 가족의 회복을 그리는 드라마들이 있다. 한국 전쟁 이후 어린 남매가 할머니와 함께 거친 세상을 살아가면서 시청자로부터 기억의 공감을 이끌어낸 〈간난이〉(1983~1984), 마찬가지로 한국전쟁을 시대 배경으로 가난과 계속되는 시련의 세월을 감당해내는 한 가족의 사연을 몽실이의 눈을 통해서 그려낸 〈몽실언니〉(1990), 어린 육남매를 키우는 떡장수 홀어머니의 이야기를 통해서 어려운 시절을 극복하는 〈육남매〉(1998) 등이 있다. 〈육남매〉는 IMF 시절 국가와 가정의 어려움을 달래주는 드라마로서 인기를 끌었다.

둘째는 어려움 속에서 당당히 자신의 삶을 만들어가는 여성을 그린 드라마들이다. 〈국희〉(1999)와 〈굳세어라 금순아〉(2005) 등이 여기에 속한다. 국희는 독립운동가의 딸이지만 부모님이 돌아가시면서 어린 시절 구박을 받으며 살아간다. 그러나 그녀는 악착같이 살면서 여성 기업인으로 성공한다. 금순이는 남편을 잃고 아들과 함께 미장원을 하면서 살아가지만 어렵고 힘든 일이 닥쳐도 좌절하거나 포기하지 않는다.

셋째는 평범한 서민들의 일상에서 가족관계와 사랑의 의미를 담담하게 그려낸 것들이다. 후남이의 이야기를 통해서 남아선호사상을 비판하는 〈아들과 딸〉(1992), 서울 변두리에서 다양한 사연을 갖고 살아가는 군상들을 그린 〈서울의 달〉(1994), 자기 분야에서 출세하고 싶고 시집가서도 잘살고 싶지만, 가난한 가족이 발목을 잡아 이러지도 저러지도 못하면서 평범한 사람들의 사랑과 일상을 그린 〈그대 그리고 나〉(1997~1998), 겹사돈, 자매간의 질투와 우애, 계층 차이와 결혼을 둘러싼 에피소드를 그린 〈보고 또 보고〉(1998~1999) 등은 일상 속의 가족과 사랑을 다루었다.

3. 미니시리즈와 트렌디 드라마의 지평

MBC는 1987년 최인호 원작소설을 바탕으로 〈불새〉 8부작 미니시리즈를 시작했다. 매주 2회씩 한 달 동안 방영하는 새로운 형식이었다.[5] 1990년 〈여자는 무엇으로 사는가〉는 12부작으로 제작되었다. 이후 두 달에 한 편인 16부작까지 확대되었다. 1980년대 후반에서 1990년대 초반까지 MBC 미니시리즈는 주로 8부작과 16부작 중심으로 고정되었다. 16부작은 현재까지도 유지되는 있는 형식이다.

미니시리즈의 도입은 매너리즘에서 벗어나려는 욕구에서 비롯되었다. 시청자들은 완성도가 높고 역동적인 드라마를 기대하고 요구했다. 〈MBC 베스트셀러 극장〉이나 〈TV문학관〉과 같은 단막극이 원작소설의 드라마화를 이끌었으며, 미국 드라마 미니시리즈 〈뿌리〉(1978)가 TBC를 통해서 방송되면서 폭발적인 인기를 끌면서 시각효과를 중시하는 영상문화를 이끌었다. 이 같은 여러 요인들이 결합해서 미니시리즈 형식이 만들어졌다(오명환, 1994: 106-107). 미니시리즈라는 형식의 도입은 기존과 달리 화려한 연출과 극적 전개를 통해서 드라마 전반의 변

---

5 KBS는 이보다 1년 반 늦게 수목드라마에서 미니시리즈 개념을 도입했다. 박완서 원작의 〈그해 겨울은 따뜻했네〉(1988)는 16부작으로 제작되었다.

화를 이끌었다.

1990년대 초반 신세대 문화가 부상하면서 젊은 세대의 사랑 이야기는 드라마에서 주류를 형성했다. 이들 트렌디 드라마들은 감각적인 영상과 빠른 전개를 통해서 폭발적인 인기를 끌었다. 기존 멜로드라마의 극적 요소인 배신, 악역, 분노, 음모 등은 배제되었고, 트렌디 드라마는 주제의 깊이보다는 스타일과 감각적인 연출을 보여주었다. 또한 가치나 이념과 같은 무거운 주제를 담아내기보다는 표현의 가벼움을 추구했다. 트렌디 드라마들은 신세대 문화와 맞물리면서 젊은 세대의 사랑은 밝게 그려냈다. 〈질투〉(1992)는 트렌디 드라마의 원조였다.

> 좀 상큼한 얘기가 없을까. 구질구질하지 않고, 산뜻하고, 그러면서도 가슴을 치는 멋진 얘기가 없을까. 이것이 〈질투〉 기획안의 요체였다. … 캐스팅을 마치고 나니 어떻게 하면 이 드라마를 가장 효율적으로 찍을 것인가가 마땅히 나의 최대 목표가 됐다. 나는 우선 영상처리에 네 가지 기본 원칙을 정했다. 첫째, 역동적인 화면, 둘째, 축약적인 화면, 셋째, 새로운 시각의 화면, 넷째, 따뜻한 시각의 화면이 그것이다 (이승렬, 1992, 오명환, 1994: 463-463에서 재인용)

〈질투〉는 주인공 하경(최진실 분)과 영호(최수종 분)의 우정과 사랑을 그리고 있다. 과연 남녀 간의 우정은 가능한가를 묻고 있다. 하경과 영호는 어린 시절부터 친했던 사이였고, 우정이 사랑으로 바뀌기 시작할 때 질투라는 감정이 싹튼다. 영호에게 헌신하는 여인 영애(이응경 분)가 나타나고, 하경에게는 사회적으로 성공한 국제변호사 상훈이 접근하기 때문이다. 우정과 사랑 사이에서 흔들리지만 그렇다고 심각하게 눈물

〈질투〉

을 흘리는 장면은 없다. 인물들은 쉽게 싸우고 곧 화해한다. 하경의 엄마는 남편에게 배신당했지만 우울해하지 않는다. 그녀는 딸과 친구처럼 티격태격하면서 잘 지낸다.

〈질투〉가 트렌디 드라마의 원형을 보여주지만, 몇 가지 유형으로 진화했다. 첫째, 〈질투〉와 유사한 방식으로 이성 간의 사랑을 그리는 작품으로 〈옥탑방 고양이〉(2003) 등이 있다. 〈옥탑방 고양이〉는 젊은 세대의 혼전 동거를 가볍게 다루고 있다.

둘째, 신데렐라 콤플렉스에 기대어 있는 트렌디 드라마로 〈사랑을 그대 품 안에〉(1994), 〈별은 내 가슴에〉(1997), 〈내 이름은 김삼순〉(2005) 등을 들 수 있다. 여주인공은 상대적으로 평범한 인물이지만, 남자 주인공은 하나 같이 재벌급이다. 〈사랑을 그대 품 안에〉는 재벌 2세이자 국내 굴지의 백화점 이사인 강풍호(차인표 분)가 가난하지만 씩씩한 백화점 말단 사원 이진주(신애라 분)와 사랑에 빠지며, 고아

〈내 이름은 김삼순〉

원에서 자라다가 대학을 중퇴하고 의상실에서 일하는 이연이(최진실 분)는 대한민국의 톱스타 강민(안재욱 분)과 사랑을 하고, 재벌 3세 이준희(차인표 분)는 우연히 패션쇼에서 첫사랑를 닮은 이연이를 보고 사랑한다. 강민에 대한 시청자의 사랑으로 결론이 뒤바뀐 〈별은 내 가슴에〉는 1999년 중국에 수출되면서 한국 콘텐츠의 열풍을 이끌었다. 〈사랑이 뭐길래〉가 중국 시장의 초석을 깔았다면, 〈별은 내 가슴에〉는 한류 현상을 만드는 계기가 되었다. 중국뿐만 아니라 동남아시아에서도 폭발적인 인기를 끌었다. 〈내 이름은 김삼순〉도 마찬가지다. 통통하고 이름 때문에 콤플렉스가 있는 김삼순(김선아 분)은 호텔의 제빵기술자로 일하다가 호텔 상속자 한진헌(현빈 분)과 사랑한다. 1990년대 트렌디 드라마에서 신데렐라 스토리는 하나의 하위유형으로 굳어져서 인기를 끌었다.

셋째, 〈마지막 승부〉(1994), 〈종합병원〉(1994~1996/2008), 〈하얀 거

탑〉(2007), 〈베토벤 바이러스〉(2008) 같은 작품들은 드라마의 공간적 배경을 활용하면서 새로운 분위기를 연출했다. 〈마지막 승부〉는 그동 안 거의 다루어지지 않았던 스포츠 드라마다. 대학교 농구부를 중심으 로 그들의 승부 세계와 젊음의 약동을 그려냈다. 당시 인기를 모은 농 구코트 분위기와 스타플레이어에 대한 오빠 부대의 열기가 드라마 속 으로 들어왔다. 〈종합병원〉은 1990년대 메디컬 드라마의 출발을 알렸 다. 〈종합병원〉 이후 병원을 배경으로 의사와 환자들을 비롯해 각종 인간 군상들이 펼치는 메디컬 드라마는 우후죽순으로 제작되었다.[6]

초기 〈질투〉와 같은 깔끔한 트렌디 드라마는 〈네 멋대로 해라〉나 〈걸어서 하늘까지〉에서처럼 멜로드라마 등과 결합되면서 갈등을 높이 기도 했고 역사드라마 등과 융합되면서 영향력을 확장해갔다. 예를 들 어, 〈허준〉(1999~2000)은 역사드라마지만, 영상, 음악, 대사 등은 기존 의 역사드라마와 완전히 다른 연출로 제작되었다. 트렌디 드라마의 영 상 스타일과 음악 등은 〈허준〉이 인기를 끄는 데 기여했다. 1990년대 트렌디 드라마는 수많은 스타들을 탄생시키는 계기가 되었다. 장동건, 차인표, 현빈, 최진실, 심은아 등이 인기를 끌면서 스타가 되었다.

1987년 8부작 〈불새〉로 시작한 미니시리즈는 1990년대 초반을 거 치면서 16부작 중심의 트렌디 드라마로 정착했고, 트렌디 드라마의 스 타일은 다른 장르의 드라마에도 영향을 미치면서 1990년대 한국 드라 마가 한류로 뻗어나는 계기가 되었다고 평가할 수 있다.

---

6 대표적인 메디컬 드라마로 〈의가형제〉(1997), 〈해바라기〉(1998~1999), 〈하 얀거탑〉(2007), 〈종합병원 2〉(2008), 〈골든타임〉(2012) 등으로 이어졌다 (신상일·정중헌·오명환, 2014: 422).

4. 현대사의 대장정으로서 드라마

MBC 드라마는 한국 현대사의 대장정을 그린 정치드라마와 경제드라마를 제작하면서 시청자의 관심을 사로잡았다. MBC는 민주주의와 자본주의라는 거대 담론을 드라마에 녹여왔다. 〈제1공화국〉에서 〈제5공화국〉에 이르는 현대사 드라마는 굴곡진 민주주의의 의미를 묻고 있다. 극단의 시대로 불리는 해방 이후부터 제5공화국에 이르기까지 MBC는 격동의 현대사를 재해석해내면서 대중성도 높였다(〈표 4-1〉 참고).

〈제1공화국〉는 한국 드라마 역사에서 최초의 정통 정치드라마이다. 〈제1공화국〉은 1981년 4월 첫 방송되었다. 이때는 정권 교체기로 쿠데타로 집권한 전두환 신군부가 억압적 통치를 시작할 즈음이었다. 전두환 정권 시절에 '역사 바로 세우기' 드라마가 방영되었다는 것 자체가 의미를 지닌다. 〈제1공화국〉은 제1회 '이승만과 김구' 편으로부터 제39회 '민주당 신구파 분쟁과 제1공화국의 종식'까지 다루었다. 마지막 회는 4·19혁명의 의미, 민주주의 씨앗이 짓밟히는 민주주의의 굴절을 다루었다.

〈제1공화국〉에서 〈제5공화국〉에 이르기까지 대하드라마는 한 시대의 정치사를 재정립한다. 텔레비전 드라마가 정치사를 재정립하는 것이 가능하냐고 의문을 가질 수 있지만, 적어도 대중은 공화국 시리즈를 통해서 역사를 해석하고 경험했다. 드라마가 인물을 어떻게 평가하는가에 따라 논란이 되겠지만, 공화국 시리즈가 보여준 사실주의적 경향은 현대사 이해의 장을 넓혔다.[7]

이것은 민족과 국가의 정체성과 밀접히 관련되어 있다. 공화국 시리즈는 해방 이후 5공에 이르기까지 건국, 분단, 한국전쟁, 4·19혁명,

〈표 4-1〉 대표적인 정치·경제 드라마

제목	방영연도	주요 내용	극본	연출
제1공화국	1981~1982	해방부터 이승만 하야까지	김기팔	고석만 외
제2공화국	1989~1990	1960년 4·19부터 5·16 군사쿠데타 이전까지	이상현	고석만
제3공화국	1993	5·16 군사쿠데타 이후 유신 이전까지	이영신	고석만
제4공화국	1995~1996	유신정권 시기의 정치사건	김광희 외	장수봉
제5공화국	2005	10·26 사건부터 6·29 선언까지	유정수	임태우 외
거부실록 시리즈	1982~1983	남강 이승훈, 공주 갑부 김갑순, 백산 안희제, 북청 상인 이용익, 무역왕 최봉준	김기팔 오재호	고석만
야망의 25시	1983	정주영, 이병철, 김우중 모델의 기업 드라마	김기팔	고석만
땅	1991	1960년대부터 1980년대 배경 경제드라마	김기팔	고석만
여명의 눈동자	1991~1992	일제 강점기부터 한국전쟁까지 현대사 배경	송지나	김종학

5·16 군사 쿠데타, 유신, 경제개발, 민주화 과정 등 우리가 겪었던 시대의 명암을 그려냄으로써 우리가 어떻게 오늘에 이르렀는가를 성찰하게 해주기 때문이다.

〈제1공화국〉은 드라마 제작의 측면에서도 이전과는 차이가 있었다. 이전 드라마와 비교할 수 없을 정도로 야외 촬영장면이 많았고, 시각적 형상화도 크게 향상되었다. 공간적 스케일이 커지고 카메라 워크도 화려하며 다채로워졌다. 한 장면에 등장하는 인물의 수도 많아지고 군중 장면 등에서도 핍진성을 지녔다(이영미, 2013: 188).

---

7 테사 모리스-스즈키(2006)는 대중이 역사를 이해하는 데 있어서 역사책을 통해서보다 미디어를 통해서 이해하는 경우가 많다고 지적한다. 예를 들어, 영화 〈JFK〉를 통해서 케네디의 암살을 더 역사적으로 받아들인다는 것이다.

〈제1공화국〉

　〈거부실록〉 시리즈는 구한말 거부(巨富) 5명의 이야기다. 그들이 어떻게 부를 쌓았고, 그 돈을 어떻게 썼는가, 돈에 대한 그들의 철학은 무엇인가를 담아낸다. 돈은 어느 시대에나 대중의 관심사이다. 돈을 모아 나라를 위해 쓴 선각자 '남강 이승훈', 남보다 빠른 정보로 부동산 재벌이 된 '공주 갑부 김갑순', 빠른 발로 부지런히 돈을 모아 학교를 세운 '보부상 이용익', 모든 재산을 독립자금에 헌납한 '백산 안희제', 무역을 통해 큰 부를 얻은 '무역왕 최봉준' 등을 다루었다.

　시청자들은 '공주 갑부 김갑순'에 관심이 높았다. 김갑순이 갖고 있는 돈과 부동산에 대한 욕망의 세속성이 시청자들에게 가깝게 다가갔고, 김갑순 역을 맡은 박규채가 드라마에서 "민나도로보데스(みんなどろばうてす)"('모두가 도둑놈'이라는 뜻의 일본어)를 입에 달고 살면서 세태를 풍자했기 때문일 것이다. 당시 이 말이 딱 들어맞는 사건이 드라마 방영 중에 터졌는데, 바로 '장영자 사건'이었다. 김갑순은 빠른 정보로 돈을 모우고, 매관매직을 했으며, 엄청난 부동산을 소유했지만 해방과

함께 토지개혁과 화폐개혁으로 재산은 거의 환수되고 반민특위에 불려 갔으며, 재산을 모두 날리고 찹쌀떡을 먹다가 죽었다. 시청자는 그의 삶 속에서 '부의 영욕'을 보았을 것이다(고석만, 2019: 125-132).

〈거부실록〉이 구한말의 재벌에 대한 이야기라면, 〈야망의 25시〉는 당대 재벌을 모델로 그려낸 드라마이다. 대경그룹 회장 조웅, 거산그룹 회장 최일제, 우일실업 회장 박기우. 이 세 재벌은 드라마 속 허구의 인물이지만, 시청자들은 누구나 쉽게 정주영, 이병철, 김우중이라는 것을 알 수 있었다. 여기에 허구적 인물인 김유장이 등장하는데, 그가 누구를 모델로 하고 있는지는 알 수 없지만, 막강한 부동산을 소유하고 현금 동원력이 대단한, 돈에 대해서 지독히 집착하는 인물이다. 공화국 시리즈가 정치인들의 현대사를 다루고 있다면, 〈야망의 25시〉는 당대 대표적인 세 경제인의 삶을 통해서 부의 축적과 경제성장 과정을 묻는다. 시청자들은 대기업 회장들이 어떻게 그려지는지 관심이 많았지만, 동시에 허구적 인물로 설정된 김유장이 말하는 "나, 돈 없시오", "당신 사기꾼이야요", "당신 미인이야요" 같은 대사는 천민자본주의에 대한 풍자와 해학으로 유행어가 되었다.

1991년 1월 6일 밤 9시 30분에 첫 방송이 되면서 화제가 되었던 〈땅〉은 사실주의적 연출뿐만 아니라 정치사회사를 담고 있는 야심적인 드라마다. 애초에 〈땅〉은 1년간 주 1회씩 50회로 기획된 작품이었다. 첫 회는 "새야 새야 파랑새야 녹두밭에 앉지 마라. 녹두꽃이 떨어지면 청포장수 울고 간다"라는 파랑새 노래를 바탕으로 우리 가락이 처연하게 흐르다가 카메라는 백담사의 가건물 비닐하우스로 이동한다. 한복 차림의 전두환 부부는 100여 명 불자들이 모여 있는 자리에서 연설을 한다. 전두환의 얼굴 위로 3당 합당 조인식, 국회 몸싸움 같은 뉴스 장면들이 이어진다. 〈땅〉의 첫 장면은 드라마가 허구가 아니라 우리가 살아 있는 현실임을 보여주기 위한 의도였고, 6월항쟁 이후 여전히 한국 민주화 과정이 제대로 이어지지 못하고 있음을 상징적으로 보여준다.

〈땅〉은 과거 지주의 아들이었지만 지금은 빈민으로 전락해 달동네에 세 들어 살면서 떠돌이 생활을 하는 장건식, 강남에 빌딩과 부동산을 어마어마하게 소유한 재벌급 회장인 장대식, 장대식의 하수인으로 부동산 소개업을 하며 장대식에게 빌붙어서 사는 윤기현이라는 세 친구가 살아온 이야기이다. 고난과 영광이 교차하는 세 친구의 삶이 바로 우리 시대 땅의 현대사라고 볼 수 있다. 〈땅〉은 단순히 정치, 경제 상황에 대한 냉소적 비판이 아니라, 우리 사회 주변부에 포진해 있는 소외계층을 통합하려는 의도를 담고 있다.

격동의 현대사를 다룬 MBC 드라마는 적지 않은 정치적 압박에 시달리거나 중도 하차하는 경우가 적지 않았다. 고석만(2019)은 〈제1공화국〉이 화제가 되면서 수많은 검열과 삭제가 있었음을 밝혔다. 심의가 강화되어 매회 20개의 삭제 예상 리스트를 만들었고, 이 중에서 10개만 삭제되어도 성공적이라고 회상했다. 12회 '여간첩 김수임' 편이 방영된 후 안기부에 끌려가서 닷새 동안 고초를 겪기도 했다.

50회로 기획되었던 〈야망의 25〉는 22회 만에 강제 종료되었다. 고석만은 전두환의 지시였다고 주장한다. 19~20회 때 당시 대통령 부인 이순자의 친정 쪽과 유착설이 나돌던 김철호 명성그룹 회장의 등장이 빌미가 되었을 것이라는 추측이다. 22회 녹화 중에 MBC 사장이 강제 종료를 지시함으로써 드라마는 10년 후 설정으로 바뀌었고 마무리 장면이 녹화되었다(같은 책, 138-142). 〈땅〉은 사회체제에 대한 부정적 시각과 계급의식을 고취할 수 있다며 방송위원회가 시청자 사과명령을 내렸다(≪동아일보≫, 1991년 1월 25일, 12면). 1990년대 극심한 부동산 투기와 정치 현실을 교차해서 다룬 내용이 문제가 되었다. 청와대는 비상대책회의를 열고 방송사에 제작중단 압력을 행사했다. 〈땅〉은 수서택지 특혜비리 사건으로 마무리될 것으로 알려져 신구 정치권으로부터 압력을 받으면서 15회로 중도하차했다(같은 책, 29-51).

〈여명의 눈동자〉는 역사적 인물이 등장하는 것은 아니지만, 일제강점기부터 한국전쟁까지 다루고 있다. 〈여명의 눈동자〉는 김성종 소설을 송지나가 각색했는데, 현대사 사건 중에서 종군위안부, 731부대, 제주 4·3사건에서 구억리 회담, 지리산 빨치산을 다루는 데 많은 관심을 기울였다. 당시만 하더라도 종군위안부는 드라마나 영화에서 제대로 다루어진 적이 없었고, 731부대는 인간이 얼마나 비인간화될 수 있는가를 보여주는 장소이기 때문이며, 제주 4·3사건도 자료가 부족했지만 진실을 제대로 쓰기 위해 고심했음을 알 수 있다. 지리산 빨치산들도 버리고 싶지 않은 이야기였음을 밝혔다(송지나, 1992). 〈여명의 눈동자〉는 이데올로기의 문제가 아니라 격랑의 역사 속에 위치 지어진 인간들이 어떻게 그 과정을 겪어나가는가를 보여주는 작품이다. 비극의 역사적 사건 속에 휘말려서 살아야 하는 세 사람의 사랑과 죽음의 이야기인 셈이다.

〈여명의 눈동자〉는 한국 드라마 제작의 분기점이 되었다. 작품성과 더불어 당시로는 막대한 스케일 때문이다. 제작 기간 2년, 등장인물 숫자만 한국 150여 명, 중국 90여 명, 필리핀 40여 명이었고, 엑스트라 규모도 한국인 2만 명, 중국인 5,000명, 필리핀인 2,000명에 이르렀다. 한국, 중국, 필리핀에서 촬영하면서 제작비만 44억 원이 투자되었다(김

〈여명의 눈동자〉

환표, 2012: 190). 언론은 〈여명의 눈동자〉를 극찬했다.

요즘 막바지로 치닫고 있는 MBC TV 드라마 〈여명의 눈동자〉(송지나 극본, 김종학 연출)는 내용 제작기법 등 여러 면에서 안방극장용 드라마의 수준을 한껏 높인 역작으로 평가되고 있다. 일제, 해방, 6·25 등 한국 현대사를 관통하며 아팠던 과거사를 부각시키고 있는 이 드라마는 전쟁과 이데올로기의 갈등 속에서 드러난 휴머니즘의 상실을 메시지로 담고 있다. 또 일본 731 방영급수부대의 생체실험과 세균전, 종군위안부 문제를 심층적으로 다뤄 드라마의 내용이 한일 간 사회문제에 영향을 끼칠 만큼 충격을 던져주었다. 중반 이후 남로당 활동, 4·3 제주 사건 등을 밀도 있게 다루면서 사회성이 짙고 중량감 있는 상황묘사로 드라마의 새 지평을 열었다는 평가도 받고 있다(≪경향신문≫, 1992년 1월 29일, 28면).

〈여명의 눈동자〉는 사전제작과 탈 스튜디오, 시대배경이 되는 서울과 평양 거리 등 고증과 의상, 중국과 필리핀에서 장기 해외 촬영 등 여러 측면에서 한국 드라마 제작시스템에서 한 획을 그은 작품이다. 〈여명의 눈동자〉와 같은 작품이 없었다면, 〈모래시계〉(1995, SBS) 같은 작품들이 나오기 어려웠을 것이다. 한국 현대사를 묵직하게 드라마 세계 속으로 끌어들인 것은 1980~1990년대 MBC 드라마가 이룩한 성취 중의 하나였다.

5. 역사드라마의 창조적 변용

1969년 MBC가 개국한 이후 첫 번째 역사드라마는 〈회심곡〉(1969)이었다. MBC는 역사드라마 장르에서 창의적이고 새로운 작품들을 많이 제작해왔다. 이것은 MBC가 KBS 등 다른 방송사와 전혀 다른 형식과 내용의 역사드라마를 만들어왔다고 말하는 것은 아니다. MBC는 다른 방송사들과 함께 시대의 흐름 속에서 역사드라마를 제작해왔지만, 새로운 장르관습을 만드는 데 결정적인 기여를 하는 작품들을 상대적으로 많이 제작했다고 평가할 수 있다.

MBC는 지난 50년 동안 총 103편의 역사드라마(정규편성)를 제작해왔다. 여기서 시청자의 관심이나 역사서술 방식 그리고 창의적 변용을 보여주는 작품들을 중심으로 〈그림 4-2〉와 같은 계보를 그려볼 수 있다(주창윤, 2017). 1970년대 역사드라마들은 네 가지 경향으로 구분된다. 첫째, 왕조사를 기반으로 하는 인물중심 드라마들로 〈수양산맥〉(1969), 〈장희빈〉(1971~1972), 〈대원군〉(1971), 〈민비〉(1973) 등을 들 수 있다.

〈그림 4-2〉 MBC 역사드라마의 계보

둘째, 왕조사에서 벗어나 인물중심 드라마는 〈집념〉(1974), 〈예성강〉
(1976), 〈거상 임상옥〉(1976), 〈정화〉(1977) 등이다. 이들은 왕족이나 세
도가 출신이 아니라 어의, 무인, 기생 등과 같이 역사의 비주류에 속했던
인물들이다. 셋째, 허구적 여성 인물을 주인공으로 애환과 부부 사랑을
다룬 멜로 역사드라마들이 있다. 넷째, 1970년대 영화에서 인기 있었던
무협이나 도적 등을 역사드라마로 그려낸 작품들로 명나라로 공물운반
을 하는 과정에서 벌어지는 〈어명〉(1970), 무오사화를 배경으로 두 일파
의 무협을 다룬 〈석양의 나그네〉(1970), 〈임꺽정〉(1972) 등이 있다.

여기서 시청자의 관점에서 주목할 수 있는 드라마는 〈장희빈〉과 〈집
념〉(1975)이다. 〈장희빈〉은 높은 시청률을 기록하면서 일일연속극으로
인기를 끌었다. 〈장희빈〉은 역사드라마가 일일연속극으로 정착하는
데 상당히 기여를 했으리라 추측된다.[8] 〈장희빈〉이 방영되었던 기간에
불쌍한 인현왕후를 구하려는 시청자들의 항의가 있었다. 악녀 장희빈

의 모함으로 착한 인현왕후가 내쫓기려하자 시청자들이 전화와 편지로 항의하면서 이야기가 변경되어 인현왕후는 원래 계획보다 한 두 주 늦게 궐문을 나서기도 했다. 또한 인현왕후가 쫓겨난 이후 빨리 입궁시키라는 시청자들의 요구도 이어졌다. 시청자들의 적극적인 참여로 드라마의 스토리가 바뀐 것은 아마도 〈장희빈〉이 처음일 가능성이 높다.

〈집념〉(이은성 극본, 표재순 연출)은 허준이 처음 주인공으로 나오면서 인기를 끌었던 작품이다. MBC가 만들어낸 대표적인 역사 인물은 허준이다. 허준은 그동안 4번 주인공으로 나왔는데 모두 MBC 드라마였다.[9]

'조선왕조 500년 시리즈'(1983~1990)는 새로운 역사드라마의 흐름을 이끌었다. '조선왕조 500년 시리즈'는 제1화 〈추동궁마마〉(1983)로부터 〈대원군〉(1990)에 이르기까지 8년 동안 방영되면서 MBC 전체 드라마 역사에서 가장 주목받을 수 있는 야심적인 작품이다. 8년이 넘은 기간 동안 방영되었다는 사실만으로도 의미 있지만, 역사드라마 장르 내에서 역사 서술방식의 새로운 지평을 열었다는 점에서 가치 있는 평가

---

8 1970년 〈아씨〉(TBC)는 일일연속극으로 최고의 인기를 누렸다. 1971년 〈장희빈〉(MBC), 1972년 〈여로〉(KBS)로 이어지면서 일일연속극은 시청률 경쟁의 중심이 되었다. 물론 단순히 〈장희빈〉의 성공으로 역사드라마가 일일연속극으로 전환되었다는 뜻은 아니다. 당시 일일연속극은 시청률 경쟁 속에서 급부상하기 시작했고, 〈장희빈〉이 역사드라마도 일일연속극으로 경쟁력이 있다는 것을 입증했다

9 1975년 9월부터 1976년 4월까지 〈집념〉(143회, 이은성 극본, 표재순 연출), 1991년 11월에서 12월까지〈동의보감〉(14부작, 이상현 극본, 이재갑 연출), 1999년 11월부터 2000년 6월까지 〈허준〉(64부작, 최완규 극복, 이병훈 연출), 2013년 3월부터 9월까지 일일연속극으로 방영된〈구암 허준〉(135회, 최완규 극본, 김근동·권성창 연출)이 있다.

〈추동궁 마마〉

를 받을 수 있다. 왜냐하면 '조선왕조 500년 시리즈'는 기존의 역사서술과 다른 '기록적 역사 서술방식'으로 정사(正史)를 드라마 안으로 끌어들였기 때문이다.[10]

예를 들어, 제2화 〈뿌리 깊은 나무〉[11]는 정사의 활용을 확장했다. 작

---

10 '조선왕조 500년 시리즈'는 기록적 서술방식을 취하면서 8년 동안 방영되었지만, 순탄했던 것만은 아니다. 4화 〈풍란〉(1985, 신봉승 극본, 이병훈 연출), 6화 〈회천문〉(1986, 신봉승 극복, 김종학 연출), 7화 〈남한산성〉(1986, 신봉승 극본, 김종학 연출)은 조기에 종영되었다. 〈풍란〉은 윤원형과 정난정의 권력 전횡을 다룬다는 이유로 문공부로부터 압력을 받았고, 〈회천문〉은 상궁 개시와 이이첨의 비중이 증가하면서 궁중 암투를 다룬다는 이유로, 〈남한산성〉은 치욕의 역사를 그려낸다는 이유로 계획보다 일찍 종영했다.

11 〈뿌리 깊은 나무〉는 2011년 SBS에서도 같은 제목으로 드라마를 만들었는데, 이것은 조선 세종시대 훈민정음 반포 전 7일간 경복궁에서 벌어지는 집현전 학사 연쇄살인 사건을 다룬 것으로 MBC 〈뿌리 깊은 나무〉와는 전혀 다른 이야기이다.

가 신봉승은 "정사를 기초로 한 역사드라마는 문학적 상상력보다 역사적 사실의 고증문제가 훨씬 중요하다"고 지적하면서 "당시 시대를 복원하기 위해 의상 845점, 장신구 3,364점, 소품 18점 등 미술제작비만 6,000만 원 이상 사용했다"고 밝혔다(≪경향신문≫, 1983년 8월 5일자, 12면). 역사적 사실성을 역사적 상상력보다 우위에 두었다.

'조선왕조 500년 시리즈'에서 대중적 인기를 끈 것은 〈설중매〉였다. 〈설중매〉는 계유정난 방영 후 인기를 끌었고, '조선왕조 500년 시리즈'가 장기화되는 데 결정적인 기여를 했다. 〈설중매〉와 더불어 중요한 작품은 〈임진왜란〉이다. 〈임진왜란〉은 대중적인 인기를 끈 작품은 아니지만, 제작과정에서 미니어처 촬영이라는 새로운 시도를 함으로써 역사드라마가 대형화되는 계기가 되었다. 본격적으로 역사드라마가 대형화된 것은 적어도 2000년 이후지만, 〈임진왜란〉은 역사드라마 제작 방식에서 스펙터클의 중요성을 보여주었다.

1999년에서 2003년 사이에 역사드라마의 내재적 발전이 두드러졌다. 여기서 중요한 작품은 〈허준〉(1999~2000)과 〈대장금〉(2003~2004)이다. 〈허준〉은 '상상적 역사 서술방식'과 새로운 연출로 주목을 받았다. '조선왕조 500년 시리즈'에서 보여주었던 기록적 역사서술 방식에서 벗어나 역사적 상상력을 중요시했다. 또한 이전 역사드라마와 다른 연출이 시도되었다. 이병훈은 〈허준〉의 연출원칙으로 빠른 전개와 편집의 정교화, 사료 중심에서 탈피, 조명과 화면의 형식미 추구, 미술부문(의상, 분장)의 변화, 현대 음악의 사용 등을 제시했다(이병훈, 2000). 〈허준〉의 성공은 2000년 이후 역사드라마 제작방식의 중요한 계기가 되었다. 〈허준〉의 성공 이후 역사드라마의 상상적 서술방식은 현재까지 지배적인 역사서술 방식으로 위치하고 있다. 〈허준〉의 역사 서술방

〈허준〉

식은 〈대장금〉, 〈주몽〉(2006), 〈이산〉(2007), 〈동이〉(2010), 〈마의〉
(2012), 〈옥중화〉(2016) 등으로 이어지고 있다.

　MBC 역사드라마는 새로운 여성 인물들을 많이 창조해냈다. 아마도
가장 대표적인 인물은 대장금과 선덕여왕이다. 그동안 여성 인물의 경
우, 장희빈, 인현왕후, 혜경궁 홍씨, 인목대비, 인수대비 등이었다. 이
들은 역사의 격동 속에서 주체적인 모습이 부족한 경향이 있었다. 그러
나 〈대장금〉과 〈선덕여왕〉은 기존 여성 주인공들과는 차별화되어 표
현되었다. 〈대장금〉은『중종실록』에서 한두 줄 등장할 뿐 정확히 장금
에 대한 기록은 없다. 그녀가 의녀인지 수라간에서 일하는 궁녀인지도
모른다. 작가의 상상력으로 만들어낸 인물이 바로 장금이다.

　〈대장금〉은 비주류 여성의 삶을 잘 보여준다. 〈대장금〉의 새로운
여성 리더십에 주목하고, '여성주의 유대관계'를 강조하며, 새로운 여성
사를 꿈꾸게 했다. 장금은 여성의 요리라는 가부장적 제도를 넘어서서
요리를 통해서 공적 관계로 나아가는 인물이라는 점에서 천민 출신의

장벽을 뛰어 넘는 새로운 유형인 셈이다(김은진, 2004; 이동후, 2004; 하효숙, 2004). 장금이의 인물형상화는 〈동이〉(2010), 〈불의 여신 정이〉(2013), 〈화정〉(2015), 〈옥중화〉(2016)로 이어지고 있다. 〈선덕여왕〉(2009)도 여성 정치인을 다룸으로써 정치의 외각에서 존재해왔던 여성의 전형성에서 벗어났다. 여성으로서 선덕이 최고의 통치자가 되는 과정뿐만 아니라, 미실의 지략, 감성의 통제 그리고 카리스마로 남성들의 충성을 얻는 모습은 이전에 찾아볼 수 없었던 새로운 여성의 재현이었다(김수정, 2010).

2000년대 이후 주목할 작품들로 〈다모〉(2003), 〈주몽〉(2006~2007), 〈해를 품은 달〉(2012) 등을 들 수 있다. '다모 폐인'이라는 새로운 시청자 집단을 만든 〈다모〉도 주목받을 수 있다. 〈다모〉는 방영할 때 같은 시간 타 방송사 경쟁드라마에 비해서 낮거나 비슷한 시청률을 기록했지만 인터넷에선 가장 뜨거운 반응을 얻었다. 시청 초기부터 드라마 홈페이지에 열성 팬을 자처하는 다모 폐인들의 소감이 이어졌다. 방영 한 달이 조금 지났을 때 방송사 홈페이지 시청자 게시판 게시물 수가 100만 건을 돌파하는 초유의 일이 발생하기도 했다(김환표, 2012: 253-255). 〈다모〉는 새로운 드라마 마니아 문화를 만들어냈다는 점에서 의미를 지닌다. 〈다모〉는 〈임꺽정〉(1972),[12] 〈암행어사〉(1981~1984), 〈일지매〉(1993)[13] 등으로부터 이어지는 수사, 무협 드라마의 계보에 속해 있다. 이와 같은 무협이나 수사물은 역사드라마에서 주류는 아니지만, 꾸준히 제작되어왔다.

---

12 〈임꺽정〉은 1996년 SBS에서도 제작했다.
13 〈일지매〉는 1993년 MBC와 2008년 SBS에서 방영되었다.

〈주몽〉은 고대사를 끌어들여 성공한 작품이면서 고구려 열풍을 이끌기도 했다. 〈주몽〉은 신화와 역사가 뒤섞여 있는 고구려 건국사를 작가의 상상력으로 메워간다. 『삼국유사』나 『삼국사기』 등 기록에는 주몽이 고구려를 세우는 명분이 드러나지 않지만, 드라마 〈주몽〉은 고구려 건국 이유로 고조선 유민들을 구하기 위해서였다는 정당성을 제시한다. 〈주몽〉의 역사배경은 고조선이 무너지면서 한나라가 지배하고 한민족의 유민들이 방황하던 시기이며, 한민족의 정체성이 무너지기 시작했던 시점에서 민족을 되살린 영웅으로 주몽을 부활시켰다.

〈해를 품은 달〉은 조선시대를 배경으로 삼고 있지만 무녀가 궁궐에서 왕과 함께 지낸다는 이야기는 삼국시대에나 가능한 이야기이다. 조선시대의 맥락과는 전혀 맞지 않았다. 따라서 〈해를 품은 달〉은 조선시대가 배경으로 나오지만 어느 왕조인지 설정되지 않았다. 배경으로서의 역사드라마로서 가능성을 보여준 작품이라고 볼 수 있다.

6. 〈수사반장〉과 〈전원일기〉

두 편의 MBC 장수 드라마 — 〈수사반장〉(1971~1984, 1985~1989)과 〈전원일기〉(1980~2002) — 는 기념비적 작품이다. 〈전원일기〉는 22년 이상 방영한 한국 드라마 역사에서 최장수 드라마이며, 〈수사반장〉도 18년 가까운 세월 동안 시청자의 사랑을 받았다. 텔레비전 드라마는 멜로드라마, 홈드라마, 로맨틱 드라마가 주도하는 경향이 있는데, 수사물과 농촌 드라마가 장수 드라마가 된 것은 그만큼 한국 사회의 현실과 한국인의 정서를 담아냈기 때문일 것이다.

〈수사반장〉

〈수사반장〉이 1971년 시작했을 때 이전에 경찰드라마가 없었던 것은 아니다. 1965년 〈형사 수첩〉(TBC)이 있었지만, 당시 텔레비전 보급률이 낮은 상태여서 큰 관심을 끌지 못했다.[14] 〈수사반장〉은 1971년 3월 6일에 시작해서 1984년 10월 18일까지 680회 방영 후 종영되었다가 1985년 5월 2일부터 1989년 10월 12일까지 재개해 총 880회로 종료되었다(정순일·장한성, 2000: 322). 〈수사반장〉이 인기를 끌면서 수사물의 붐을 일으켰다.[15] 〈수사반장〉과 〈전원일기〉는 장수 드라마라는 공통점이외 사회의 안정성을 담고 있다. 〈수사반장〉은 법과 질서의 보호라는

---

14 텔레비전 수사드라마의 효시는 〈검은 수첩〉(1965, TBC)인데 2회 방송 후 〈형사 수첩〉으로 제목을 바꾸어 서울시경이 협조하여 제작했다. 〈형사 수첩〉은 46회 방영했는데 고정형사로 황해, 장혁, 김순철 세 사람이었다(오명환, 1994: 151).

15 〈형사〉(1975, TBC)(1979~1983, TBC, KBS2), 〈형사기동대〉(1983~1985, KBS2), 〈형사 25시〉(1986~1990, KBS2). 유사한 장르로 반공드라마 〈113 수사본부〉(1973~1983, MBC), 〈추적〉(1975~1983, TBC, KBS2) 등이 있다.

측면에서 사회적 안정성을 말하고 있다면, 〈전원일기〉는 산업화의 주변에 위치한 농촌을 배경으로 가족과 이웃의 안정성을 담아냈다.

윤영남이 작곡한 〈수사반장〉의 주제곡은 명곡이 되었다. "따다다단 따다다단"으로 시작해서 유복성의 라틴 퍼커션과 경쾌한 나팔 소리가 혼합된 재즈 형식의 음악은 여전히 많은 사람들의 기억에 남아 있다. 〈수사반장〉은 18년 가까이 방송되었기 때문에 MBC의 대표적인 PD들이 거의 다 연출을 맡았다. 허규, 박철, 유홍렬, 이연헌, 고석만, 유길촌, 최종수, 이병훈 등이다(문화방송, 1990: 296).

이연헌(1990: 112-113)은 〈수사반장〉과 관련해서 "무엇보다도 문제는 '범죄 사건을 통해 현실 사회구조 속에서 나타나는 인간의 아픔을 어떻게 리얼하게 그릴 것이냐'는 것이었다. 그래서 소재는 일단 실화를 모델로 쓰기로 했다. 수사관들이 현장을 뛰어다니고 범인의 가족과 친구 등 주변 사람들을 만나면서 재미있는 에피소드를 수집해 드라마의 '꺼리'로 등장시켰다"고 회상한다.

이연헌의 회상은 드라마로서 〈수사반장〉의 특징을 그대로 보여준다. 범죄 사건을 현실 사회구조 안에 위치 짓는다는 것은 범죄와 사회 현실과의 관계를 말한다. 〈수사반장〉은 한국 사회에서 나타나는 범죄들을 시대에 맞게 그려냈다. 초창기 〈수사반장〉은 생계형 범죄를 중심으로 구성했지만, 점차 사회현실을 반영하는 사건을 드라마로 만들었다. 도시화로서 나타나는 택시 강도, 은행 강도, 차치기 등 강력 사건, 경제적 풍요 속에서 탈선, 밀수범죄와 경제사범 등 범죄 속에 사회변화를 담아냈다.

〈수사반장〉은 수사관이 현장을 뛰어다니고 범인의 가족과 친구 등을 만나면서 수사하는 과정을 그렸는데, 이것은 추리의 방법보다는 탐문의 방법에 이야기의 초점을 맞춘 것이다. 이영미(2010)가 적절히 지적하듯, 〈수사반장〉은 수수께끼 형 추리보다는 탐문을 중심으로 이야기를 진행했다. 추리의 재미를 보여주지 못하는 한계가 있지만, 이야기의 현실성과 사회성은 높았다.

수사관인 박 반장(최불암 분), 김 형사(김상순 분), 서 형사(김호정 분), 남 형사(남성훈 분), 조 형사(조경환 분) 등은 범인의 가족과 주변 사람들을 만나면서 범인에 대한 연민을 드러내기도 한다. 〈수사반장〉은 법과 질서, 인과응보, 사필귀정의 원리에 입각해 사회 부조리를 밝히는 것과 더불어 '죄는 미워하되 죄인을 미워하지 않는다'는 인간적 접근을 보여주었다. 바로 이런 점이 시청자들이 〈수사반장〉을 즐겨보았던 이유 중의 하나였을 것이다.

〈전원일기〉의 최장수 드라마 기록은 앞으로 깨지기 어려울 것이다. '양촌리 김 회장'을 중심으로 4대가 한 집안에서 살아가는 전형적인 대가족 모습을 그리고 있다. 김 회장 집안은 어머니, 김 회장 부부, 자녀들과 배우자들 그리고 손자들로 구성되어 있다. 양촌리 김 회장은 가족의 문제나 갈등을 조정하고 양촌리 마을의 대소사를 챙긴다. 그는 가족과 마을의 어른으로 위치해 있다. 김 회장은 전형적이고 이상적인 한국인의 아버지 모습을 보여준다. 그렇다고 그가 권위적이거나 가부장적 모습을 보여주는 것은 아니다. 누구나 기대하는 따뜻한 아버지이기 때문이다. 시청자들은 김 회장을 통해서 산업화 시대에 잊히는 아버지의 모습을 반추해낸다.

김 회장의 부인 역할을 하는 김혜자도 시어머니를 모시고, 남편과 자식 뒷바라지로 헌신하는 어머니의 모습을 보여준다. 그녀는 자식들에게 잔소리를 많이 하지 않는다. 자식들을 믿고 뒤에서 도와줄 뿐이다. 〈전원일기〉에 나오는 어머니들은 이름이 없다. '금동이 어머니', '용식이 엄마', '일용 엄니' 등으로 불린다. 자신을 먼저 드러내지 않았던 전통 시대 어머니의 모습이기도 하다. 작가 김정수는 〈전원일기〉가 동시대에 어떤 의미를 가졌는지 다음과 같이 설명한다.

> 80년대의 한국인은 거의 불쌍하게도 고향을 잃어버린 사람들이다. 집을 떠나 낯선 도시에서 뿌리를 내리고 살고 있는 사람이거나 낳고 자란 땅에 그대로 살고 있는 사람이거나 다를 바 없다. 전원일기가 오랫동안 시청자들의 사랑을 받고 있는 것도 현대인의 이 실향심리를 자극했기 때문일 것이다(김정수, 1989: 1)

〈전원일기〉는 1980년 10월 21일 제1화 '박수칠 때 떠나라'[16]로부터 시작했는데, 당시는 산업화 시대를 겪으면서 도시민들이 상실된 고향을 그리워할 시점이었다. 사람들이 고향을 떠나서 도시에 살고 있지만, 고향은 잊을 수 없는 정서의 원천이었다. 도시적 삶과 따뜻한 고향 사이의 거리를 〈전원일기〉가 채워주었다고 볼 수 있다. 〈전원일기〉는 1990년대 초반까지 전체 드라마 시청률에서 상위 5위 이내에 있을 정도로 꾸준한 인기를 유지해왔다. 〈전원일기〉의 인기에 힘입어 1985년 〈갯마을〉(MBC)이라는 어촌 드라마가 나왔고, 〈대추나무 사랑 걸렸네〉(1990~2007,

---

16 첫 방송의 작가는 차범석이었다. 이후 유현종, 김정수, 김남, 조한순, 박예랑 등 총 14명의 작가가 집필했다. 그중 김정수는 1981년부터 1993년까지 13년간 〈전원일기〉를 썼다.

〈전원일기〉

KBS1), 〈산 너머 남촌에는〉(2007~2014, KBS1)으로 이어졌다.

그렇다고 〈전원일기〉가 도시민의 향수에만 빠져 있었던 것은 아니었다. 1983년 8월 '괜찮아요' 2부작은 양파 파동을 다루었다. 당시 농촌의 실상을 제대로 반영해야 한다는 사명감으로 만든 에피소드이다. 양촌리 마을에 양파 썩는 냄새가 진동하는 가운데 김 회장의 둘째 아들인 용식(유인촌 분)이와 종기네 부부는 홧김에 낫으로 양파를 찍거나 구덩이에 파묻으면서 원망과 분노가 섞인 탄식을 내뱉는 장면 등을 담았다. 시청자들은 신선한 충격을 받은 반면 정부 측에는 발칵 뒤집혔다. 양파값 폭락 사태로 5공 정권과 농정에 대한 불신감이 팽배했던 시기였기 때문이다. 결국 '괜찮아요' 2부의 원본은 폐기되고 양파가 건강에 좋은 식품이라는 내용으로 바뀌어 방영되었다. 1986년 배추 파동을 다루기도 했지만, 방송사의 자체 검열에 의해 불방되기도 했다(≪한겨레신문≫, 1996년 12월 14일, 20면).

〈전원일기〉가 농촌 현실을 다루기는 했지만, 전체적으로 보았을 때 시청자가 경험하는 것은 '사실주의적 향수'이다. 〈전원일기〉에서 나오는 아버지와 어머니 모습, 가족관계, 땅에 대한 집착, 농촌에 대한 추억 등은 어린 시절 경험했던 모습들이다. 도시 생활 속에서 우리의 현실은 그렇지 않기 때문에, 도리어 〈전원일기〉에서 차분하게 그려지는 모습에 빠져 들어갔을 것이다. 따라서 〈전원일기〉는 농촌을 배경으로 하고 있지만, 농촌을 소재로 도시인의 갈증을 적셔주는 드라마이다. 1990년대 중반 이후 〈전원일기〉는 폐지론이 제기되었다. 그럼에도 불구하고 〈전원일기〉은 22년 이상 방송되면서 기억의 은행나무처럼 여전히 국민 드라마로 남아 있다.

7. MBC드라마다움을 찾아서

지난 50여 년 동안 MBC는 드라마 영역에서 최고의 성취를 이룩해 왔다. MBC는 미니시리즈라는 새로운 형식을 통해서 드라마의 지평을 넓혔다. 트렌디 드라마를 처음으로 제작하면서 시대의 정서를 담아냈을 뿐만 아니라 연출과 음악 등에서도 새로운 길을 열었다. 정치와 기업드라마를 중심으로 리얼리즘 드라마를 처음 방영한 곳도 MBC였다.

MBC가 드라마 왕국을 구축할 수 있었던 이유는 무엇보다도 당대 가장 빼어난 작가들과 PD들이 있었기 때문에 가능했다. 초창기부터 MBC 드라마 작가들은 조남사, 한운사, 이서구, 김동현 등이 참여함으로써 드라마의 제작의 토대를 닦았다. 1970~1980년대까지 "MBC 드라마의 양대 산맥이라면 김수현·신봉승을 들어야 할 것이다. 최다 집필, 최장 집필의 기록이며 성과 또한 남이 따라기 어려운 것이었다"(오명환, 1994: 163). 김수현의 홈드라마와 멜로드라마는 한국 드라마 역사에서 누구도 근접하기 어려운 성취를 이룩했다. 앞으로도 김수현이 이룩한 성과는 그 누구도 따라잡지 못할 것이다. 신봉승은 역사드라마 장르에서 독보적인 위치를 차지했다. '조선왕조 500년 시리즈'를 집필하면서 역사드라마에서 기록적 역사서술 방식을 확고하게 다지면서 역사드라마의 대중성을 여는 데 기여했다. 김기팔은 리얼리즘에 기반한 정치, 기업, 사회 드라마들을 집필하면서 드라마의 영역을 넓혔다. 김정수는 〈전원일기〉뿐만 아니라 〈그대 그리고 나〉 등 주목할 만한 작품을 많이 썼다.

MBC는 빼어난 PD들을 배출하기도 했다. 박철은 김수현 작품을 주로 연출하면서 홈드라마와 멜로드라마 영역에서 확고한 자리를 지켰다. 김종학은 〈여명의 눈동자〉를 통해서 제작방식의 변화를 이끌었으며, 〈인간시장〉(1988), 〈태왕사신기〉(2007) 등의 드라마를 만들었다. 고석만은 김기팔와 함께 정치경제사 드라마의 중심에 서서 민주주의 시대정신을 드라마로 표현했다. 이병훈은 역사드라마 영역에서 독보적인 위치를 차지했다. 상상적 역사서술 방식과 새로운 역사드라마의 연출로 〈허준〉, 〈대장금〉 등을 연출했다. 최종수는 〈첫사랑〉, 〈사랑과 야망〉, 〈아들과 딸〉, 〈사랑을 그대 품 안에〉 등 다양한 장르의 드라마를 연출했다. 이 밖에도 이연헌, 장수봉, 황인뢰, 이관희, 이승렬, 이진석 등의 PD들을 꼽을 수 있다. 결국 빼어난 드라마 작가와 PD들이 MBC 드라마 왕국을 이끌었다.

뛰어난 작가와 연출가들이 'MBC드라마다움'을 만들어낸 것은 분명하다. 그러나 2010년 이후 MBC만의 드라마가 잘 보이지 않는 것도 사실이다. 지난 50여 년 동안 MBC가 드라마에서 이룩한 성취를 보면, 다른 채널의 방송사와 다른 'MBC만의 것'이 있었다. 그것은 드라마가 현실에서 동떨어진 것이 아니라 시대의 정신을 담아내는 '사회현실의 매개'로서 존재해왔다. 멜로드라마나 홈드라마뿐만 아니라 정치드라마나 경제드라마에서 리얼리티를 추구해온 것이 MBC 드라마의 특징이었다. 예를 들어, 〈미생〉(2014, tvN)과 같은 드라마가 MBC 드라마가 추구해온 정체성과 잘 맞는 작품이었다. 그러나 이와 같은 작품들을 찾아보기 어렵다. 더불어 MBC는 새로운 형식을 만들어내면서 창의적인 드라마들도 제작해왔다. 미니시리즈 형식이나 트렌디 드라마 그리고 역사드라마에서 예술적, 대중적 성취를 이룩하면서 드라마 발전을 이끌었다. 그렇지만 이와 같은 형식의 창의적 변용도 찾아보기 어렵다.

2010년대 이후 MBC는 드라마 왕국으로 불리기 어려운 위치에 놓여있다. 방송 채널이 수없이 늘어나면서 채널 간 드라마 경쟁은 더욱더 치열해지는 과정에서 과거에 이룩한 성취를 보여주지 못하기 때문이다. 과거 방송사가 자체 제작했던 시절에서 외주 제작으로 넘어가면서 드라마 제작환경은 완전히 바뀌었다. 그럼에도 불구하고 드라마 왕국으로 불렸던 MBC 드라마의 침체는 아쉽기만 하다. 시청자들이 MBC 드라마에 기대하는 것은 기존의 'MBC드라마다움'을 바탕으로 새로운 변화를 보여주는 작품일 것이다. 이것이 MBC 60주년을 맞이해서 MBC가 드라마 영역에서 고민해야 할 부분 일 것이다.

참고자료

≪경향신문≫. 1975.12.10. "평범한 서민 가정의 가식 없는 생활에 공감", 8면.

≪경향신문≫. 1983.8.5. "MBC 朝鮮王朝, KBS 開國 正統史劇으로 뿌리 내린다", 12면.

≪경향신문≫. 1992.1.29. "〈여명의 눈동자〉 드라마 技法에 새 地平", 28면.

≪동아일보≫. 1970.11.24. "低俗放送 프로에 첫 과태로 判決", 5면.

≪동아일보≫. 1991.1.25. "방송위 드라마 〈땅〉에 사과 명령", 12면.

≪매일경제≫. 1969.8.11. "새 프로", 4면.

≪조선일보≫. 1973.2.6. "日常素材에 친밀감", 8면.

≪한겨레신문≫. 1996.12.14. "금지된 프로그램들 ⑧ 농민 이야기 농민 현실은 빼라", 20면.

고석만. 2019. 『나는 드라마로 시대를 기록했다: 고석만 PD 비망록』. 창비.

김수정. 2010. 「개인주의에서 민족주의까지: TV 사극 〈선덕여왕〉의 사회문화적 의미를 중심으로」. ≪한국방송학보≫, 24권 2호, pp.70-109.

김경수. 1998. 「김수현 가정 드라마의 특징과 의미: 〈사랑이 뭐길래〉를 중심으로」. 김포천 외. 『김수현 드라마에 대하여: 한국 TV 드라마 40년, 김수현 드라마 30년』. 솔.

김은진. 2004. 「한국 사극 속 여성성과 담론분석: 〈대장금〉을 중심으로」. ≪여성연구논집≫. 15집, pp.81-114.

김정수. 1989. 『전원일기』. 시나브로.

김환표. 2012. 『드라마, 한국을 말하다』. 인물과사상사.

김홍근. 1998. 「〈사랑과 진실〉의 '사랑'과 '진실'」. 김포천 외. 『김수현 드라마에 대하여: 한국 TV 드라마 40년, 김수현 드라마 30년』. 솔.

리젠휘. 1998. 「중국 시청자들은 왜 〈사랑이 뭐길래〉를 좋아할까」, 김포천 외. 『김수현 드라마에 대하여: 한국 TV 드라마 40년, 김수현 드라마 30년』. 솔.

문화방송. 1990. 『90 문화방송연지』. 문화방송.

송지나. 1992. 「〈여명의 눈동자〉 각색 후감」; 오명환. 1994. 『텔레비전 드라마 예술론』. 나남출판.

신상일 · 정중헌 · 오명환. 2014. 『한국 TV 드라마 50년사: 통사』. 사단법인 한국방송실연자협회.

안정임. 1996. "드라마의 소재 및 사회적 영향에 관한 토론회". 방송위원회, 10월 18일.

오명환. 1994. 『텔레비전 드라마 예술론』. 나남출판.

오명환. 1995. 『텔레비전 드라마 사회학』. 나남출판,

원용진. 1997. 「'불륜' 드라마로 읽는 사회 변화: 〈모래성〉에서 〈애인〉까지」. 황인성 · 원용
　진 엮음. 『愛人 TV 드라마, 문화 그리고 사회』. 한나래.

이동후. 2004. 「드라마 〈대장금〉의 사회적 효과」. 『MBC 특별기획 드라마 大長今 그 성과
　와 사회문화적 함의』. MBC PD협회 정기 세미나 자료집.

이병훈. 2000. 「드라마 〈허준〉제작일지」. 『드라마 〈허준〉을 다시 읽는다』. 한국방송비평
　회 프로그램 비평토론집.

이연헌. 1990. 「수사반장」. ≪방송 90≫. 11호, pp.112-113.

이영미. 2010. 「방송극 〈수사반장〉, 『법창야화』의 위상과 법에 대한 태도」. ≪대중서사
　연구≫ 24호, pp.391-419.

이영미. 2013. 「텔레비전 드라마의 왕/대통령 재현, 그 흐름과 의미」. 한국방송학회 엮음.
　『한국 텔레비전 드라마: 역사와 경계』. 컬처룩.

정순일 · 장한성. 2000. 『한국 TV 40년의 발자취』. 한울아카데미.

정영희. 2005. 『한국 사회의 변화와 텔레비전 드라마』. 커뮤니케이션북스.

주창윤. 2017. 「MBC 역사드라마의 변용과 변화: 1969~2016」. 방송문화진흥회.

주창윤. 2019. 『역사드라마, 상상과 왜곡 사이』. 역사비평사.

하요숙. 2004. 「역사, 젠더 그리고 텔레비전 역사드라마: 〈대장금〉을 중심으로」. ≪미디어,
　젠더 & 문화≫ 2호, pp.71-117.

테사 모리스-스즈키. 2006. 『우리 안의 과거』. 김경원 옮김. 휴머니티스.

MBC. 『문화방송 50년사: 1961~2011』.

제 5 장 ● ● ●

웃음 제조를 위한 여정
〈웃으면 복이 와요〉에서 〈무한도전〉까지
박근서

1. MBC, 가장 성공적인 코미디와 가장 성공적인 버라이어티

텔레비전에 웃음을 들여놓은 프로그램, 처음으로 성공한 텔레비전 코미디. 누구나 MBC의 〈웃으면 복이 와요〉를 떠올릴 것이다. 마찬가지로 텔레비전의 가장 성공적인 예능, 그 가운데서도 리얼 버라이어티의 대표작이라고 한다면 또한 많은 사람이 MBC의 〈무한도전〉을 생각할 것이다. 1997년 IMF 위기로 나라가 어수선한 가운데, 텔레비전 오락이 급격히 위축되었던 2년 동안의 시간을 빼면, 텔레비전에서 코미디 혹은 그것을 중심으로 하는 연예오락 장르들은 어떤 면에서 대중문화로서의 텔레비전을 가장 잘 지탱해준 프로그램이었다. 이들 가운데에서도 가장 핵심이 되는 코미디와 버라이어티 쇼의 대명사라 할 수 있는 프로그램을 모두 가지고 있었다는 점에서 MBC는 우리 방송사에서 적어도 이 부분에 있어서만큼은 확실한 족적을 남기고 있다.

텔레비전을 포함한 방송의 내외적 환경이 많이 변화했다. 특히 방송

제5장_웃음 제조를 위한 여정   197

〈웃으면 복이 와요〉

의 중추를 담당해왔던 지상파 방송 채널의 입장에서 이러한 변화는 어
떤 면에서 자기 부정의 가혹함으로 다가오고 있다. 날이 갈수록 방송의
위상은 떨어지고 있는데, 이를 돌이킬 방법이 딱히 보이지 않기 때문이
다. 이러한 변화는 물론 방송에만 국한된 것은 아니고, 전체 사회 시스
템의 변화에 연결되어 있는 것이다. 이미 학계에서는 1980년대부터
'외주제작'의 활성화를 통해 콘텐츠 제작의 부문의 생태계 구성을 주장
하고, 지상파 방송채널의 제작부문과 기회 및 송출 부문을 분리하자 주
장해왔다. 하지만 프로그램 프로바이더(PP)와 시스템오퍼레이터(SO)
의 분리를 기본으로 하는 종합유선방송이 출범하고, 이후 DMB나
IPTV가 등장해 채널의 수가 급격히 등장한 이후에야 제작과 송출, 콘
텐츠와 미디어가 구분될 수 있게 되었다. 더 많은 콘텐츠가 더 많은 채
널을 통해 서비스될 수 있게 되었고, 이러한 변화는 한편으로 크고 무

〈무한도전〉

거운 조직들에겐 불리한 상황이 되었다. 이는 공중파의 오락 장르, 특히 코미디에 있어서 또한 마찬가지였다.

2020년 KBS의 〈개그콘서트〉 종영은 우리 텔레비전 방송에 상당한 충격을 주었다. 〈개그콘서트〉의 폐지는 공중파 코미디의 사망 선고처럼 여겨졌기 때문이다. IMF 이후 코미디 장르의 부활을 견인하고 텔레비전 오락에 새로운 활력을 불어넣었던 이 프로그램의 폐지는 한편 '공중파 오락'에 어떤 거대한 변화가 도래했음을 웅변하는 듯했다. 물론 이러한 변화는 코미디나 연예오락에만 국한되지는 않는다. 하지만 그 변화는 유독 연예오락, 특히 코미디에서 가장 극단적으로 나타났다. 2021년 현재 공중파 채널에서 전통적 의미의 코미디 프로그램은 존재하지 않는다. 물론 코미디 장르의 프로그램이 존재하지 않는다는 말이 곧 코미디의 종언이나 코미디의 사망을 의미하지는 않는다. 전통적인 코미디 프로그램이 사라졌다고는 해도, 여전히 코미디언 혹은 개그맨이라는 이름으로 불리는 사람들은 다양한 연예오락 프로그램들을 통해 맹활약 중이고, 이들의 캐릭터와 능력들을 중심으로 콘텐츠는 여전히 활발히 제작되고 있기 때문이다.

장르로서의 코미디 그리고 연예오락 프로그램에 대한 한 MBC는 공중파 시대에 분명한 입지를 가지고 있었다. 앞에서도 언급한 대로 이 분야에 있어 MBC는 트렌드 세터로서의 역할을 했기 때문이다. 그렇다면, 이러한 MBC의 경험이 현재의 연예오락의 상황, 특히 코미디 장르의 쇠퇴와 관련하여 이해와 납득의 실마리를 줄 수도 있지 않을까 생각해본다. 트렌드를 세운다는 건, 변화의 흐름을 타고 그것에 맞는 형식과 내용을 성공적으로 앉혔다는 이야기일 것이고, 이러한 과정에 대한 계보적 탐구는 그 흐름의 방향을 가늠할 수 있는 중요한 사례가 될 것이기 때문이다. 텔레비전 시대의 초기에 가장 성공적인 코미디 장르를 안착시키고, 코미디 쇠퇴기에 이르러서는 리얼 버라이어티라는 대안을 제시했다. MBC가 웃음을 즐거움으로 삼는 연예오락의 특정한 장르의 프로그램들을 어떠한 방식으로 구성하고 변화시켜왔는지는 결국 텔레비전에서 즐거움의 트렌드를 가늠하는 중요한 사례가 된다.

이 글의 목적은 코미디와 버라이어티 쇼를 중심으로 웃음을 통해 즐거움을 추구하는 연예오락 장르에서 MBC가 이룬 성취들을 반추해보며, 그것의 현재적 의미를 되새겨 보는 것이다. 두 세대를 거치며 MBC가 이룬 성취는 우리의 대중문화에 커다란 영향을 미쳤다. 그리고 이러한 영향은 지금 그리고 앞으로의 우리 대중문화에 중요한 밑거름이 되고 있다고 믿는다. 공중파 방송이 레거시 미디어의 대표적 형태로 간주되는 지금이지만 이는 단순히 과거의 유물을 소환해 갈고 닦아 빛내며

추억하는 데 머물지 않는다. 실제로 코미디는 콘텐츠의 변화와 대중문화 판의 격변 가운데 그 껍데기를 잃었다. 그렇다고 코미디가 핵으로 삼고 있던 즐거움들이 사라졌다는 것은 아니다. 단단한 껍데기를 잃은 대신 그 알맹이들은 산산이 흩어져 오히려 세상 모든 콘텐츠 형식들에 녹아들었다. 형식의 해체가 곧 코미디 자체의 해체를 의미하지는 않는다. MBC의 경험은 한편 그렇게 변화한 우리나라 텔레비전 코미디의 한 역사인 것이다.

2. 장르에 대한 변명: 웃기고 즐거운 게 부끄러울 일인가

웃음이란 무엇인가? 많은 사람이 웃음의 본질 혹은 근원에 대해 언급하고 있지만, 그것의 원인과 이유에 대한 명확한 대답은 쉽지 않은 것 같다. 다만 웃음이 주는 효과, 그것으로부터 우리가 얻는 이득에 대해서는 어느 정도 의견이 일치되는 듯도 하다. 웃음은 긍정의 신체 반응이다. 웃음은 삶의 긍정적인 에너지다. 용서, 화해, 이해, 용납이 웃음과 병행되는 정서이다. 웃음은 단절, 괴리, 갈등, 불일치를 연결, 봉합, 치유, 통일하는 생성과 성장의 길로 안내한다. 슬픔이 인간의 감정적 찌꺼기를 울음과 함께 씻어내는 정화의 효과를 갖는다면, 웃음은 의혹과 배제의 부정적 정서를 공기 중에 터트려 날려버리는 승화의 효과를 갖는다. 그러므로 웃음에는 삶의 부정적 에너지를 긍정적으로 소화해 냄으로써 삶을 지속하게 하는 생명의 효능이 있다. 웃음이 없다면, 따라서 단절, 괴리, 갈등, 불일치를 처리할 정서적 방법을 찾지 못한다면 사람은 그 삶을 지속하기 어려울 것이다.

웃음은 그러므로 텔레비전을 비롯한 방송 콘텐츠에서 아주 중요한 부분을 차지한다. 그리고 그것은 방송이 주는 즐거움의 가장 커다란 몫에 해당한다. 대중의 문화적 향유로서, 텔레비전의 성장과 발전에서 빼놓을 수 없는 이야기는 '코미디'로 대표되는 웃음의 콘텐츠가 어떻게 그 자리를 차지하게 되었는가 하는 이야기가 될 것이다. 새삼스럽게 루실 볼이 주연한 〈아이 러브 루시〉의 예를 거론하지 않더라도, 텔레비전이 주는 대중적 즐거움의 역사는 '웃음'의 콘텐츠들, 전형적으로는 코미디와 그에 상응하는 오락적 콘텐츠들의 역사였다고 해도 과언이 아닐 것이다. 물론 이는 우리에게도 마찬가지였으며, MBC 또한 피해갈 수 없는 필연의 결과였다. 적어도 공식적으로 혹은 공공연하게는 아닐지 몰라도 대중이 원하는 것은 즐거움이었으며, 이는 방송의 경제적 이익과도 밀접하게 관련된 문제였다.

우리나라에서 텔레비전이 처음 전파를 통해 영상 메시지를 송출한 이래, 방송을 통한 즐거움의 추구는 거부할 수 없는 중요한 사역들 가운데 하나였다. 초창기 텔레비전 역사에서 코미디가 정착되는 과정은 이러한 당연한 사역마저도 당대의 엄숙한 문화적 분위기 탓에 온갖 역경과 고난으로 점철되어 있었다. 더구나 우리나라에서 코미디의 역사는 근대 이전 천민 계급으로 여겨졌던 '광대'에 연결되는 탓에, 과거 이들에 대한 사회적 차별과 멸시는 코미디에 대한 사회적 관념에 부정적 영향을 미쳤다. 그러므로 방송편성에서 웃음 혹은 즐거움을 중심으로 하는 오락 프로그램의 비중이 높다는 것은 방송의 품위와 수준을 깎아 먹는 부정적인 지표처럼 여겨지기도 했다. 시민사회와 공중이 방송에 바라는 것은 질 높은 교양과 보도라는 생각은 오랫동안 우리를 지배했다.

MBC 텔레비전의 개국 초기 편성과 관련하여 『MBC 50년사』는 상대적으로 높은 오락프로그램의 편성이 광고를 수익의 원천으로 하는 불가피한 선택이었다고 적고 있다(MBC, 2012: 39-41). 이는 텔레비전 방송의 가치를 공익에 두고, 공익을 반영하는 장르를 '교양'에 대응시켰던 기존의 방송 규범에 충실한 평가였다. 그러나 오락과 교양을 구분하고 그 가치의 높낮이를 논하는 것은 지금의 관점에서 보면 시대착오적이다. 웃음과 즐거움은 방송의 중요한 가치이다. 그러나 이러한 생각은 21세기에 와서 상식으로 받아들여지기 시작한 듯하다. 이를테면 2001년 '경실련 미디어워치'의 모니터 보고서만 보더라도, 코미디에는 웃음과 즐거움에 앞서 규범과 가치를 요구하는 것을 알 수 있다. 이들 보고서는 코미디 프로그램들로부터 식상한 방법과 탈규범적인 내용 그리고 억지스러운 웃음이라는 문제를 발굴해낸다. 변화하는 방송환경과 급변하는 시청자 감각에 뒤처지는 감수성을 또한 지적한다(미디어워치, 2001).

텔레비전에서 웃음을 만들어내는 일은 그리 쉽지 않아 보인다. 미디어워치의 모니터에서도 지적하다시피(미디어워치, 2001) 웃음의 소재들은 그것이 사용되는 공간과 장소에 따라 전혀 다른 의미로 받아들여지기 때문이다. 다시 말해 똑같은 코미디 프로그램이라도 그것을 공중파에서 보느냐, 종합편성채널에서 보느냐, 인터넷의 영상 클립으로 보느냐에 따라 그 의미가 달라진다는 것이다. 공중파는 다른 미디어 혹은 채널들과 다르게 특별히 공익성이 강조되는 탓에 표현의 방식이나 소재에 있어 상대적으로 제한이 있을 수 있다. 논리적으로는 이러한 제한 때문에 코미디가 성공할 수 없다거나 지속적으로 재미를 생산하는 데 결정적 한계를 가지고 있다고 말할 수는 없다. 그러나 무대의 유료 관객을 대상으로 하던 공연형 코미디를 텔레비전으로 끌고 들어올 때의 어려움이 현실적이고 구체적인 문제들이었듯 이를 논리적인 문제로만 바라볼 수는 없다.

이러한 텔레비전 코미디의 상황에서 우리가 고려해야 할 문제는 우선 두 가지 정도가 있을 것 같다. 먼저 코미디 혹은 그것의 핵심이 되는 웃음의 본질에 대해 생각할 필요가 있다. 즐거움의 다양한 형태들 가운데 하나로 여겨지는 웃음 그리고 그것을 중요한 효과 혹은 결과로 삼는 코미디를 논의하려면 이에 대한 논의는 반드시 필요하다. 아울러 텔레비전 코미디의 정의 혹은 그 이름으로 불리는 장르의 경계를 좀 더 명확하게 정리할 필요가 있다. 장르라고 하면 대개는 역사적으로 형성된 유사한 프로그램 혹은 콘텐츠들의 집합을 일컫는 말이지만, 때로는 특정한 프로그램을 평가하는 데 하나의 기준으로 쓰이기도 하고, 혹은 프로그램의 정체성을 가장 집약적으로 표현하는 일종의 '태그'와 같은 역할을 한다. 장르는 창작자나 수용자 모두에게 그것을 이해하기 위한 가장 기초적인 정보를 제공한다. 그러므로 코미디라는 장르를 이해하고 그것의 범위를 정의하는 일은 앞으로의 논의가 어떤 범위에서 어떠한 가치와 의미를 통해 이루어지는지 가늠케 하는 중요한 이야깃거리가 된다.

1) 웃음이라는 즐거움

삶을 역동하는 하나의 흐름으로 파악하고 그 변화무쌍한 에너지 자체를 중요하게 생각하는 베르그송은 웃음에 대해 매우 흥미로운 견해를 밝힌 바 있다. 그에 따르면 우리가 웃게 되는 순간은 이를테면 반복되는 실수, 변화된 조건을 고려하지 못하는 기계적 행동, 맥락으로부터 벗어난 고지식한 태도 등을 보게 되는 때라고 한다(Bergson, 1992). 살아 있는 유기체로서의 인간은 주어진 조건에 맞게 자신의 말과 행동을 적응시키며 변통적으로 살아간다. 삶의 원칙이나 규칙은 하나의 모델이지, 그 자체가 실재에서 완벽하게 똑같이 적용되는 일은 드물다. 그러므로 사람들은 이러한 조건과 맥락을 고려해 다른 사람의 말과 행동을 예상한다. 이를테면 길에 뚜껑이 열린 맨홀이 있다면, 그걸 보고 당연히 피해 가리라는 것이 일상에서의 '상식'이고 '당연'이다. 하지만 웃음은 이러한 '상식'과 '당연'이 깨지는 지점, 고지식하고 고집스러운 말과 행동에서 발생한다. 이는 한편 바보스럽고 어리석은 짓이다.

웃음은 대개 보는 사람들에게는 즐거움이지만, 우스운 짓을 하는 당사자에게는 불행한 사건인 경우가 많다. 늘 걸어 다니던 길에 어느 날 우연히 떨어진 바나나 껍질은 피해야 할 장애물이지만, 늘 그래왔듯 기계적 관성은 그것에 발을 디뎌 미끄러지게 만든다. 그렇게 넘어지는 사람은 사람들에게 우스꽝스러운 모습으로 보일 테지만, 정작 당사자에겐 아프고 부끄러운 사고일 뿐이다. 자기는 하지 않았을 실수에 보내는 웃음이란 긍정적일 수 없다. 그러므로 모든 웃음이 그런 것은 아니겠지만, 이렇듯 많은 웃음에는 타인에 대한 부정의 정서가 내포되어 있다. 웃음은 불행과 사고가 제 것이 아닌 타인의 것이었을 때 터져 나오는 것이기 때문이다. 그러므로 코미디는 태생적으로 '공격적'이라고 볼 수도 있는 것이다.

텔레비전 코미디에 대한 시선들 가운데 그것의 '공격성'이나 '폭력성'을 이야기하는 경우들은 이러한 탓으로 전혀 근거가 없다고 할 수는 없다. 하지만 텔레비전 코미디의 공격성은 앞에서 말한 이론적이고 논리적인 수준의 공격성과는 다르게 봐야 할 측면이 있다. 웃음이 타인에 대한 공격성 혹은 부정성의 수준에 머문다면, 그것은 '코미디'가 될 수 없다. 사람에 따라 경우에 따라 다른 사람의 불행에 마음 놓고 웃을 수도 있겠지만, 대개의 경우는 그렇지 않다. 우리가 웃을 수 있는 타인의 불행이란 사소해서 심각하게 생각할 필요가 없는 혹은 허구임을 알고 있어 또한 진지하게 여길 필요가 없는 경우들이다. 말쑥하게 차려입은 빤질빤질한 신사가 바나나를 밟아 미끄러지는 모습은 우습다. 하지만 넘어져 일어나지 못한다면 더는 웃을 수 없다. 우리가 웃는 이유는 그것이 진지하고 심각한 지경에 이르지 않는 것, 그렇게 생각할 필요가 없는 것들에 한해서다.

코미디가 주는 웃음은 통상적인 행위의 궤적, 우리가 당연하다고 여기는 그 경로를 이탈한다. 이러한 이탈은 공포물이나 미스터리 장르에서처럼 심각하지 않다. 그마저도 약속된 이탈인 경우가 많다. 대중들에게 '웃음'을 부담 없는 즐거움으로 선사해야 하는 텔레비전 코미디에서 이탈의 무게는 결코 무거우면 안 된다. 텔레비전 코미디와 같은 대중적인 즐거움의 양식에서 '웃음'이 발생하는 까닭은 단순히 상궤에서 벗어난 의외성 때문이 아니라, 그 벗어남이 당사자의 '관성'이나 '무신경함'(비극에서 '무지'에 상응하는 것과 같은)에서 비롯된 어떤 '결함'('열등함'이라고도 표현할 수 있는)을 보여주지만, 그렇다고 그 결과가 그를 운명적 불행에 빠트릴 만큼 위험한 것은 아니라는 '안도'에 있다. 그러므로 텔레비전 코미디는 의외성만큼 그 벗어남을 상쇄할 '안심'의 메커니즘도 가지고 있어야 한다.

흔히 '해학'이라는 말로 표현되는 우리 전통 연희의 웃음 양식은 도식에 정확히 일치하고 있다. MBC에서 한동안 힘주어 발전시켰던[1] '마

---

1 MBC는 1981년 창립일을 기념하여 선보인 〈허생전〉 이후 2010년 〈평강온달전〉에 이르기까지 30년 동안 '마당극'의 제작과 보급에 힘써왔다. '마당극'과

당극' 혹은 '마당놀이'는 사회적 규범과 질서에 대한 일탈과 위반을 그려내지만 마지막에는 그 갈등과 오해들이 봉합되어 또 다른 균형점을 찾는 회복의 난장을 보여준다. 물론 이러한 이야기 구조는 비단 마당극이나 마당놀이에만 국한된 것은 아니다. 〈웃으면 복이 와요〉와 같은 전통적 텔레비전 코미디 또한 이와 같은 구조로 이야기를 전개해왔다. 이를테면 〈웃으면 복이 와요〉의 텔레비전 코미디 바보 캐릭터의 효시 격인 '비실이 배삼룡'은 정상의 범주와 기준에 미치지 못하는 열등한 존재로 놀림과 골탕의 대상이 되지만, 결국 손해를 보는 사람들은 오히려 그를 괴롭힌 사람들이었다. 이는 권선징악과 같은 전통적 가치를 유지하는 것은 물론 바보에 대한 웃음을 지닌 공격성을 규범적으로 보상한다. 이는 이탈 혹은 의외성이 주는 심리적 불균형 혹은 정서적 긴장을 해소하는 '보상과 회복의 기제'가 코미디의 핵심에 자리하고 있다는 걸 의미한다.

2) 코미디라는 장르

코미디는 텔레비전 속에서 하나의 장르이자 여러 장르를 아우르는 하나의 범주가 된다. 코미디라고 하면 좁은 의미에서는 〈웃으면 복이

'마당놀이'는 관점에 따라 구분되기도 하고, 같은 연희 형식의 다른 이름으로 간주되기도 한다. '마당극'은 대체로 민중적 연희형식을 진보적으로 계승한 개방적 연희 문화로 정의되고, 1980년대 민주화 운동과 밀접한 관계가 있었던 것으로 이해된다. 반면 '마당놀이'는 기성 연극계에서 시작되어 민족적 연희양식을 계승하고 전통적 서사를 개방적 연희 형식으로 재구성한 경우를 말하는 것으로 상업적 성격이 강한 반면 사회비판적 성격은 상대적으로 약하다는 평가를 듣는다(이영미, 2001).

와요〉, 〈폭소대작전〉, 〈오늘은 좋은 날〉, 〈코미디 닷컴〉, 〈개그야〉 등과 같은 특정한 형식을 공유하는 프로그램 '장르'를 의미한다. 예를 들어 이동규(2021)는 예능에 해당하는 장르를 토크쇼, 코미디, 음악쇼, 퀴즈쇼, 버라이어티, 게임쇼, 리얼리티, 서바이벌, 오디션, 시트콤, 시상식, 연예정보 프로그램 등이라고 말하는데, 이러한 맥락에서의 코미디는 좁은 의미에서 특정한 '장르'에 한정되는 것이다. 예능 혹은 오락 프로그램 범주의 하위 장르로서 코미디는 좁은 의미에서 코미디언들에 의해 '연기'되는 웃음의 연희적 양식을 의미한다. 그러므로 장르로서의 코미디는 상대적으로 연극적 성격이 강한 형식을 갖는다. 이를테면 전형적 코미디는 좀 더 드라마에 가까운 시트콤에 비해 단출한 공간을 가지며, 대개 연희의 공간을 연극의 '무대'와 같은 형태로 상정한다.[2]

장르로서의 코미디는 그 기원을 악극단의 콩트나 우스개에서 찾을 수 있다. 멀리 보면, 이는 미국의 민스트럴 쇼나 보드빌 쇼와 관련이 있다. 이들은 남북전쟁 이후 유행한 미국의 대중적 연희로, 노래와 춤 그리고 콩트나 개그 등을 중요한 콘텐츠로 하고 있었다. 특히 민스트럴 쇼는 백인 출연자들이 얼굴에 검은 칠을 하고 나와 흑인들을 비꼬거나 풍자하는 인종적 편견을 드러내는 공격성을 가지고 있었다. 이러한 공격성은 그 대상이나 방법을 순화시키긴 했지만, 보드빌 쇼에 와서도 마

---

2 드라마에 가까울수록 사실성이 중요한 몫을 차지하게 된다. 사실성은 몰입을 위한 전제조건이 되기 때문이다. 하지만 코미디는 앞에서 이야기했듯, '지금 벌어지는 일은 그저 웃기 위한 설정일 뿐'이라는 일종의 계약을 통해 웃을 수 있는 '안심'의 상황을 만들어낸다. 이러한 까닭에 지나친 실재성, 혹은 사실성이나 그럴듯함은 코미디에서는 오히려 방해의 요소가 될 수 있다.

찬가지였고, 이는 이들 콘텐츠가 수용자를 확보하고 시장을 넓히는 데 장애가 되었다. 그러므로 그 내용과 형식이 점점 순화되고 나서야 가족 모두를 위한 대중적인 오락 콘텐츠를 자리 잡게 되었는데 이를 '폴라이트 보드빌'이라고 부른다. 이는 코미디의 성격을 규정하고 이를 텔레비전 안에서 논의하는 데 매우 중요한 단서가 된다. 왜냐하면, 텔레비전에서의 코미디 또한 가족 모두를 위한 순하고 착한 오락이어야 했기 때문이다.[3]

이러한 역사적 맥락 때문인지 전통적인 의미의 코미디 장르는 공격성과 폭력성 그리고 저급함의 굴레에서 자유롭지 못했다. 전형적인 코미디의 트릭들은 대개 다른 사람들의 실수를 비웃거나 골탕 먹이는 데 있었고, 이는 당대의 문화적 편견과 사회적 고정관념을 통해 특정한 집단이나 계층에 대한 차별과 혐오에 연결되기도 했다. 민스트럴 쇼가 남북전쟁으로 해방된 흑인들에 대한 조롱과 조소를 담고 있었듯이, 코미디는 사회적 약자나 소수에 대한 차별과 혐오를 통해 통속적인 공격성을 웃음으로 희화하는 장르였기 때문이다. 그러나 이러한 통속적인 코미디 장르는 대중을 광범위하게 아우르기에는 어려움이 있었고, 텔레비전과 같이 전 국민을 시청자로 하는 미디어의 콘텐츠로 앉히기 위해

---

3 19세기 이전 서구의 민중적 오락거리들은 대체로 잔혹하고 공격적이며 마초적인 성향을 가지고 있었다. 이를테면 영국의 뮤직홀은 애초 성인 남성밖에는 입장이 허용되지 않았고, 중산층 이상이 즐길 수 있을 만한 점잖은 콘텐츠는 아예 취급하지 않았다. 그러나 오락이 사업이 되고, 그 규모가 커지면서 점점 표적 수용자의 범위를 넓혀 시장을 확대하지 않으면 안 되었다. 그러므로 거칠고 사나운 통속적 오락거리들은 빠르게 순화되었다. 그리고 여성과 아이들 그리고 중산층을 주머니를 노릴 수 있게 되었다.

서는 강도 높게 순화할 필요가 있었다. 그러므로 텔레비전에 코미디가 하나의 장르로 자리 잡는 과정은 단순하게 기존의 무대 코미디를 방송으로 옮겨오는 것 이상의 의미를 갖는 것이었다.

우리나라에서 통속적인 대중 연희는 1920년대에 시작된 악극에서 그 기원을 찾을 수 있다. 과거에는 연극 등 무대의 막과 막 사이의 전환이 부드럽고 빠르지 못했다. 이러한 막과 막 사이의 빈 시간을 때우기 위해 재담이나 콩트, 노래 등이 공연되었고, 이것이 발전하여 악극이 되었으며, 드디어는 악극을 전문으로 하는 악극단이 생겨나게 되었다. 악극은 그 자체가 코미디는 아니지만, 텔레비전에 진출한 우리나라 코미디언들의 상당수는 악극단에서 재담이나 촌극을 연기하던 배우들이었다. 구봉서, 배삼룡, 송해, 박시명, 이순주 등이 대표적인 악극단 출신 코미디언들이며, 이들은 1969년 MBC의 개국과 더불어 〈웃으면 복이 와요〉에 합류해 우리나라에 텔레비전 코미디 장르를 세우는 데 크게 이바지했다. 텔레비전 코미디는 이들 악극단 출신 코미디언을 통해 악극의 한 부분으로 이용되던 재담, 콩트 등을 하나의 독립된 프로그램 형식으로 재구성한 것이었다.

한편 넓은 의미에서의 코미디는 이러한 프로그램들만이 아니라, 〈일요일 밤의 대행진〉, 〈일요일 일요일 밤에〉 등과 같은 토크 형식의 버라이어티, 〈테마게임〉과 같은 드라마 형식, 〈LA아리랑〉, 〈남자 셋 여자 셋〉, 〈논스톱〉, 〈거침없이 하이킥〉 등과 같은 전형적 시트콤 등을 포함하는 코믹한 콘텐츠들 일반을 가리키기도 한다. 닐과 크루닉(Neale & Krutnik, 2002: 25)은 코미디가 원초적으로 다양한 형식들이 공존하는 광범위하고 방대한 장르라고 주장한다. 코미디처럼 그 특성을 규정하기 어려운 장르도 흔치 않다. 코미디는 슬랩스틱, 촌극, 소극, 판토마

초창기 〈웃으면 복이 와요〉의 타이틀 노래, 춤 그리고 광대 캐릭터가 섞여 있다.

임, 재담, 익살, 풍자, 해학 등에 더불어 서커스단의 광대극을 포함할
뿐 아니라 이를 노래와 춤으로 표현하는 경우까지 가능하기 때문이다.
그러므로 어떤 의미에서 코미디는 특정한 장르라기보다는 '웃음'을 통
해 즐거움을 주는 프로그램 유형 일반으로도 볼 수 있을 것이다. 그러
나 코미디의 의미를 이렇게 확장할 경우, 그것은 모든 프로그램에 어느
정도는 포함되어 있을 웃음의 요소 혹은 계기들을 가리키는 것이 되어
하나의 범주나 개념으로서 제 역할을 할 수 없게 된다.

그러므로 우리나라 텔레비전 프로그램을 대상으로 할 때, 코미디라
고 하면 전통적인 의미의 코미디 프로그램과 더불어 웃음을 주요한 즐
거움의 방법으로 채택하고 있는 버라이어티 프로그램 정도로 한정해서
이야기하는 것이 합당할 것 같다. 여기에서 '시트콤'을 포함하지 않는
것은 우리의 맥락과 전통에서 시트콤은 통상 '코미디언'을 중심으로 하

는 프로그램이 아니었기 때문이다. 미국과 영국의 시트콤이 주로 코미디언을 중심으로 드라마의 형식과 구조를 웃음의 장르로 재구성한 형태를 가지고 있었던 데 반해, 우리의 시트콤은 대체로 코믹한 '드라마'에 가까운 형태로 발전했기 때문이다.[4] 아울러 버라이어티 쇼의 모든 형식이 코미디에 속하는 것이라고 이야기할 수 없다는 점도 언급할 필요가 있을 것 같다. 이를테면 MBC〈영 11〉(1981~1984)과 같은 프로그램은 음악이 중심이 되는 버라이어티 쇼로 코미디의 범주에 넣을 수 없는 경우다. 넓은 의미의 코미디에 속하는 버라이어티 쇼는 '코미디'의 요소가 중심이 되고 '코미디언'이 중심에 서는 이를테면 '버라이어티 코미디'의 경우에 한정해서 논의해야 할 것이다. 굳이 '버라이어티 쇼'를

---

4 사이드만(Seidman, 1981)은 코미디를 웃음을 주조로 하는 모든 콘텐츠에 적용할 수 있는 개념이라고 보고, 우리가 통상 코미디라 부르는 장르들을 '코미디언'들에 의해 연기되는 특정한 양식들로 파악한다. 이러한 코미디를 그는 특별히 '코미디언 코미디'라고 부른다. 우리가 통상적으로 말하는 코미디는 아마 사이드만의 '코미디언 코미디'에 해당할 것이다. 그에 따르면 코미디언은 정상적인 서사적 진행에서 이탈하는 2차적 서사 혹은 사건을 만들어 이를 통해 기존 서사에 균열을 내고 틈을 만들어 '웃음'을 빚어내는 존재가 '코미디언'이다. 이러한 해석은 앞서 살펴본, 코미디의 웃음이 '상식'과 '당연'의 궤를 벗어나 일종의 의외성을 부여함으로써 발생한다는 이야기와 일치하는 견해다. 즉 코미디언은 상식과 당연을 깨기는 하지만 그것으로부터 위협과 위험을 초래하지 않는 사람들이다. 코미디를 하는 사람이 코미디언이지만, 한편 코미디언이 하는 것이 코미디이기도 하다. 우리나라의 전통과 맥락에서 시트콤은 몇몇 예외가 있기는 하지만 대체로 코미디언이 하는 코미디는 아니었다. 따라서 이 글에서는 '시트콤'에 대해서는 다루지 않는 것으로 한다. 이에 대해서는 좀 더 넓은 범위에서 혹은 코미디의 다른 정의에서 다뤄져야 할 문제로 보인다.

넣어 논의하는 까닭은 장르로서의 코미디가 퇴조하는 가운데 웃음의 내용과 형식들이 버라이어티 쇼에 흡수되는 경향이 있었기 때문이다.

3. MBC 코미디의 계보

MBC에서 코미디의 진전과정은 크게는 두 가지의 흐름으로 구분해서 생각해볼 수 있다. 우선 〈웃으면 복이 와요〉로부터 시작해 전통적인 코미디 장르가 형성하는 '장르 코미디의 발전 단계'가 있을 것이고, 둘째로는 장르로서의 코미디가 퇴조하고 버라이어티 쇼로부터 새로운 형식의 예능이 이를 대체해가는 과정이 있을 것이다. 이러한 두 흐름은 실제로는 정확하게 맞물려 단계적으로 이행했다기보다는 어떤 시간, 어떤 부분에서는 서로 겹치며 진행되었기 때문에 이를 명확하게 구분하기는 어려울 수도 있다. 이러한 두 단계의 발전과정은 당대의 시대적 상황과 그 두 단계 안에서의 세부적인 변화 등을 반영하여 시간적으로는 다섯 단계로 구분해 이야기할 수 있을 것 같다.

이는 ① 1970년대를 주요 무대로 코미디라는 장르가 정립되는 초기의 텔레비전 환경, ② 1980년대 악극단 단원들 중심의 초기 코미디언들이 본격적인 방송 코미디언 세대로 교체되는 과정, ③ 1990년대 코미디에 대한 부정적 담론들과 대치하는 가운데 IMF 사태와 함께 맞이한 장르의 위기, ④ IMF 사태 이후 2000년대 초반을 중심으로 본격적인 다매체 다채널 환경에 적응하는 가운데 공개 코미디가 지배적 형식으로 자리 잡던 시기, ⑤ 2000년대 중반 이후 장르 코미디가 퇴조하고 리얼 버라이어티가 예능의 중심이 된 시기 그리고 그 이후, 이상 5단계이다. 앞에서 언급한 두 가지 흐름 가운데 전통적인 코미디 장르가 정립, 극성, 쇠퇴를 맞는 것은 첫 번째 단계부터 전체적으로 이어지는 과정이고, 버라이어티 쇼를 중심으로 새로운 연예오락 프로그램 형식들이 형성, 분지, 변형하며 현재에 이르는 과정은 두 번째 단계부터 이어지고 있다고 할 수 있다.

1) 장르의 탄생

본격적인 의미에서 코미디라고 불릴 만한 텔레비전 프로그램은 MBC의 〈웃으면 복이 와요〉가 우리나라 최초였다. 물론 〈웃으면 복이 와요〉 이전에 '코미디'가 전혀 없었던 것은 아니다. 텔레비전 이전 라디오를 통해서 혹은 다른 방송사의 텔레비전 프로그램을 통해서 '코미디'가 소개되기는 했다. 우리나라 코미디의 태생적 기원이라고 할 악극단의 '콩트'나 '재담'은 라디오나 텔레비전에도 그대로 이식되어, 춤과 음악을 중심으로 하는 쇼 오락 프로그램의 한 코너를 차지하며 인기를 끌었다. 1960년대 초에 이미 '양석천'과 '양훈'이 콤비를 이뤄 '뚱뚱이와 홀쭉이'라는 이름으로 활약하고 있었고, '곽규석'과 '구봉서'는 다양한 쇼 프로그램의 사회자로 등장해 재담과 개그를 선보였다. 텔레비전 방송의 초기에 이미 버라이어티 쇼가 편성되어 방송되고 있었다. KBS는 개국과 더불어 노래, 무용, 만담, 촌극 등을 버무려 넣은 〈TV 그랜드 쇼〉라는 1시간짜리 대형 버라이어티 쇼를 편성했다. 이 프로그램의 인기로 우리나라의 대표적 버라이어티 쇼가 된 TBC의 〈쇼쇼쇼〉가 탄생할 수 있었다. 그러나 코미디를 중심으로 한 하나의 완결된 프로그램으로 성공한 사례는 〈웃으면 복이 와요〉가 최초였다. 1969년 MBC 텔레비전 방송국 개국과 더불어 선을 보인 이 프로그램은 당대의 가장 인기

⟨표 5-1⟩ 텔레비전 방송 초기에 활약한 코미디언들

데뷔 시기	이름	데뷔 방법	주요 경력 및 콘텐츠
1942	양석천(1921~1990)	빅터가극단	'홀쭉이와 뚱뚱이'라는 콤비로 재담, 스탠딩 코미디
	양훈(1923~1998)	성보가극단	
1945	구봉서(1926~2016)	태평악극단	곽규석과 다수 프로그램 MC, 재담, 스탠딩 코미디, 판토마임, 슬랩스틱
1946	김희갑(1923~1993)	극단동협	다수 프로그램 MC, 연기자로 활약. '합죽이'라는 애칭으로 불림
	배삼룡(1926~2010)	악극단민협	구봉서와 재담, 슬랩스틱, '바보' 캐릭터의 효시, '비실이'라는 별명으로 유명하며, 이름 앞에 늘 '비실비실'이라는 수식어를 붙임
1948	곽규석(1928~1999)	연극, 성악	구봉서와 다수 프로그램 MC, 재담, 스탠딩 코미디. 공군군악대에서 활동한 전력으로 '후라이보이'라는 예명으로 불림
1949	남성남(1931~2015)	창공악극단	남철(1934~2013)과 '남철·남성남'이라는 콤비로 활약, 재담, 스탠딩 코미디, 슬랩스틱, 독특한 춤사위(왔다리 갔다리 춤)로 유명
	송해(1927~)	창공악극단	재담, 슬랩스틱, 깐깐한 캐릭터로 유명, 다수 프로그램 MC로 활약
1952	임희춘(1933~2020)	극단동협	슬랩스틱, 키가 크고 마른 체형으로 착하고 싱거운 캐릭터로 유명
1958	백금녀(1931~1995)	부산지방극단	지방극단 배우로 데뷔. 1948년 서울 중앙방송 성우 1기. 서영춘과 '갈비씨와 뚱순이'라는 애칭으로 만담
1950년대	서영춘(1928~1986)	악극단	극장 간판 화공으로 결석 배우를 대신해 연기한 것이 계기가 되어 데뷔. '살살이'라는 애칭으로 불림. 재담, 만요, 슬랩스틱
1963	남보원(1936~2020)	스타탄생	스타탄생이라는 오디션 프로그램에서 코미디부문 1위, 성대모사를 주특기로 하는 원맨쇼
1964	이상해(1945~)	극장쇼	이상한과 콤비로 스탠딩 코미디. 재담, 슬랩스틱
1965	이주일(1940~2002)	샛별악극단	슬랩스틱, 배삼룡을 계승한 바보 캐릭터로 유명
1967	백남봉(1939~2010)	물랑루즈쇼단	성대모사, 슬랩스틱, 재담, 독특한 얼굴 표정 특히 취객 흉내와 오징어 굽는 모습을 연기해서 인기를 끔
1960년대	이기동(1935~1987)	악극단	슬랩스틱. 땅딸이라는 별명으로 유명. 권기옥, 이대성, 배삼룡 등과 콤비를 이뤄 인기를 끔
	이대성(1986~2010)	낙랑극단	미남 코미디언으로 유명. 재담, 표정연기. 이기동 등과 콤비로 활약

있는 오락 프로그램으로 1985년까지 장수하는 우리나라의 대표적 코미디 프로그램이 되었다.

〈웃으면 복이 와요〉를 중심으로 하는 우리나라 텔레비전 코미디의 초기 형태는 프로그램을 주도하고 있던 코미디언의 역량과 재능에 의존하고 있었다. 소위 '코미디언'이라 불리는 사람들이 텔레비전에 등장했던 것이다. MBC 문화방송은 1969년 TV 방송 시작과 함께 악극단 출신인 구봉서, 송해, 박시명, 이순주 등을 〈웃으면 복이 와요〉에 기용했다. 이 프로그램을 통해 많은 코미디언들이 텔레비전에 등장하게 되었다. 이들이 극장이나 시장의 가설무대에서 보여주었던 코미디가 텔레비전을 통해 가정집으로 옮겨왔다.[5] 하지만 코미디언들이 악극단과 코미디영화 그리고 라디오에서의 자기 명성과 기존 콘텐츠를 그대로 가져올 본격적인 코미디 프로그램은 〈웃으면 복이 와요〉가 유일했다. 〈웃으면 복이 와요〉의 성공은 이후, TBC의 〈고전 유머 극장〉(1976~1985)과 더불어 텔레비전 오락에서 코미디의 전성시대를 여는 데 결정적인 기여를 했다. 초기 〈웃으면 복이 와요〉는 양훈·양석천의 '홀쭉이와 뚱뚱이', 구봉서의 '위대한 유산' 등의 코너로 인기를 끌었다. 이후

5 근대 유랑극단 등의 오락 콘텐츠가 새로운 기술적 미디어에 적응해가는 과정에 가장 적극적이었던 이들이 코미디언이었다. 이들의 코미디는 멀리는 조선시대의 광대로부터 그 기원을 찾을 수 있겠지만, 근대 민중적 연희판에서 활약한 배우들이었다. 박선영(2011) 이들이 어떻게 코미디를 하나의 서사적 공연물로 구성하고 그 가운데 자기 캐릭터를 구축해 나갈 수 있었는지를 설명하기 위해 1920년대에 유행하기 시작한 재담에 주목한다. 재담이 만담으로 만담이 악극에 수용되는 과정에서 우리의 현대적 코미디 형식이 발전되었다는 것이다.

배삼룡의 슬랩스틱이 더해져 텔레비전 코미디의 황금기를 개막했다.

〈웃으면 복이 와요〉의 성공에 힘입어, 본격적인 코미디언 생활을 텔레비전을 통해 시작하는 경우들도 생겨나게 되었다. 이를테면 1971년 배연정(1952~)과 배일집(1947~)이 MBC 코미디언 공채 1기로 입사하게 된다. 이듬해인 1972년에는 문영미(1945~)가 2기로 입사함에 따라 본격적인 텔레비전 코미디언의 시대를 열었다. MBC는 1975년 이용식을 제1기 '코미디 탤런트'로 선발함으로써 오디션을 통한 코미디언 채용이라는 새로운 역사를 개척한다. 이용식은 '뽀식이'라는 애칭으로 불리며 〈웃으면 복이 와요〉 등 MBC의 다양한 예능 프로그램에 출연하며 당대 최고의 인기를 누렸다. 한편 1978년 제2기 코미디 탤런트는 가수로 유명한 방미(1960~)가 선발되었으며, 1981년에는 제3기로 김종석 (1959~), 김혜영(1962~) 등이 선발되었다. 당연히 이들 코미디언들은 〈웃으면 복이 와요〉를 통해 경력을 쌓았다.

2) 코미디와 개그

MBC의 〈웃으면 복이 와요〉에서 시작한 텔레비전 코미디는 시간이 흐르면서 미묘한 변화를 겪게 된다. 이는 악극단 중심의 코미디에서 벗어나 텔레비전을 통해 데뷔한 코미디언 사이에 극복하기 힘든 감수성의 차이가 있었기 때문이다. 1974년 TBC에서 편성한 〈살짝이 웃어예〉는 우리나라 최초의 개그 프로그램으로 이야기되고 있는데, 이는 1920년 그리고 일제의 식민지배 그리고 해방 후 미군정하에서 형성된 웃음의 코드와는 궤를 달리하는 새로운 세대의 감수성을 반영하고 있었다. 이들 새로운 세대의 코미디언들은 그들을 선배 코미디언들과 구분하기 위해 '개그맨'이라는 이름을 썼다.[6]

세대가 바뀌면서 내부적 갈등이 점차 커져가고 있던 시점에서 1980
년 신군부의 쿠데타로 텔레비전 코미디는 커다란 변곡점을 맞이한다.
당시 권력을 장악한 신군부는 사회정화를 명분으로 방송·연예계에 대
한 숙정 운동을 전개한다. 1980년 8월 16일 '텔레비전방송연기자협회'
를 시작으로 소위 '사회정화궐기대회'를 열고, 전두환이 대통령으로 취
임한 9월 1일부터 연예인 24명에 대한 방송출연금지 조치가 시행했다.
이렇게 방송출연이 금지된 연예인들 가운데에는 배삼룡, 이주일, 이기
동과 같은 코미디언들이 포함되어 있었다. 이들 연예인들은 4개월 뒤
대부분 출연금지가 해제되었지만 이기동은 1980년대 중반에 가서야
방송에 나올 수 있게 되었다. 이는 당시의 연예오락 프로그램들, 특히
코미디 프로그램을 위축시켰을 뿐 아니라, MBC 코미디에 위기를 불러
왔다.

이러한 상황에서 스스로를 기존의 코미디언들과는 다른 세대라고
규정하던 개그맨들의 약진이 두드러졌다. 악극단의 주요 레퍼토리였
던 신파극에서 유래한 구세대의 판에 박힌 이야기 전개와 걸핏하면 때
리고 맞고 넘어지는 슬랩스틱을 수준 낮은 코미디라고 생각한 이들 개
그맨들은 새로운 시대에 맞는 새로운 웃음을 추구하고자 했다. 코미디
언이 퇴조하고 개그맨이 득세하게 된 것이다. 대체로 1980년대 중반부
터 개그맨들이 텔레비전 연예오락의 무대를 장악하기 시작했다. KBS

---

6 원조 코미디언들은 후배들의 개그를 '학예회' 수준이라고 폄훼했고, 후배 개
   그맨들은 그들의 선배 코미디언들이 전혀 '창의적이지 못'하다고 비판했다.
   한때 이들의 갈등은 같은 방송국에서 대기실을 따로 쓰는 지경에 이르기도
   했을 정도로 골이 깊었다고 한다(이상복, 2002).

에 〈유머 일번지〉, 〈토요일이다 전원 출발〉, 〈쇼 비디오자키〉가 있었다면, MBC에는 〈청춘 만만세〉, 〈일요일 일요일 밤에〉가 있었다. 이러한 프로그램을 통해 주병진·김형곤·최양락·심형래·장두석·이경규·고영수·이홍렬 등이 인기를 끌었다.

개그맨들이 두각을 드러냄과 동시에 각 방송사들은 각종 개그맨 콘테스트를 통해 좀 더 우수하고 참신한 인재를 확보하고자 노력했다. MBC의 경우도 1981년부터 1986년까지 라디오를 통해 개그맨 콘테스트를 개최하여 인재를 발굴했다. 이후 1987년, 1988년, 1989년, 1991년 네 차례에 걸쳐 공개 오디션인 'MBC 개그맨 콘테스트'를 개최해 인재를 영입했다. 개그맨 콘테스트 이후에도 1994년부터 2013년에 이르기까지 2005, 2007, 2010, 2011년을 제외하고 매해 개그맨 공채를 실시했다. 1981년 MBC 라디오 주최 MBC 개그맨 콘테스트에서는 최양락(대상), 엄용수(금상), 김보화(동상), 이경규(인기상), 박세민, 김정렬, 조정현, 김명덕 등이 발탁되었다. 1982년 2회에서는 최병서(대상, 인기상), 황기순(금상), 이원승이 1983년 3회 콘테스트에서는 장용(장려상), 김종석, 배영만, 정재환 등이 발탁되었다.

텔레비전 공채 1기는 1987년 MBC 개그맨 콘테스트를 통해 발탁된 이현주(대상), 이경실(금상) 등이 포함되어 있었고, 1988년에는 박미선(금상), 1989년에는 서승만(대상), 1991년에는 이영자, 1993년에는 홍기훈(대상), 서경석(금상), 이윤석(은상), 박명수(장려상), 김학도(장려상), 표영호(장려상) 등이 발탁되었다. 개그맨 콘테스트 이후, 1994년에는 정찬우, 김태균 등이 공채 5기, 김진수, 김효진 등이 공채 6기, 김현철, 노정렬 등이 공채 7기로 코미디계에 입문했다. 이후에도 수많은 인재가 MBC 공채를 통해 개그맨으로 활약했고, 이는 텔레비전 연예 오락

<표 5-2> 1969~1980년대 MBC의 대표적 코미디 프로그램

〈웃으면 복이 와요〉(1969~1985)	〈청춘만만세〉(1984~1992) (1988년 〈청춘행진곡〉으로 변경)

에 커다란 활력을 불어넣었다.

이 시기 MBC의 대표적인 코미디 프로그램으로는 〈청춘행진곡〉이 있었다. 〈청춘행진곡〉은 1984년 〈청춘만만세〉라는 제목으로 시작해 1992년 종영되었다. 〈청춘행진곡〉의 주역을 맡은 코미디언들은 새로운 세대의 개그맨들로 그들의 선배 코미디언들이 집중했던 '슬랩스틱'에서 벗어나 언어적 유희를 주력으로 삼았으며, 극화된 양식에서 벗어나 짧고 임팩트가 있는 비서사적 에피소드에 주력했다. 음악과 개그를 연결시킨 박세민의 '팝비디오쇼', 'DJ에게 물어봐' 등이나, 기존의 만담이나 재담의 형식에서 탈피한 최병서·조갑경의 '병팔이랑 갑경이랑', 표정 연기나 몸 개그를 중심으로 하지만 기존의 슬랩스틱과는 궤를 달리했던 김정렬, 배영만 등의 '좌우로 정렬'과 같은 코너들이 이 프로그램의 재미를 이끌었다.

전통적인 의미에서의 코미디 프로그램으로서 〈웃으면 복이 와요〉의 맥을 잇는 〈청춘행진곡〉과 더불어 이 시기 MBC 연예오락 혹은 넓은 의미의 코미디에 있어 중요한 변화가 시작되었는데, 이는 〈일요일 밤의 대행진〉이 시작되었다는 점이라 할 수 있다. 1981년 시작된 이 프로그램은 애초 코미디 프로그램이라기보다는 음악이 중심이 되는 전통적인 버라이어티 쇼에 가까운 형태로 운영되었다. 그러나 개그맨 김병조가 진행하던 시사 풍자 코너인 '일요일 밤의 뉴스 대행진'이 인기를 얻게 되면서 코미디 중심의 프로그램이 되었다. 당시 김병조는 '먼저 인간이 되어라', '지구를 떠나거라'나 '나가 놀아라' 등의 유행어를 히트시키며 당대 최고의 코미디언이 되었다.

〈일요일 밤의 대행진〉이 의미를 갖는 이유는, 전통적인 코미디 프로그램에서 벗어나 '버라이어티 쇼'의 유전자를 가진 프로그램이 MBC 연예오락의 대표로 자리매김하기 시작하며 이후 코미디 프로그램의 역사에 커다란 영향을 미쳤기 때문이다. 실제로 이 프로그램은 1988년 〈일요일 일요일 밤에〉로 제목을 변경하여 현재까지 MBC 대표 버라이어티 프로그램인 〈일밤〉으로 계승되고 있다. 현재의 〈일밤〉은 코미디 프로그램이라고 보기 어려우나, 이 프로그램이 대표적 예능으로 자리를 잡는 과정에서는 분명 코미디 프로그램이라 부를 만한 내용과 형식을 가지고 있었을 뿐 아니라, 출연자들에 있어서 또한 코미디언 혹은 개그맨이 대세였다.

3) IMF, 코미디의 위기

1980년대는 코미디에 대항하여 개그가 그리고 코미디언에 반해 개그맨이 등장해 텔레비전 코미디에 새로운 세대가 수혈되었던 시기다. 그러나 코미디의 어법과 전통 그리고 그 유산은 여전했다. 코미디 장르가 자리를 잡은 1970년대 이후 늘상 문제가 되었던 코미디의 '저질성'과 '폭력성'에 대한 담론이 여전히 지배적 지위를 누리고 있었다. 그러나 코미디에 대한 규범적 차원의 부정적 담론은 한편으로는 코미디 자체에 대한 평가이기도 했으나, 다른 한편 대중문화 전반에 대한 선입견의 결과이기도 했다. 대중문화에 대해 부정적이었던 당대의 분위기는 그 가운데서 가장 서민적인 문화적 양식들 가운데 하나인 코미디에 더욱 가혹했다. 이러한 분위기는 1990년대에 들어서면서 상당히 수그러들기 시작한다. 대중문화 전반의 경제적, 사회적, 문화적 중요성이 부

<표 5-3> 1990년대 MBC의 대표적 코미디 프로그램

〈新 웃으면 복이 와요〉 (1992~1994)	〈오늘은 좋은 날〉 (1992~1999)	〈코미디 동서남북〉 (1993~1993)	〈행복충전 유쾌한 일요일〉 (1999~1999)

각되기 시작하며, 이에 대한 사회적 관심이 상승하기 시작했고, 대중문화를 진지하게 탐구하는 학제적 담론이 쏟아졌다.

1992년 첫 방송을 탄 이후 1999년까지 계속되었던 〈오늘은 좋은날〉은 1990년대를 대표하는 MBC의 코미디 프로그램이었다.[7] 이홍렬과 임하룡의 '귀곡산장'은 '뭐 필요한 거 없수'라는 당시 최고의 유행어를 낳으며 세간에 화제가 되었다. 슬랩스틱이나 말놀이의 수준에서 나아가 '상황이 주는' 코믹함은 이전의 코미디를 한 차원 높게 고도화시켰다고 할 수 있었다. 그 밖에도 '사랑방 손님과 어머니', '큰집사람들', '소나기', '허리케인 블루', '울 엄마' 등 많은 코너들이 숱한 화제를 불러일으켰다. 1987년에 KBS의 〈쇼 비디오자키〉에서 소개되어 인기를 끌었던 '시커먼스'라는 코너는 출연자가 민스트럴 쇼가 그랬던 것과 같이 얼굴에 검은 칠을 한 흑인 분장으로 출연해 낙후된 인권 의식을 드러낸다는 공격을 받았다. 그러나 이 코너는 과거 박세민이 DJ의 역할을 모방해 코미디의 모티브를 음악에서 따온 것처럼 음악과 코미디를 접목하는 나름의 방법을 보여주었다. 이에 더해 '허리케인 블루'는 2000년대 〈개

---

7 한편 1985년 종영되었던 〈웃으면 복이 와요〉가 새롭게 단장하고 1992년 〈新 웃으면 복이 와요〉로 방송되기도 했다. MBC 합창단이 부른 '오데로 갔나'가 화제가 되기도 했지만, 〈웃으면 복이 와요〉의 영광을 재연하기에는 무리가 있었다. 1994년 종영했다.

그콘서트〉에서의 '고음불가'에 연결되는 본격 음악 코미디를 선보이기
도 했다.

1994년에는 드라마 형식의 코미디 〈테마극장〉이 첫선을 보였다. 이
프로그램은 1995년 〈테마게임〉으로 변경되어 1999년까지 방송되었다.
김국진을 필두로 김진수, 김효진, 서경석, 이윤석, 김용만 홍기훈 등 젊
은 코미디언들이 중심이 된 이 프로그램은 스탠딩개그나 슬랩스틱이
아닌 비교적 진지하고 무거운 주제를 드라마적 형식과 연출이 코미디
에도 적용될 수 있다는 사실을 보여주었다. 〈테마극장〉은 1996년부터
방영된 〈남자 셋 여자 셋〉 등과 같은 시트콤에도 영향을 주었을 것으로
보인다. 극화된 코미디의 경험이 제작하는 쪽에서나 수용하는 쪽에서
나 장르적 관습을 이해하고 받아들이는 데 도움을 주었을 것이다.

〈테마극장〉과 같은 드라마화한 형식의 코미디는 이전 세대의 연극
적 코미디와는 다른 감수성을 가지고 있었다. TBC와 KBS의 〈고전 유
머극장〉(1976~1985)[8]이 웃음의 요소로 코믹한 에피소드나 슬랩스틱을
적극 활용하고, 스토리텔링을 동서양의 '고전'에서 가져왔으며, 근본적
으로 일반 코미디 프로그램의 어법과 장치 그리고 세팅을 이용한 데 반
해 〈테마극장〉은 형식적인 측면에서 본격 드라마에 훨씬 가까운 프로
그램이었다. 이러한 점에서도 나름 코미디의 외연을 확장함과 동시에
웃음을 만들어내는 장치들을 고도화함에 있어서도 〈테마극장〉이 갖는

8　언론통폐합으로 TBC가 KBS에 흡수 합병된 이후에도 〈고전 유머극장〉은 계
　속 제작되었다. 출연진은 당대의 코미디언 전체를 거의 망라했으며, 동서양
　의 고전, 특히 우리의 고전과 민담을 극화된 코미디의 형식으로 각색해 보여
　주었다.

의미는 남달랐다고 할 수 있다.

〈일요일 밤의 대행진〉(1981~1988)에서 시작된 버라이어티 쇼 형식의 코미디 또한 이 시기 상당한 호응을 얻으며 발전을 거듭했다. 1988년 시작되어 〈일요일 일요일 밤에〉라는 제목으로 1990년대를 관통했다. 애초 코미디 프로그램에 가까웠으나 1990년대 중반에 이르러서는 좀 더 버라이어티 쇼에 가까운 형식으로 진행되기 시작했다는 점이 눈에 띈다. 초기 〈일요일 일요일 밤에〉는 한 명의 진행자가 전체 프로그램 운영을 맡고 '미주알 고주알', '헬로우! 일지매' 등과 같은 짧은 콩트를 배치하는 코미디 프로그램이었다. 이경규의 '몰래카메라'나 주병진, 노사연 등이 활약한 '배워봅시다' 같은 코너로 교양프로그램의 포맷을 차용하거나 리얼 버라이어티의 성격을 부여해 기존의 코미디와는 다른 즐거움을 만들어내었다. 이러한 기조는 이후 일밤 3형제라고 불리던 이문세-이홍렬-이휘재 3명의 체제로 이어져 'TV 인생극장'(이휘재), '한다면 한다'(이홍렬) 등과 같은 유명 코너를 탄생시켰다.

1990년대에는 대중문화에 대한 긍정적인 담론들이 쏟아지고, 코미디를 비롯한 대중적 감수성의 통속적 콘텐츠에 대해 호의적인 사회문화적 분위기가 자리 잡고 있었다.[9] 그럼에도 불구하고, 텔레비전 코미디에게 1990년대, 특히 1990년대 후반은 위기의 시간이었다고 해야 할

---

9 포스트모더니즘에 대한 논의와 더불어 대중문화에 호의적이었던 문화연구(cultural studies)가 본격적으로 소개되기 시작하면서 학제적 담론을 비롯한 지식인 담론의 전반적 양상에 분위기가 깔려 있었다. 사회문제로 대두되며 문제시되기는 했지만, X세대나 오렌지족 등 새로운 세대들(신세대)에 대한 논의가 활발히 개진된 것도 이러한 문화적 분위기와 무관치 않다.

것이다. 왜냐하면 대중문화 일반에 대해 긍정적 담론이 팽창하는 것과는 다르게, 코미디에 대한 규범적인 수준의 비판은 더욱 거세졌기 때문이다. 시청자 운동에 대한 관심과 미디어 교육의 필요성이 제기되기 시작한 분위기에서 텔레비전 코미디를 비롯한 각종 방송 프로그램에 대한 비판이 대량으로 생산되기 시작했다. 이러한 상황 아래 경실련 미디어워치, 매비우스(매체비평우리스스로), 민주언론시민연합 등 50여 곳에 달하는 다양한 시민단체와 미디어 관련 사회운동 단체에서 제각기 텔레비전 방송 모니터링 보고서를 발간했다. 이들 단체들은 처음에는 언론의 객관성과 공정성을 따지는 일에 집중했지만, 점차 그 대상을 넓혀 방송 프로그램 전반에 대해 비판하기 시작했다. 그리고 이러한 활동은 곧 연예오락 프로그램의 선정성과 상업성을 비판하는 것으로 이어졌으며, 그 논란의 중심에 텔레비전 코미디가 있었다.

1980년대까지는 미디어에 대한 통제와 문화적 제재의 사회적 시스템이 정치권력을 중심으로 배치되어 있었다. 그러나 1990년대에 이르러 권력의 양상이 다양화되고 사회적 통제의 중심이 분산되면서 상대적으로 시청자들의 목소리가 높아졌다고 할 수 있다. 이러한 과정에서 텔레비전 코미디에 대한 비판적 담론이 특정한 지식인 그룹이나 정치 엘리트에 의해 독점적으로 생산되던 과거와 달리 시청자들을 대변하는 다양한 시민단체가 생산해내게 되었다. 텔레비전 코미디에 대해 이들이 제기하는 문제는 대체로 '억지웃음의 강요', '소재의 고갈에 따른 자기 표절', '슬랩스틱', '말장난', '저속한 언어적 표현', '식상함' 등으로 표현되었다.

한편 1995년 개국한 지역민방이나 1996년 공식 출범한 종합유선방송(CATV) 등은 당시의 미디어 환경에 커다란 변화를 초래했다. 이는

〈표 5-4〉 1990년대 대표적 시청자(언론수용자) 단체

민주언론시민연합(민언련)	1984년 언론과 사회의 민주화를 위해 모니터 및 개선 요구 활동. 언론보도 중심의 모니터링
서울 YMCA 시청자시민운동본부	1985년 출범. 텔레비전 바로보기 교육 등 모니터링, 미디어 교육 관련 활동 등 전개
한국여성민우회 미디어운동본부	1989년 TV 모니터 팀 결성 텔레비전모니터링, 미디어 교육, 1998년 미디어운동본부 출범
언론개혁시민연대	1998년 48개 시민사회단체와 언론단체의 연대 기구로 출범. 2002년 언론인권센터를 독립기구로 출범(언론피해법률지원본부, 언론정보공개시민운동본부의 사업을 이관)
매체비평우리스스로(매비우스)	1997년 2월 발족. 1996년까지는 주로 뉴스 보도의 공정성에 초점을 둔 모니터링 활동을 전개. 이후 드라마, 쇼, 오락, 코미디 등 대상의 범위를 확대
한국여성단체협의회 매스컴모니터회	1984년 11월 매스텀 모니터 요원 양성 프로그램을 통해 배출된 회원들을 중심으로 활동을 전개. 드라마, 어린이프로그램, 코미디 등 거의 모든 TV 프로그램을 대상으로 확대
보리방송 모니터회	1990년 불교계 방송언론 수용자 단체로 출범. 2005년 3월 '사단법인 보리'로 재창립
참교육을 위한 전국학부모회 방송모니터회	1989년 설립. 1993년 제1기 모니터교육 강좌 개최. '방송모니터회'를 설치하고 모니터링 및 미디어 교육 활동
바른 언론을 위한 시민연합	1995년 설립. 언론감시 및 비평, 언론피해 구제, 정책 개발 등을 목적으로 하는 언론 수용자 단체로 활동

무엇보다 채널의 수가 확연히 증가하고 따라서 프로그램에 대한 수요가 증가할 것임을 예견하는 객관적 조건을 조성했다. 비록 1997년의 외환 위기로 당대에 이러한 상황이 충분한 수요와 공급을 만나 제대로 시장을 형성할 수는 없었지만, 수용자가 선택해서 채널을 선택적으로 구입(구독)할 수 있다는 것은 미디어판에 새로운 패러다임을 불러온 사건이었다. 이전 보다는 선택할 대안이 많아졌고, 공급자 중심의 시장은 무게 중심을 수용자 쪽으로 옮겨가게 되었다. 이러한 분위기는 그동안 독점적 지위 아래 상대적으로 편안한 상황에 있었던 공중파 방송에 이

전과는 다른 수준의 '경쟁'을 예고하는 것이었다. 더구나 1990년대 후반에 불어 닥친 글로벌 금융위기와 IMF 구제금융 사태로 침체된 사회 분위기는 경쟁을 위해 고삐를 조이고 노력과 성과를 채근할 충분한 빌미가 되었다. 우리 사회의 모든 영역이 그러했지만, 코미디 역시 이러한 맥락에서 하나의 위기를 맞았다.

4) 공개 코미디와 리얼 버라이어티

1990년대 말에 우리 사회 그리고 방송 환경에 불어 닥친 위기는 2000년대에 들어서 그에 대한 대응과 반응으로 구체화되었다. 경제적 위기에 맞닥뜨린 한국 사회가 전 사회부문에서 경쟁을 1순위의 가치로 자리매김하도록 했다. 이러한 사회 분위기는 공동체와 더불어 사는 삶의 가치보다는 효율성과 합리성의 기치 아래 경쟁 과정에서의 공정을 최우선의 도덕적 잣대로 두도록 만든다. '신자유주의'라는 이름으로 대표되는 이러한 이데올로기 혹은 시대정신은 사회 전 부문에 걸쳐 영향을 미치기 시작했고, 우리의 2000년대는 이를 내면화하는 시간이었다.

신자유주의의 경쟁지향적 가치관과 분위기는 텔레비전 코미디에도 영향을 미쳤다. 〈개그콘서트〉(1999~2020, KBS)를 필두로 등장한 '공개 코미디'의 유행이 이를 증명한다. 매주 무대에 올려 녹화할 코미디를 경쟁을 통해 선발하고 이를 관객 앞에서 공개방송으로 녹화해 방송한다는 개념은 이전에는 볼 수 없었던 방법이었다. 여기에서 주목해야 할 점은 〈개그콘서트〉가 만들어낸 시스템은 근본적으로 '웃음'이나 '즐거움'의 방식에 대한 것이 아니라, 그것을 만들어내는 사람들을 '경쟁'하도록 함으로써 어떻게든 결과를 만들어내라는 강제와 긴장의 시스템이었다는 것이다. 이를테면 슬랩스틱에서 스탠딩개그나 말개그로의 전환이라든가, 극화된 코미디에서 버라이어티 중심의 파편적 스토리텔링으로 전환 등과 같은 변화가 아니라, 코미디언들에게 생산과 그 결과를 고도로 강제하는 시스템으로의 전환이었다는 말이다.

경쟁에 의한 선별과 공개 녹화를 위한 훈련과 연습은 당시의 상황에서 코미디의 질적 수준을 높이기 위해 현실적으로 가능했던 거의 유일한 방법이었을 것이다. 1990년대를 거치면서 수용자들의 요구는 점차 복잡하고 다양하게 변화하게 되었고, 전통적 의미에서의 코미디 장르로는 그러한 요구를 충분히 담아내기 어려웠을 것이다. 웃음을 통한 즐거움이 코미디라는 특정 장르의 전유물이거나 혹은 코미디가 이를 가장 잘 구현할 수 있는 최고의 장르여야 할 이유도 없다. 이러한 상황에서 이미 웃음을 무기로 하는 텔레비전 오락 프로그램의 무게 중심은 버라이어티 쇼 쪽으로 옮겨오고 있었으며, 1990년대 후반 이후로는 좀 더 확연한 양상으로 드러나게 되었다. 이러한 상황에서 1999년 시작된 KBS의 〈개그콘서트〉는 어떤 면에서는 쇠락하기 시작한 장르로서의 코미디에 활력을 불어 넣은 소중한 프로그램이었다.

1990년대 말과 2000년대 초를 거치면서 MBC는 〈오늘은 좋은날〉 이후 〈행복충전 유쾌한 일요일〉(1999~1999), 〈코미디 하우스〉(2000~2005), 〈코미디쇼 웃으면 복이 와요〉(2005~2005), 〈코미디 버라이어티 웃는 Day〉(2005~2006), 〈개그야〉(2006~2009) 등을 선보이며 코미디 프로그램의 계보를 이어갔다. 2000대 초 MBC의 코미디 프로그램들은 녹화 코미디의 전통을 계승해 전통적인 코미디 프로그램의 규범에 충실한 프로그램을 만들었다. 하지만 이미 대중은 공개 코미디에 열광했고 이내 그 형식에 익숙해졌다. 이에 공개 코미디의 형식으로 〈웃으면 복이 와요〉를 부활시켜보지만 큰 성과를 거두지는 못했다. 이후 공개

〈표 5-5〉 2000년대 MBC의 대표적 코미디 프로그램

〈코미디 닷컴〉 (2000~2001)	〈코미디 하우스〉 (2000~2005)	〈코미디쇼 웃으면 복이 와요〉 (2005~2005)	〈코미디 버라이어티 웃는 Day〉 (2005~2006)	〈개그야〉 (2006~2009)	〈하땅사(하늘도 웃고, 땅도 웃고, 사람도 웃고)〉 (2009~2010)

코미디와 비공개 코미디를 절충한 〈웃는 Day〉를 선보였으나 이 역시 성공적이지 못했다. 이후 공개 코미디로 완전히 전환한 〈개그야〉는 나름 성과를 거두었다. 특히 김미려와 김철민의 '사모님'은 '김 기사 운전해'라는 유행어를 남기며 화제를 뿌렸다.

〈개그야〉의 성과에도 불구하고 MBC에서 전통적인 의미의 코미디가 설 자리는 점점 좁아지고 있었다. 〈개그야〉는 '사모님' 코너의 종료 이후 급격히 시청률이 하락하며, 후속 프로그램인 〈하땅사(하늘도 웃고, 땅도 웃고, 사람도 웃고)〉에 자리를 내주었다. 공개 코미디의 경쟁을 좀 더 분명하고 명시적으로 드러내어 방청객들의 투표로 우수 코너에는 금일봉을 주고 재미없는 코너는 종영시키는 방식으로 운영했다. 그러나 이러한 노력에도 불구하고 프로그램의 수명은 오래가지 못했다. 이미 1990년대 중반 이후부터 MBC 예능의 무게중심은 〈일요일 일요일 밤에〉를 필두로 한 버라이어티 쇼로 옮아갔다고 볼 수 있는데, 2000년대에는 이러한 현상이 더욱 분명히 드러났다.

한편 장르 코미디의 퇴조에 대비해 버라이어티 쇼는 더욱 다양한 형태로 진전하고 있었다. MBC의 대표적인 버라이어티 쇼로 자리매김한 〈일요일 일요일 밤에〉는 이미 코미디라는 장르에 국한하지 않고 그 외연을 넓히고 있었다. '몰래카메라'로 장안의 화제를 불러일으키긴 했으

나, 화제만큼 논란도 많았던 이 코너는 이후 '이경규가 간다'를 이어 받아 1996년부터 1998년까지 '양심냉장고' 코너로 연결되었다. 이경규, 민용태, 민병철, 신문선, 강지원 등이 출연해, 아무도 없는 도로에서 횡단보도 정지선을 지키는 양심 있는 시민들을 찾아가 냉장고를 선물하는 포맷으로 인기를 끌었다. 몰래카메라가 '훔쳐보기' 혹은 '엿보기'의 콘셉트로 윤리적 문제를 야기했던 데 비해 이 프로그램은 그것을 공익적인 차원 혹은 긍정적 차원으로 연결 지어 호응을 이끌어냈던 것이다.

이미 '몰래카메라'나 '양심냉장고'의 경험 그리고 당대에 전 세계를 휩쓸고 있던 리얼리티 쇼의 물결의 영향으로 〈일요일 일요일 밤에〉 또한 점차 그 영향권 안에 들게 된다. 2000년 1월에 〈일요일 일요일 밤에〉의 한 코너로 방송을 시작해 같은 해 4월 〈목표달성! 토요일〉로 자리를 옮겨 2001년 5월까지 방송된 'GOD의 육아일기'는 예능에서 '관찰'의 개념을 도입한 최초의 프로그램이었다. 이후 '브레인 서바이버'(2002~2005), '게릴라 콘서트'(2000~2003), '대단한 도전'(2002~2005), '상상원정대'(2005), '우리 결혼했어요'(2008~2009),[10] '세바퀴(세상을 바꾸는 퀴즈)'(2008~2009)[11] 등과 같은 다양한 포맷의 예능 프로그램을 배치함으로써 과거의 장르 코미디적 성격을 완전히 털어내고 다양한 연예 오락 장르를 망라하는 버라이어티 쇼로 자리매김하게 된다.

---

10 2008년 설 특집으로 파일럿 편성되었다가 같은 해 〈일요일 일요일 밤에〉에 한 코너로 편성되어 방송된다. 2009년 8월 독립 편성되어 2017년 5월 종영했다.
11 2009년 3월 〈일요일 일요일 밤에〉에서 독립해 별도의 프로그램으로 편성되었다. 2015년 11월 종영했다.

이러한 다양한 코너들 가운데 '대단한 도전'이 있다. 이 코너는 다양한 종목의 스포츠 스타들을 초대하여 기술을 배우고 목표를 세워 이를 달성하는 방식으로 진행되었다. 이를테면 유남규를 초대해 탁구를 배우고, 탁구대 끝에 놓인 컵을 한 번에 맞추는 임무를 수행한다. 이경규, 김용만 등 출연진을 두 팀으로 나누어 대결을 펼치고 지는 팀에게 벌칙을 내린다. 아울러 '브레인 서바이버'[12]는 김용만이 진행하는 퀴즈쇼로 초기에는 총 3라운드를 거쳐 최후의 1인이 모교에 장학금을 기증하는 방식으로 운영되었다. 퀴즈의 내용은 기억력과 순발력을 테스트하는 문제가 많았고, 중간 중간 게스트로 출연한 연예인들과의 짧은 토크가 들어갔다. 〈올챙이와 개구리〉, 〈씽씽 쌩쌩〉, 〈곰 세 마리〉 등 동요가 프로그램에 쓰여 세간에 유행이 되기도 했다. 실제로 코미디와 태생적인 연결점을 유지하는 한에서의 〈일요일 일요일 밤에〉는 '대단한 도전'과 '브레인 서바이버'가 끝나는 시점에서 기울어졌다고 봐야 하는데, 왜냐하면 이후 이 프로그램의 인기는 예전과 같지 않았으며, 이를 극복하기 위해 프로그램의 내용 또한 코미디언들이 주축이 되어 몇 가지 코너들을 이어가는 코믹 버라이어티의 성격에서 벗어나 리얼리티 쇼의 성격을 강하게 가지게 되기 때문이다.

---

12 '노브레인 서바이버'는 〈코미디하우스〉(2000~2005)의 한 코너로 '브레인 서바이버'를 패러디한 코너로 큰 인기를 끌었다. 특히 정준하의 바보 연기가 세간의 화제가 되었으며, '그건 나를 두 번 죽이는 일이라고'와 같은 유행어를 남겼다.

5) 장르의 종언

2010년대에 접어들자 MBC 코미디는 더욱 어려운 형편에 놓이게 된다. 〈웃음 버라이어티 꿀단지〉, 〈개그쇼 난생처음〉, 〈웃고 또 웃고〉, 〈코미디에 빠지다〉, 〈코미디의 길〉 등과 같은 프로그램들이 기획되고 방송되지만 모두 오래 가지 못했다. 전통적인 장르 규범에 비교적 충실하게 제작된 〈웃음 버라이어티 꿀단지〉는 최양락의 '2010 알까기 제왕전'과 같은 코너가 화제가 되기도 했지만, 코미디 장르를 재기하는 데에는 그 힘이 미치지 못했다. 〈개그쇼 난생처음〉은 정형돈, 길, 호란, 정주리, 변기수 등이 출연해 콩트와 토크를 보여주었으나 3개월 만에 종영하고 말았다. 〈웃고 또 웃고〉의 경우 비공개 형식으로 진행되는 코미디 프로그램으로 〈개그콘서트〉 등과는 달리 비교적 긴 길이의 코너를 소수 배치하는 방식으로 운영되었다. 김경진, 김현철, 서승만, 이혁재, 정성호, 정준하, 조혜련, 추대엽 등이 출연하여 1년 동안 방송했다. 정성호가 가수 임재범을 흉내 내 유명해진 '나도 가수다'라는 코너가 화제에 오르기도 했다.

이후에는 〈코미디에 빠지다〉가 2012년에서 2014년까지 방송되었다. 전면적인 공개 코미디로 형식적인 전환을 꾀했고, MBC의 간판 코미디언 가운데 한 명인 박명수의 '거성 사관학교'를 전면에 내세웠으나, 성과는 기대에 미치지 못했다. 이후 〈코미디의 길〉에서는 다시 비공개 녹화 코미디를 섞어 프로그램을 제작하게 되었다. 공개 코미디는 PPL에 어려움도 있고, 현장 통제나, 리허설, 연습 등 사전 작업에 품이 많이 드는 고비용 프로그램 제작 방식이었기 때문에 과감한 투자 없이는 성공하기 힘든 방식이었다. 그러나 전작에서의 실패와 낮은 성과는 과감한 투자를 어렵게 만들었고, 이러한 소극적 투자는 프로그램의 퀄리

<표 5-6> 2010년대 MBC의 대표적 코미디 프로그램

⟨웃음버라이어티 꿀단지⟩ (2010~2010)	⟨개그쇼 난생처음⟩ (2010~2011)	⟨웃고 또 웃고⟩ (2011~2012)	⟨코미디에 빠지다⟩ (2012~2014)	⟨코미디의 길⟩ (2014~2014)

티를 비약적으로 끌어 올리지 못함으로써 크게 성과를 내기 어렵게 되는 악순환에 빠지게 되었다. ⟨코미디의 길⟩은 이홍렬, 박준형, 최국 등 유명 개그맨을 영입해 반전을 꾀했으나 결국 2014년 9월 종영 고지도 없이 막을 내리게 되었다. 이후 MBC에서는 더 이상 장르 코미디를 보기 어렵게 되었다.

⟨일요일 일요일 밤에⟩가 코미디언들의 손에서 벗어나 점차 리얼리티 프로그램으로 성격을 변화시켜가기 시작한 2005년 MBC는 ⟨강력추천 토요일⟩(2005~2006)이라는 새로운 예능 프로그램을 내놓는다. 이 프로그램은 ⟨토요일 토요일은 즐거워⟩(1985~1997)와 같은 MBC의 토요 예능의 일환으로 제작되기는 했으나, 기존 프로그램들이 음악 프로그램에 가까웠던 것에 반해 코믹 버라이어티에 가까운 형태로 기획되었다. 이 프로그램의 한 코너로 '무모한 도전'이 있었다. 이 코너는 유재석, 정형돈, 노홍철[13]을 중심으로 게스트를 초대해 황소와 줄다리기를 하는 등 다소 황당하고 무리한 임무를 수행하는 것으로 채워져 있었다. 극한 저예산으로 제작되던 코너였던 탓에 코스튬이나 무대, 세팅,

---

13 이들 세 명의 출연자를 '유돈노'라 부르기도 했다. 박명수는 애초 게스트로 출연했다가 잠시 고정으로 활약하기도 했다. '하하'와 '길'의 합류는 이보다는 훨씬 뒤의 일이다.

소도구 등에서 그럴듯한 지원을 기대하기 어려웠고, 전체적인 비주얼도 허름하고 남루하기 이를 데 없었다. 이러한 열악한 조건은 한편으로 슬랩스틱이 잘 어울리는 조건이 되기도 해서, 그동안 코미디 장르에서 많이 사라졌던 몸개그가 적극적으로 활용되었으며, 이것이 주요한 웃음의 포인트가 되기도 했다.

'무모한 도전'은 이후 담당 PD를 권석에서 김태호로 바꾼 후 '무리한 도전'으로 변경되어 〈강력추천 토요일〉의 메인 프로그램으로 자리 잡게 된다. 프로그램의 내용은 '무모한 도전'과 비슷했으나 출연자의 수나 게스트의 배치 등이 좀 달랐고, 몸개그 등 슬랩스틱을 웃음의 요소로 이용했다는 점은 비슷했다. '무모한 도전'에서 게스트와 고정을 오가다 하차했던 박명수가 정규 멤버로 참여했다. '무리한 도전'은 6회 만에 종영되었으며, '무한도전: 퀴즈의 달인'이라는 제목의 실내 예능으로 변경되어 방송되었다. 이 코너의 두 번째 방송분을 통해 하하가 영입되고 15회 차 방송에서 정준하가 영입되어, '유돈노'를 포함한 여섯 명이 모두 모이게 된다. 그리고 2006년 5월 〈무한도전〉이라는 프로그램명으로 독립 편성되어 첫 전파를 타게 된다. 이렇게 우리가 알고 있는 〈무한도전〉의 역사가 시작된다.

〈무한도전〉은 21세기 한국 코미디 예능 프로그램의 역사를 새로 쓴 중요한 프로그램이다. 2006년('무모한 도전'은 2005년)에 본격적으로 시작되어 2018년 종영할 때까지 화제의 중심에 있었던 프로그램이고, MBC의 토요일을 책임지던 프로그램이었다. 이 프로그램은 특히 리얼 버라이어티와 관찰 예능에 있어 하나의 모델이 되었을 뿐 아니라, KBS의 〈1박 2일〉(2007~현재)과 SBS의 〈런닝맨〉(2010~)의 탄생에 직접적인 영향을 주었다. 〈무한도전〉은 장르적으로 리얼 버라이어티에 가깝지만 그렇다고 전형적인 리얼리티 쇼라고 보기에는 무리가 있다. 어떠한 면에서 〈무한도전〉은 특정한 장르에 구속되지 않는 탈장르적 혹은 장르횡단적 구성의 버라이어티라고 할 수 있다(장덕현, 2012). 이러한 점에서 〈무한도전〉은 리얼 버라이어티를 중심으로 재편되고 있었던 지상파 방송 예능에 '캐릭터'를 중심으로 코믹한 요소를 어필하는 코미디적 어법의 예능이 여전히 통할 수 있으며, 코미디언들을 중심으로 하는 전혀 다른 의미의 코미디(장르 코미디가 아닌 코미디적 요소를 갖는 넓은 의미의 코미디)가 가능하다는 점을 보여주었다.

〈무한도전〉은 코미디의 어법을 쓰고는 있으나, 장르 코미디라고 부르기는 어렵다. 나아가 그 개념을 조금 넓히더라도 통상적인 코미디 범주에 넣을 수도 없다. 그렇다고 리얼 버라이어티 혹은 리얼리티 쇼라고 딱 부러지게 정의하기에도 뒷맛이 깨끗하진 않다(이러한 점에서 〈무한도전〉이 리얼 버라이어티의 모델이 되고 있다는 것은 한편으로 아이러니한 면도 있다). 전형적인 관찰 예능이나 〈1박 2일〉과 같은 리얼 버라이어티 프로그램에 비해서도 주어진 세팅의 작위성[14]이 좀 더 강하기 때문이다.

----

14 리얼리티는 사실 그대로의 객관성을 드러내거나 혹은 수용자와 계약된 설정(세계관)에 몰입하도록 하는 이입의 장치들을 통해 획득된다. 하지만 〈무한도전〉의 경우, 설정 자체가 사실 그대로의 객관성을 이야기하기에는 뻔뻔스럽게 허구적이거나 코미디적이다. 뿐만 아니라 그러한 설정을 숨기지도 않는다. 이를테면 이건 '허구야' 혹은 '농담이야. 들어봐'라고 말하고 시작하는 것과 같은 '성찰성' 혹은 '재귀성'을 보여준다. 이러한 상황을 권경우(2012: 60-61)는 '현실과 가상의 중간'이라고 표현한다. 〈1박 2일〉에도 이러한 성찰성과 재귀성의 장치가 있기는 하지만, 그것은 대개 멤버들이 프로그램을 위해 모이는 도입부와 프로그램을 마치고 퇴근하는 종결부에 집중된다. 하지만 〈무한도전〉은 프로그램 진행 과정 곳곳에 성찰과 재귀의 장치들을 두고 있

그냥 기존의 개념으로 '버라이어티'라고 부르면 편하긴 하겠지만, 너무 넓은 범주다 보니 〈복면가왕〉과 같은 음악 중심의 버라이어티나 코미디에 가까웠던 과거 〈일요일 일요일 밤에〉와의 확연한 차이가 묻혀 버린다. 프로그램의 정체성이 꼭 특정한 장르적 관습을 충실하게 따르고 그 속성을 확실히 공유하는 것이라고 할 수는 없을 것이다. 〈무한도전〉은 개별 프로그램으로서의 정체성은 분명한 반면 장르적 특성은 혼동스럽다. 프로그램의 서사나 캐릭터가 이 프로그램의 정체성을 구성하는 반면, 장르적으로 볼 때는 오히려 기존의 장르적 관습을 해체하는 것이 이 프로그램의 특징이라고 할 수도 있을 것이다.

어떠한 면에서 〈무한도전〉은 하나의 규정적 콘텐츠를 가진 프로그램이라기보다는 일종의 플랫폼으로 작동한 측면도 강한데, 이는 앱이나 게임이 그 안에서 2차 콘텐츠나 파생 콘텐츠를 서비스하는 것과 비슷한 구조라 할 수 있다. 도전, 게임, 추격, 콩트와 상황극 등이 기본적인 콘텐츠에 해당하지만, 이를 구체화하는 소재 혹은 방법에 있어서는 그 제목에 걸맞게 제한이 없는 것처럼 보이기 때문이다. 이를테면 2007년부터 격년으로 개최되었던 다섯 차례의 가요제는 〈무한도전〉이 하나의 플랫폼으로 기능하고 있다는 점을 잘 보여준 사례이다. '무한도전 가요제'는 '나름 가수다'(2010)나 '박명수의 어떤 가요'(2012) 등과 같은 파생 특집으로 연결되어 재생산되었으며, 기존 가수들을 중심으로 하는 '토토가(토요일 토요일은 가수다)'(2014) 등과 같은 음악 특집으로

다. 그리고 이러한 장치는 다른 프로그램(혹은 텍스트)과의 복잡한 관계들을 있는 그대로 드러내며 일종의 '상호텍스트성'을 명시적으로 드러낸다(원용진, 2009).

<표 5-7> 역대 무한도전 가요제

연도	명칭	특기사항
2007	강변북로 가요제	무한도전 멤버들 중심
2009	올림픽대로 듀엣가요제	가수들과의 협업(파트너십 혹은 콜라보)로 제작
2011	서해안 고속도로 가요제	'순정마초', '말하는 대로' 등 발표
2013	자유로 가요제	당일 참석 관객 수 3만 5천 명으로 역대 최고 기록
2015	영동고속도로 가요제	'레옹'으로 2015년 9월 가온차트 월간 1위

대중음악계에 복고 바람을 불러일으키기도 했다.[15]

4. 코미디의 해체

〈웃으면 복이 와요〉는 텔레비전 코미디의 모델로서 장르적 전통을
수립했다. 물론 모든 코미디가 〈웃으면 복이 와요〉의 형식으로 진행되
지는 않았고, 〈웃으면 복이 와요〉 또한 하나의 형식으로 방송되지는
않았다. 그럼에도 촌극과 슬랩스틱 그리고 만담 등과 같은 개별 단위
코너들의 형식과 웃음의 유발 메커니즘은 다른 모든 코미디에 영향을
미쳤고, 이를 어떻게 전개하고 구성하느냐에 있어 차이를 보였을지언
정 근본적인 양상은 크게 다르지 않았다. 더구나 텔레비전 초기의 코미
디언들은 채널과 프로그램을 가로지르며 출연하고 연기한 탓으로 이들

---

15 한국 대중음악의 과거라고 하면 대개 트로트나 70-80세대의 대중가요를 생
   각하기 마련인데, 이 범주 안에 90년대라는 범주를 만들었다는 점에서 '토토
   가'의 영향은 분명 의미가 있었다. 이러한 면에서 '토토가'는 90년대의 가수와
   노래들에게 21세기의 맥락에서 그들을 호명해 줄 '이름'을 주었다.

이 주는 웃음의 질적 차이는 사실 크게 의미가 없기도 했다.

전통적인 코미디 양식이 자리를 잡고, 이를 확대 재생산하는 과정에서 새로운 세대의 코미디언들이 등장했다. 이들은 그들의 선배들과는 다른 시대정신 그리고 다른 세대 감수성을 가지고 있었다. 스스로를 '개그맨'이라고 칭하고, 슬랩스틱과 같은 몸개그 중심의 고전적 양식을 지양하고 '언어적' 트릭을 통해 만들어지는 웃음을 지향했으며 이를 '개그'라고 불렀다. 대체로 1980년대에 들어와 각 방송사의 개그 콘테스트 혹은 개그맨 공채 등을 통해 채용되었으며, 그들 선배와는 다르게 유랑극단이나 악극단 등 민중적 형식의 근대적 무대 코미디의 전통으로부터 떨어져 있었다. 육성과 과장된 몸짓이 아니고서는 스스로를 표현하기 어려웠던 악극단 코미디언들과 다르게 처음부터 마이크와 카메라의 도움을 받은 개그맨들에게 슬랩스틱의 연극적 과장은 불필요했을지 모른다.

전통적인 코미디 장르에서 세대교체가 시작되고, 전반적인 스타일이 바뀌게 되는 1980년 무렵, 버라이어티 쇼가 앞으로 코미디를 대신할 새로운 텔레비전 예능으로 자리를 잡기 시작했다. 〈일요일 밤의 대행진〉에서 〈일요일 일요일 밤에〉 그리고 〈일밤〉으로 이어지는(이하 세 프로그램을 〈일밤〉으로 통칭) MBC 일요 예능의 흐름은 일요일 밤의 MBC 예능의 장르가 코미디에서 리얼 버라이어티로 변화는 과정이며 동시에 웃음이 특정한 장르에서 벗어나 예능 전반으로 흩어져 스며드는 과정이었다고도 할 수 있다. 이러한 〈일밤〉의 계보 혹은 변천 과정을 살펴보면, 확실히 장르로서의 코미디가 '웃음을 통한 즐거움'이라는 커다란 원칙 아래 탈 장르화하며 흩어져 뿌려지는 것을 볼 수 있다. 코미디였던 프로그램이 코믹 버라이어티로 다시 리얼 버라이어티로 변화하는 과정,

그리고 그 과정에서 코미디언들의 지위와 역할의 변화는 결국 코미디를 포함하는 예능의 변화이며, 코미디라는 장르의 운명이었다.

〈일밤〉의 역사는 '코미디'라는 장르적 정체성이 상실 혹은 해체되는 과정이었다. 시간이 흐를수록 코미디로서의 구심성은 작아지고, 버라이어티로서의 원심성은 커지는 따라서 결과적으로는 코너의 성격에 따라 프로그램 전체의 성격이 규정되는 일종의 '예능 플랫폼'으로 변화되었다. 이를테면 프로그램의 중요한 행위자(agent)에 해당하는 코미디언 혹은 개그맨은 프로그램 전체에 걸쳐 꾸준히 출연하지만, 그들의 역할을 프로그램의 내용과 정체성을 담보하는 데에서 형식, 구성, 진행을 담당하거나 혹은 부차적인 재미나 TMI를 제공하는 정도로 주변화된다. '일요일 밤의 뉴스 대행진'에서 앵커 역할을 맡으며 전체 프로그램을 통제하던 '김병조'의 역할과 '나는 가수다'에서 매니저로 출연했던 코미디언들의 역할을 비교해보면 이러한 변화가 극명히 드러난다. 나아가 '나는 가수다' 이후의 코너에서는 중요한 콘텐츠 생산의 현장에서도 이격되어 관전자의 입장에 위치하게 된다.

한편 자기 정체성에 입각해 메시지를 구성하기보다 일종의 플랫폼으로 기능한다는 점에서 보면 〈일밤〉은 〈무한도전〉과 비슷하다. 다만 〈일밤〉은 〈무한도전〉과 다르게 코미디라는 장기 정체성을 환경에 맞게 탈각하고 해체하는 과정에서 플랫폼화되었으며 끝내는 사라졌다. 하지만 〈무한도전〉은 처음부터 플랫폼이었다. 플랫폼 그 자체가 정체성이었으며, 그것을 캐릭터가 채우는 방식이었기에 〈무한도전〉은 어떠한 방식으로든 자기 정체성 안에서 새로운 시즌을 이어나가는 것이 가능해 보이지만, 다시 제작된다 하더라도 〈일밤〉이 유지할 수 있는 정체성은 불분명해 보인다.

〈표 5-8〉 MBC 일요 저녁 예능의 변천 과정(일밤의 계보)

타이틀	방송기간		주요코너	특징
일요일 밤의 대행진	1981.3~1988.11		일요일 밤의 뉴스 대행진 풍자 한마당 이주일의 카운터펀치 최병서의 따따부따 죄와 벌	버라이어티, MC를 앵커로 기용한 형식을 취하고는 있었으나 근본적으로 코미디의 장르적 특성에서 벗어나지 않음
일요일 일요일 밤에	1988.11 ~ 2011.02	1988 ~ 1992	배워봅시다 풍자 한마당 주병진의 미주알 고주알 박세민의 비디오 개그 몰래카메라	주병진, 이경규 등을 중심으로 출연진의 세대교체. 기본적으로는 〈일요일 밤의 대행진〉의 장르적 규범을 답습한 코미디
		1993 ~ 1994	TV인생극장 신 시네마 천국 한다면 한다 신동엽의 신장개업 도루묵 소녀	이문세, 이홍렬, 이휘재 중심으로 재편. 코미디의 기본적인 어법을 유지하되 리얼 버라이어티에 좀 더 가까워진 형식을 갖춤
		1995 ~ 1999	긴급구조 여보세요 이경규가 간다 양심 냉장고 한판 승부 현장침투	김영희 PD의 영향으로 로드 쇼나 리얼리티 쇼의 양식과 공익 혹은 교양적 성격이 강해짐. 이경규를 중심으로 진행
		2000 ~ 2005	게릴라 콘서트 GOD의 육아일기 브레인 서바이버 대단한 도전 러브하우스	리얼 버라이어티의 성격이 현저해짐. 브레인 서바이버와 같은 퀴즈쇼 형식 또한 인기를 끌었음. 상당수 코너가 스핀 오프됨
		2006 ~ 2010	세바퀴 오빠밴드 단비 우리 결혼했어요 오늘을 즐겨라	리얼리티 쇼에 해당하는 코너들에 관찰 예능의 성격이 좀 더 본격화됨. 세바퀴로 퀴즈쇼의 형식 유지. 단비 등으로 공익성 추구
우리들의 일밤	2011.3~2012.4		나는 가수다1 나는 가수다2	코너가 전체 프로그램을 대신하거나 대표하게 되고, 〈일밤〉은 하나의 플랫폼으로서만 의미가 있는 '타이틀'이 됨. 대부분의 시청자들이 해당 코너명을 프로그램명으로 인식
일밤	2012.4~2017.4		아빠 어디가 나는 가수다 3 진짜 사나이 미스터리 음악쇼 복면가왕	

〈일밤〉이 〈웃으면 복이 와요〉와 정체성을 공유하는 장르 코미디에서 시작해서 해제/종영되는 37년이라는 시간이 갖는 의미는 코미디로 대표되는 웃음의 예능 혹은 웃음이라는 즐거움을 중심으로 응집한 MBC 오락 프로그램의 변천과정을 상징한다. 〈일밤〉은 슬랩스틱, 만담, 촌극의 전통을 발전적으로 해소하는 가운데 장르적 전통을 해체하고 급기야 '장르' 자체를 해체하는 결과를 초래했다. 이는 공교롭게도 〈웃으면 복이 와요〉로 대표되는 장르 코미디의 축과 〈무한도전〉으로 상징되는 MBC 리얼 버라이어티의 중간쯤에 해당한다. 다소 도식적인 표현이 되겠지만 〈웃으면 복이 와요〉의 장르 코미디를 해체한 결과가 〈무한도전〉이고 그 해체의 과정이 〈일밤〉이라고 상징화해서 말할 수 있다.

5. 웃음이 담아야 할 가치, 공익적 관음이라는 모순

여기서 장르 코미디의 해체가 필요했던 이유는 무엇이었을까 생각해볼 필요가 있다. 2021년 현재 적어도 공중파 채널 안에서 '코미디'라는 장르는 이제 더 이상 존재하지 않는다. 장르로서의 코미디는 공중파에서 이제 '유물(relic)'이 되었다. 무엇이 코미디를 사라지게 만드는 이유가 되었을까? 다양한 이유를 생각해볼 수 있겠지만, 여기에서는 두 가지 이유를 주로 논의하고자 한다. 첫째, 코미디는 형식적으로 조잡한 장르로 저렴한 제작비로 만들어야 하는 가성비 프로그램이라는 편견이다. 이는 코미디와 그것에서 파생된 텔레비전 오락 프로그램이 생산 과정의 관행적 틀과 자기 한계 안에서 억압됨으로써 그것의 질과 수준을 혁신하지 못하고 스스로를 찌그러트리는 결과로 연결된다. 둘째, 코미디에 대한 사회적 인식 그리고 연관해서 코미디적인 것으로서의 텔레비전 오락에 대한 부정적 담론과 이로부터 형성된 오해이다. 방송의 초창기부터 교양은 공익적이고 유익한 범주, 오락은 상업적이고 불건전한 범주로 여겨져 왔다. 이러한 편견은 특히 코미디에서 극적인 형태로 발현하는데, 이는 코미디와 그것에서 파생된 텔레비전 오락의 의미를 폄훼하고 창작 주체들의 문화적 위상을 위축시켰다.

1999년 KBS는 〈개그콘서트〉를 시작한다. 〈개그콘서트〉의 인기는 곧 코미디 장르의 판도를 뒤집어놓았을 뿐 아니라, 텔레비전 오락 전체의 추이마저 흔들어놓았다. 흔히 '공개 코미디'라고 불리는 〈개그콘서트〉의 새로운 형식은 그러나 다른 방송사의 프로그램들을 통해서는 구현되기도 어려웠고, 구현되었다 하더라도 그만큼 성공하기 쉽지 않았다. 앞에서 살펴본 대로 2000년대 MBC의 코미디 프로그램들은 전통적인 비공개 녹화 코미디에서 비공개 녹화와 공개 녹화를 혼용하거나 혹은 공개 녹화로 전환하는 등 다양한 실험을 거듭했지만, 〈개그콘서트〉만큼의 확실한 성과는 거두지 못했다. 정도의 차이는 있지만, 이는 SBS에서도 크게 다르지 않았다. 물론 그 이유는 여러 차원에서 생각해 볼 수 있지만, 그 가운데 간과해서는 안 되는 한 가지 요인은 생산 비용 혹은 제작비의 문제이다.

기본적으로 '공개 코미디'는 기존의 코미디 생산방식과는 비교할 수 없을 정도로 비용이 높은 방법이었다. 공개경쟁을 위해서는 안정적으로 아티스트 풀을 유지해야 하고, 이들에게 경제적 보상을 해야 하며, 이들을 도울 인력이 필요하다. 뿐만 아니라, 한 테이크로 반드시 성공해야 하는 것이 원칙인 공개 녹화는 연습과 리허설에도 많은 비용이 소요된다. 물론 현장에 관객을 유치하고 그 공간을 유지하는 데에도 많은 비용이 소요된다. 이러한 특성 때문에 이미 시장을 선점하고 일정 정도의 규모를 유지하며 성과를 내고 있는 프로그램에 대항해 비슷한 수준의 프로그램을 만들고 이를 통해 성과를 내는 일은 결코 쉬운 일이 아니다. '공개 코미디'에서는 기존의 코미디 프로그램들에 비해, 캐릭터보다는 시스템의 영향이 좀 더 커졌다고 볼 수 있다. 이는 〈개그콘서트〉이후 코미디에서 PD가 프로그램의 형식과 내용 전체에 미치는 영향력이 이전과는 다른 수준으로 현저히 높아졌다는 것만 보더라도 충분히 확인할 수 있는 부분이다.

결과적으로 공개 코미디는 이전의 방송 환경에서는 다르게 고만고만한 코미디의 공존을 불가능하게 만들었다. 코미디계에서 일종의 승자 독식과 독점화가 발생한 것이다. 이미 성공을 거두고 시장에서 굳건하게 자리를 잡은 〈개그콘서트〉로 모든 자원이 집중되는 상황에서 이를 뛰어 넘는 코미디를 기획하고 제작한다는 것은 큰 모험일 수밖에 없었다. 그러므로 소극적인 실험이나 간보기가 의미 없이 반복되었다. 이러한 답답한 상황은 그것이 '코미디'였기 때문이다. 만약 드라마의 경우였더라면, 과감한 투자를 통해 경쟁사의 작품을 압도하겠다는 생각이 결코 이상하거나 예외적이지 않았을 것이지만, 코미디에는 그러한 의지가 통하지 않았던 것으로 보인다. 코미디에 대한 기본적인 관념은 악극단이나 유랑극단의 막간을 채우는 코미디언의 땜질식 오락이라는 데 뿌리를 두고 있었기 때문이다. 시청률이 나오지 않더라도 드라마와 다큐멘터리에는 종종 이루어지는 과감한 투자가 코미디에서는 결코쉽게 일어나지 않았다. 2000년대 이후 MBC의 코미디 프로그램을 살펴보면 이러한 상황이 분명히 목격된다. 미지근한 투자와 간보기, 불리한 편성시간, 낮은 시청률과 같은 요소들이 꼬리를 물며 악순환을 이루고 결국 코미디 자체가 사라져버리고 말았다. 어떠한 의미에서 우리나라에서 거의 최초로 고비용의 과감한 투자와 합리적인 시스템 혁신으로 만들어낸 〈개그콘서트〉라는 결과가 결국 장르의 해체와 쇠락이라는 자가당착의 계기가 되었는지 모른다.

다른 한편 코미디는 저질, 저속, 저급한 대중문화 양식이라는 편견에 시달려왔다. 언급했다시피 교양을 늘리면 공익, 오락을 늘리면 상업적이라는 도식은 방송국 개편 시기가 되면 늘상 반복되는 이야기였다. 공공의 이익과 문화적 가치를 고려한다면 아예 없애버려야 할 오락이지만, 방송국도 먹고 살아야 하니 조금만 남겨둬라는 식의 논리는 방송이 시작되면서부터 적어도 공중파 방송이 헤게모니를 유지하고 있었던 시기까지 끊임없이 반복되는 담론적 관성이었다. 1970년대 중반의 코미디 폐지론과 같은 극단적인 주장이 아니더라도, 텔레비전 코미디가 시작된 1969년 이후 최근까지 코미디의 저급함에 대한 주장과 이를 근거로 한 해당 장르와 콘텐츠에 대한 평가적 담론은 쉬지 않고 재생산되고 있었다. 이는 한편으로 공중파 방송이 지니는 특수성(전파 자원의 희소성과 전파는 국민의 재산이라는 기본 원칙)에 기인하는 바도 있으나, 다른 한편 문화라는 평면에서 권력들이 일상적으로 보여주는 갈등과 충돌의 결과이기도 하다.

2000년 9월 '한국여성민우회 미디어운동본부'의 '2000 최악의 방송 프로그램 발표회'에서는 SBS의 오락프로그램인 〈남희석의 색다른 밤〉을 선정했다. 이와 더불어 '2000 나쁜 방송프로그램'을 발표했는데, MBC의 대표 오락 프로그램인 〈일밤〉이 선정되었다(여성민우회 2000). 여기에서 여성민우회는 〈일밤〉이 이전의 공익적이고 감동적인 내용을 버리고 상업화·오락화되었다고 지적한다. 이는 1990년대에 김영희 PD를 중심으로 만들어낸 '이경규가 간다', '양심 냉장고' 등과 같은 코너들의 교훈적 콘텐츠들을 기준으로 하는 비판이었다. 이러한 시청자 단체의 비판은 텔레비전 오락, 특히 코미디를 기반으로 하는 예능 프로그램에 대한 당대의 인식을 보여준다. 오락은 기본적으로 사회적 효용이 낮은 저급한 문화적 범주고 따라서 공익적이며 교훈적인 내용과 메시지는 이를 보완할 수 있는 좋은 방법이라는 것이다. 〈일밤〉이 1990년대 중후반에 걸쳐 보여준 교훈적이고 공익적인 메시지는 이러한 점에서 코미디, 오락 장르의 문제를 해결할 좋은 대안이었다는 것이다.

'이경규가 간다', '신장개업', '러브하우스' 등의 공익적 콘텐츠들이 보여준 교훈이 있는 감동은 〈일밤〉과 같은 코미디-오락 프로그램에서 늘 문제시되어 왔던 '상업성'이나 '선정성'에 대한 의혹을 불식시키는 중요한 계기를 주었다. 그러나 문제는 이들 코너들은 한결같이 '관음성'의 의혹을 받는 '관찰'의 성격을 갖는 '리얼리티' 장르의 형식을 따르고 있었다는 점이다.[16] 공동체의 규범과 가치에 근거한 감동을 주기 위해 '몰래 카메라'에서와 같이 '관찰' 예능의 성격을 도입했다는 것은 분명 하나의 모순이었다. 상반되는 가치들 사이에서 균형을 유지하는 것은 결코 쉽지 않은 일이다. MBC가 전통적인 코미디 장르에서 빠져나와 예능의 한 양식으로 선택한 〈일밤〉 식의 버라이어티는 일종의 줄타기였던 것이다.

---

16 '양심 냉장고'의 세팅은 경찰의 함정 단속과 같았고, '러브하우스'는 수혜자들에게 '감격'과 '경탄'을 강요하는 혹은 그것을 경제적 수혜로 획득하려는 거짓과 부정을 부추기는 일종의 사행적 요소들을 잠재하고 있었다.

결과적으로 교양적 메시지와 교훈이 있는 감동은 웃음을 잠식했고, 재미를 위한 장치들은 프라이버시와 인권을 침해하는 문제를 초래했다. 〈일밤〉의 2세대 초창기, 주병진과 노사연이 주축이 되었던 '배워봅시다'의 의미는 스포츠의 다양한 기술과 경기 방법에 대해 배우는 교양적 접근에 있었을지 모르지만, 정작 그것이 지금까지 회자될 수 있는 '재미'의 지점은 인형을 이용한 황당하고 우스꽝스러운 싱크로나이즈드 스위밍의 흉내 등과 같은 코미디에 있었다는 점을 기억할 필요가 있다.[17] 이경규가 아무도 없는 도로에서 오랜 잠복 끝에 찾아낸 양심 운전자가 공교롭게도 장애를 가진 부부였다는 사실은 지금까지 많은 사람들의 기억 속에 남아 있지만, 그러한 감동의 순간은 이 프로그램의 '오락'으로서의 정체성과는 관계가 없었다. 그러므로 상품인 '냉장고'가 화제의 대상이 되고, 이를 노린 거짓된 '양심' 운전자들이 출몰하게 되고, 이를 이유로 끝내는 코너를 접을 수밖에 없었다는 것 또한 사실이었다.

문제는 오락 프로그램이 주어야 하는 '감동'을 '교훈'이라는 말과 일

---

17 1990년 6월 17일 방송분 '배워봅시다' 수영 편에서 주병진과 노사연이 보여준 연기는 지금까지 초기 〈일밤〉의 전설적 장면으로 기억되고 있다. 아울러 1996년 '이경규가 간다: 숨은 양심을 찾아서'(상품으로 냉장고를 줘서 세칭 '양심 냉장고'라 불림) 첫 방송은 여의도에서 녹화가 이루어졌다. 첫 번째 미션은 횡단보도 앞 정지선을 지켜서 정지하는 차량을 찾는 것이었다. 하지만 새벽 4시가 되도록 오랜 시간을 기다렸음에도 정지선을 지키는 차량이 없었다. 결국 이른 새벽 아무도 없는 도로 위에 거짓말처럼 정지선 앞에서 멈춰서는 차량이 등장했고, 운전자는 장애인 부부였다. 그리고 이 코너는 이후 독립 편성된 개별 프로그램인 〈21세기 위원회〉(1998~2001) '칭찬합시다'로 연결된다. 이러한 프로그램들에 대해 당시 언론은 재미와 의미, 혹은 웃음과 감동을 모두 잡은 '모범'이라는 표현으로 평가했다.

치시키는 관습이다. 정서적 교감을 반드시 '규범적으로 의미가 있는 메시지'에 연결할 필요는 없음에도 불구하고, 이를 연결시키는 이유는 앞에서 언급한 교양과 오락의 구분과 이에 대한 차별적 평가가 상식처럼 깔려 있었기 때문이다. 그러나 어떠한 면에서 이러한 모순적 요구와 어떻게든 이러한 요구에 맞춰 오락을 교양화하려는 시도들은 어떠한 면에서 오락을 침체하게 하고 결국 그 중심 장르로 역할하며 그것에 대한 비판과 비난 그리고 부정의 표적이 되었던 코미디를 곤란한 지경으로 몰아갔다. 이는 코미디가 그리고 웃음이 원초적으로 '풍자'라는 말로 대표되는 대상에 대한 '공격성'에 근거하는 장르로 이에 대한 사회적 양해와 문화적 관용 위에서만 순조롭게 작동할 수 있다는 점을 되새기게 한다. 오락에 대한 그리고 코미디에 대한 의미의 추구 그리고 규범적 교훈의 요구는 근본적으로 코미디와 그것이 주는 웃음의 본질에 위배되는 것이다.

물론 모든 코미디가 공격적이어야 하는 것은 아니고, 풍자만이 웃음의 생성원리인 것도 아니지만, 그것이 코미디의 커다란 부분을 차지하고 있다면 이를 빼고 만드는 코미디는 그만큼 어렵고 힘들어지는 것이 자명한 결과이다. 1990년대 중반 〈일밤〉을 중심으로 MBC가 거둔 성공은 1990년대 말의 사회적 분위기와 더불어 더욱 강화되는 경향이 있었는데, 이는 장기적으로는 MBC로부터 오락을, 특히 코미디를 소진케 하고 결국 그것으로부터 멀어지게 하는 안타까운 결과를 만들었다고도 할 수 있다. 〈일밤〉의 성공이 버라이어티 쇼를 중심으로 하는 MBC 예능의 황금기를 열어주었던 반면, 코미디의 몰락의 출발점이기도 했다는 점은 이러한 점에서 시사하는 바가 크다.

이러한 맥락에서 〈무한도전〉의 성공은 MBC의 코미디/예능 프로그

〈무한도전〉의 근본은 없는 살림을 몸으로 때우는 빈곤한 세팅과 B급 몸개그가 주는 코믹함에 있었다.

램에 있어 매우 중요한 의미를 갖는다. 애초 〈강력추천 토요일〉의 '무모한 도전'에서 시작할 때, 이 프로그램의 기본적인 원칙은 제작비를 최대한 아끼는 코너, 가난한 프로그램이었다. 방송사의 전폭적인 지원을 받는 부자 프로그램이 아니라 가난함을 극복하기 위해 아예 대놓고 B급 감수성을 지향한 것이다. 예능을 하면서 고상하고 가치 있는 사회적 의미를 찾거나 교훈과 감동의 메시지를 추구하는 무리를 포기했던 것이다. 일류 연예인과는 거리가 먼 출연자들을 데려다 황소와의 줄다리기를 시킨다든가 대한민국 평균 이하의 출연진으로 황당한 상황극을 연출하는 등의 내용은 어떠한 면에서 〈일밤〉에서 지향했던 MBC식 교양/예능의 포기를 의미하는 것이다. 또한 출연진의 대부분은 코미디언/개그맨으로부터 충원되었다는 점에서 기존 코미디/예능으로부터의 유산과 캐릭터를 이어받고는 있으나, 전체적인 내용과 소재에 있어서는 상대적으로 연출과 설정이 상대적으로 깊게 들어간 리얼리티 쇼로서 기존의 코미디/예능으로부터 벗어나 있었다.

〈일밤〉이 웃음/재미 대 감동/교훈의 이분법에서 줄타기를 했다면, 〈무한도전〉은 허구/연출 대 실재/우발의 경계 위에서 재미를 만들어냈다고 할 수 있을 것이다. 코미디의 기본 원리가 '이것은 코미디(개그)다'라는 전제하에 말해지고 연기된 것에 대한 규범적 양해를 획득[18]하는 데에 있다면, 이러한 양해를 구하거나 시청자와 일종의 공모적 계약을 형성하는 전략에서 〈일밤〉과 〈무한도전〉은 조금 다른 노선을 취했다고 할 수 있다. 〈일밤〉은 코미디를 현실 세계로 끌어당겨, 내용적인 건전성과 가치 그리고 규범에의 합치를 추구함으로써 어떤 면에서 코미디의 기본 전제에서 멀어지는 결과를 초래했던 반면, 처음부터 대놓고 저렴한 설정과 B급 감수성을 전제한 〈무한도전〉은 그들의 말과 행동이 근본적으로는 재미를 위해 주어진 가상적이고 허구적인 설정에 근거하고 있음을 드러낸 것이다.

코미디라는 틀, 넓게는 오락이라는 틀 안에서 가치와 의미를 추구했던 〈일밤〉이 스스로의 설자리를 잠식하고 있었던 반면 〈무한도전〉의 뻔뻔하고 공공연한 잉여로움은 오히려 부담 없는 재미와 웃음으로 연결될 수 있었다. 가치와 의미를 추구하는 한 생산적이고 교훈적인 결과를 바랄 수밖에 없으며, 이는 태생적으로 가상적이고 임시적인 관용의

---

18 〈개그콘서트〉의 한 코너였던 '청춘백서'의 마지막 대사가 항상 '개그는 개그일 뿐 오해하지 말자'였다는 점은 이러한 면에서 생각할 바가 많다. 코미디를 위해 기본이 되어야 할 이 전제를 상기시키지 않으면 안 되었던 우리의 문화적 상황과 코미디에 대한 사회적 편견은 분명 재고의 대상이다.

공간을 전제하는 코미디-웃음의 쓸모없음에 모순되는 것이었다. 그러므로 코미디에서 일종의 공익 관찰 예능으로 성격 전환이 이루어진 〈일밤〉의 생명이란 한시적이고 제한적일 수밖에는 없었던 것이다. 그러므로 코미디에 교훈과 감동을 붙여 코미디를 확장한 것이 아니라, 코미디를 포기한 결과로 귀결되었던 것이고, 따라서 MBC의 코미디는 산산이 흩어져 각각의 예능 프로그램에 하나의 요소로 스며들게 되었던 것이다. 〈무한도전〉이 '무모한 도전', '무리한 도전' 그리고 '무한도전' 으로 변화하는 과정은 한편으로는 그것이 수용자들과 '이건 개그입니다'라는 그들만의 허구공간을 인정받는 시간, 수용자들이 그 새로운 규범에 익숙해지고 심각함과 불편함을 떨쳐내고 적응하는 시간이었다고도 할 수 있다.

〈무한도전〉은 새로운 가치를 위한 도전을 펼쳐 보였다. 〈무한도전〉이 펼쳐 보이는 새로운 가치란, 새롭게 창조된 전대미문의 가치를 의미하지는 않는다. 〈무한도전〉의 캐릭터들이 보여주었던 모습 그리고 그에 얽힌 다양한 게스트들의 노력과 분투가 보여준 모습들은 대개 자의식을 날카롭게 벼려 들이대고 평가한다면 결코 할 수 없는 '쓸모없어 보이는' 일들이었다. 연탄공장에서 일하기 위해 왜 석탄 더미에서 뒹굴어야 하는지, 석탄 더미에 구멍을 파고 왜 갇혀 있어야 하는지 그 이유는 전혀 중요하지 않다. 오히려 그것을 의식하는 순간 소위 '현타'의 늪에 빠져 헤어 나오지 못하게 될 것이다.[19] 〈무한도전〉의 핵심적 가치가

---

19 차승원이 출연했던 '무모한 도전'의 2005년 8월 13일 방영분의 내용을 말한다. 이 에피소드에서 차승원은 컨베이어벨트와 대결을 펼친다. 연탄을 옮기는데 컨베이어벨트보다 빨라야 한다는 게 이 날의 도전이었다. 파란색 나일

'잉여로움'에 있음은 그것이 세상에 아무런 쓸모도 없음으로써 즐거움을 주는, 이를테면 '무쓸모의 쓸모'라는 역설을 보여준다. 마르크스(Marx)의 맥락에서 잉여는 지불되지 않은 노동에 붙는 수식어이다. 하지만 무한도전에서의 '잉여'는 먹고 사는 데 필요하거나 도움이 되는 모든 것들을 제하고 난 뒤에 남는, 해도 그만, 하지 않아도 그만인 말과 행위에 붙여진 이름이다. 그러므로 〈무한도전〉을 보기 위해서는 적어도 그것을 이해하겠다고 작정하고 대체 어떤 이야기를 하는지 들어는 보겠다는 생각이라면, 이 '잉여' 혹은 '잉여로움'을 받아들이지 않으면 안 된다.[20] 〈무한도전〉의 그 자체가 비용을 들이지 않은 잉여적 프로그램으로 시작해서, 잉여로움에 동참할 잉여 많은 출연자의 잉여 시간을 활용한 평범한 오락 프로그램의 잉여스러운 코너로 자리 잡았다. 이후 '평균 이하'라는 말로 수식되는 잉여적 가치를 체현한 캐릭터에게 도대체 왜 해야 하는지 알 수 없는 잉여적 활동을 쓸데없이 열심히 하는 프

론 트레이닝 복에 반팔 티셔츠를 입은 출연자들은 그들의 프로그램을 '3D' 프로그램이라고 소개한다.

20 예술의 가치를 논하고 그 정체성을 이야기할 때 자주 등장하는 '무관심성'은 내용적으로 여기서 말하는 '잉여(로움)'과 비슷한 개념이라고 할 수 있다. 하지만 '무관심성'은 이해관계, 먹고 사는 일과 관계없음으로부터 초월적 지위와 미적 숭고를 획득하는 반면, 대중문화의 '잉여(로움)'은 오히려 진지함이나 심각함을 떨쳐내는 개념적 장치가 된다. 예술이나 통속적 대중문화는 모두 보통 혹은 일반(normal)을 벗어나는 것이다. 상향적 이탈로서의 초월이 예술의 몫이라면, 대중문화는 그 반대로 향한다. 하향적 이탈은 특히 통속적 대중오락, 장르적으로는 코미디의 몫이다. 유독 코미디언에 대해서만큼은 대중의 관심과 태도가 가수 혹은 연기자들과 다른 까닭도 여기에 있다. 어떠한 면에서 그것은 코미디언의 운명이다.

로그램으로 독립했다.

여기에서 '잉여'라는 말은 한편으로는 규범과 문화의 상도에서 벗어나 있으나 결코 해롭거나 위험하지 않아야 한다는 코미디의 철칙, 혹은 웃음의 금도를 다르게 표현한 것이라 할 수 있다. 쓸데없으므로 진지해지거나 심각해지지 않는다는 건 웃음에서 그리고 오락의 즐거움에서 매우 중요한 한 요소다. 문제는 〈무한도전〉의 이 쓸모없음의 즐거움이 어느 순간 쓸모 있게 되었다는 점이다. 평균 이하, 절대로 대한민국 최고 연예인이 될 수 없는 그들이 평균 이상, 명실상부한 1급 연예인이 되어버렸기 때문이다. 이들의 변해버린 위상은 그들의 잉여적 말과 행동에 더 높은 수준의 가정, 이를 테면 "대한민국 최고 클래스의 연예인이 하는 말이지만, 이건 그저 개그이고 예능이고 코믹한 연출일 뿐이니 절대 신경 써서 생각하지 말아주세요"라는 요구를 필요로 하게 되었다. 임계치가 높아졌으니 당연히 맥락 밖에서 안으로 들어오기는 힘들어지고 외연의 확장과 새로운 시청자 층의 확보는 어려워질 수밖에 없다. 물론 무릎 나온 나일론 트레이닝 복에 허름한 반팔 러닝셔츠를 입고 여과 없이 B급 감수성을 표출하던 그들의 초기적 감성에 사로잡혀 있던 오랜 팬들 또한 그들의 출세와 변해버린 위상이 어색하고 생경했을지 모른다. 이런 맥락에서 보면 〈무한도전〉의 종영은 그것의 성공과 더불어 이미 결정된 결말이었다(물론 실패했다면 더 일찍 종영했겠지만).

〈일밤〉이 그 안에서 자란 코너에 잡아 먹혀 이름이 좋아 플랫폼이지 결국 껍데기뿐인 처지에 내몰린 것과 다르게 〈무한도전〉은 여전히 정체성과 완결성을 가진 하나의 프로그램 형태로 증식을 거듭하고 있다. 위에서 살펴본 '무한도전 가요제'의 경우에서와 같이 다양한 형식의 쇼와 버라이어티를 담아내는 플랫폼으로서의 역할에도 자기 정체성을 잃

지 않고 있었다는 점도 〈일밤〉의 '나는 가수다'나 '복면가왕'의 경우와
는 확실히 다른 양상이었다. 어떠한 면에서 〈무한도전〉은 새로운 맥락
에서 다른 이야기를 써줄 이전과는 다른 캐릭터를 찾아 세우고 닦으면
또한 반복해서 소비될 수 있는 콘텐츠이기도 하다. 이러한 점에서 〈무
한도전〉은 MBC에 새로운 형식을 제시함과 동시에 예능 생성의 새로
운 방법을 만들어주었다. 이를테면 〈놀면 뭐하니〉의 경우가 그러하다.
다만 〈놀면 뭐하니〉는 〈무한도전〉의 어떤 부분들을 따라가고는 있지
만, 그 본연의 구조와 방법을 본격적으로 재해석해서 전면적으로 계승
하지는 않고 있다. 아무튼 MBC에게 있어 이 문제, 〈무한도전〉의 정체
성을 어떻게 재해석해서 새로운 프로그램으로 구체화할 것인지는 좀
더 고민해야 할 과제일 것 같다.

6. 코미디 없는 코미디의 시대

아이러니하게도 코미디는 그것의 모태였던 버라이어티로 돌아가는
듯하다. 막간극의 한 종류였던 코미디가 〈웃으면 복이 와요〉를 통해
하나의 독립된 프로그램으로 확장되었다가 다시 버라이어티의 작은 코
너로, MC의 재담과 스탠딩 개그로 해소되는 듯 보이기 때문이다. 공중
파 방송을 기준으로 독립적인 장르 코미디 프로그램이 단 한 편도 살아
남지 못한 현재의 상황은 코미디를 하나의 레거시 콘텐츠로 만들어버
린 듯하다. 하지만 코미디의 개념을 장르적 정체성에 국한하지 않고 좀
더 넓은 의미로 해석한다면, 오히려 코미디의 저변은 넓어지고 그 활동
영역과 개입 프로그램은 더 다양해졌다고 볼 수도 있다. 코미디는 사라

지거나 희귀해졌지만, 코미디언들은 거의 모든 오락 프로그램, 거의 모든 예능 프로그램에 포진해 있다. 방송사마다 성황이었던 희극인실이 푯말을 잃어버린 지금에도 여전히 그들은 다양한 프로그램들을 횡단하며 활약하고 있다. 물론 횡단이 허락된 희극인들의 수는 상대적으로 극히 제한되고 있을 뿐 아니라, 그들의 재생산은 각자도생의 무한 경쟁 속에서 갈피없이 진행된다는 비극적 상황은 엄존하고 있다.

확실히 장르로서의 코미디의 해체가 불러올 가장 큰 상실은 '코미디언'을 재생산할 방법을 스스로는 갖지 못한다는 데 있다. 이제 코미디언은 지상파 방송의 공채나 특채, 희극인실의 운영 등에 기댈 수 없는 상황이다. 크고 작은 극장들의 공연 코미디를 통해 성장하거나, 유튜브와 같은 콘텐츠 서비스에 코미디 채널을 열어 인플루언서 혹은 크리에이터로 팬덤을 확보하거나, 그나마 흔적이라도 남아 있는 종편 혹은 오락 채널의 코미디 프로그램을 통해 충원·재생산될 수는 있을 것이다. 이러한 코미디언의 재생산 방식이 얼마나 가능할지 두고 봐야할 일이지만 공중파 중심의 비교적 안정적이었던 상황에 비해 많지 않으리라는 건 너무나 분명해 보인다. 신자유주의 이후의 기업이 교육과 성장보다는 소모와 소진을 일삼듯, 기업으로서의 미디어 또한 이러한 기조를 벗어나지 않는 듯하다. 장르 코미디이든 넓은 의미에서 웃음을 주는 모든 오락적 장치들을 의미하는 코미디이든 결과적으로 '코미디언'의 재생산에 의존할 수 없다는 것은 엄연한 사실이다. 경쟁이라는 상황으로 교육과 성장의 회피를 합리화하고는 있으나, 그 결과가 결국 어디를 향할지는 지극히 자명하다.

지난 60년 MBC의 코미디를 위한 노력, 그리고 그로부터 얻은 성과들은 결코 작다고 할 수 없다. 시간을 축으로 배치된 여러 계기와 국면들을 돌파하며 상황과 조건에 적응하는 가운데 장르 코미디가 퇴조하고 리얼 버라이어티 중심의 새로운 예능오락 패러다임이 형성되었으며, 그 과정에서 〈웃으면 복이 와요〉, 〈일밤〉 그리고 〈무한도전〉으로 이어지는 굵직한 발자취는 앞으로도 영원히 우리들의 기억 속에 남아 있을 것이다. 다만 이러한 변화가 어디를 향하는지 그리고 그 변화의 끝에 어떠한 즐거움이 기다리고 있을지 지금으로서는 명확한 답을 내리기 어려워 보인다. 한 가지 아쉬운 것은 〈웃으면 복이 와요〉가 한창이던 시절 〈일밤〉이 시작되었고, 〈일밤〉이 한창이던 시절 역시 〈무한도전〉이 시작되었다. 그러나 〈무한도전〉이 한창이던 때, 그것을 이어받을 새로운 웃음의 플랫폼이 시작되고 있었던 건가? 지금의 시점이라면 그것이 보였어야 하는 것 아닌가? 아무리 보수적으로 생각해도 지금 MBC의 코미디-오락의 상황이 좋다고는 볼 수 없을 것 같다. 그간의 노력과 성과를 바탕으로 슬기롭게 지금 그리고 미래를 준비하기 바란다.

참고문헌

권경우 외. 2012. 『웃기는 레볼루션: 무한도전에 대한 몇 가지 진지한 이야기들』. 텍스트..

문강형준. 2012. 『혁명은 TV에 나오지 않는다』. 이매진.

미디어워치. 2001. 「'웃음의 미학' 그 현주소를 찾아서: KBS·MBC 코미디프로그램 모니터
　　보고서」. 경실련. http://archives.ccej.or.kr/archive/ArchiveSrch.do.

박근서. 2006. 『텔레비전 코미디: 웃음과 행복의 텍스트』. 커뮤니케이션북스..

박선영. 2011. 「한국 코미디영화 형성과정 연구」. 중앙대학교 첨단영상대학원 박사학위논문.

손병우. 2002. 『풍자 바깥의 즐거움: 텔레비전 코미디』. 한나래.

원용진. 2009. "원용진의 미디어 비평: 뉴라이트의 '무한도전'". ≪한국일보≫, 2009.7.21.
　　https://www.hankookilbo.com/News/Read/200907212394369440.

이동규. 2021. 『예능의 비밀』. 커뮤니케이션북스.

이상복. 2002. "한국 TV 코미디의 역사". ≪중앙일보≫, 2002.4.23. 16면.

이영미. 2001. 『마당극 양식의 원리와 특성』. 시공사.

전규찬·박근서. 2003. 『텔레비전 오락의 문화정치학』. 한울아카데미.

정덕현. 2012. 「〈무한도전〉과 〈슈퍼스타K〉, 그 두 개의 계보학」. 권경우 외. 『웃기는 레볼
　　루션: 무한도전에 대한 몇 가지 진지한 이야기들』. 텍스트.

표재민. 2016. "몰래카메라부터 신장개업까지, '일밤' 전설의 예능 7". OSEN 2016.5.6.
　　http://osen.mt.co.kr/article/G1110409442.

한국여성민우회 미디어운동본부. 2000. "2000년도 최악의 방송프로그램 발표회". 한국여
　　성민우회. https://womenlink.or.kr/archives/16495?page=235.

MBC. 2012. 『문화방송 50년사』. MBC 문화방송.

Bergson, Henri. 1992. 『웃음: 희극성의 의미에 관하여』. 정연복 옮김. 문학과지성사.

Hill, Annette. 2005. *Reality TV: Audiences and Popular Factual Television*. Routledge.

Neal, Steve & Krutnick, Frank. 2002. 『세상의 모든 코미디』. 강현두 옮김. 커뮤니케이션북스.

Steve Seidman, Steve. 1981. *Comedian Comedy: A Tradition in Hollywood Film*. UMI Research
　　Press.

제3부
지상파와 21세기 방송

제 6 장

플랫폼의 시대, 지상파의 길

임종수

콘텐츠에 집중하는 행동, 즉 콘텐츠를 개선하고 가격을 매기고 다른 기업에게서 장점을 배우는 행동은 문제될 게 없다. 그러나 사용자 연결, 제품 연결, 기능적 연결이라는 관계의 역할을 보지 못하면 콘텐츠에 집중해도 실패를 피할 수 없다(Anand, 2016/2017: 45).

1. 플랫폼-미디어와 네트워크 디커플링

오랜 위기는 위기가 아닌가? 지금 지상파의 위기를 말하면 '뒷북'처럼 들리겠지만, 정작 위기의 원인을 드러내 놓고 논의해본 적은 없는 것 같다. 지상파가 가장 심각하게 고민해야 하는 문제는 시청률의 저조도, 매출의 감소도, 인력 유출도, 영향력의 축소도 아니다. 그것은 위기의 원인이 아니라 결과이다. 위기의 근원은 지상파가 제도권 미디어로서 대중문화의 중심일 수 있었던 그들 고유의 네트워크가 종말을 고하고 있다는 데 있다. 정확하게 말하면 지상파 미디어를 위한 네트워크가 디커플링(decoupling)되고 있다는 데 있다. 지상파는 자신만의 네트워크에서 벗어나 케이블로, 이제는 IP망에, 그것도 유선에서 무선으로, 자신들이 갈고 닦아온 모든 콘텐츠 형식을 실어 나르는 4세대를 지나 초저지연과 초연결의 5세대에 직면해 있다. 초대역을 통해 인간-기계 간에 초정밀, 초지능적 연결을 지향하는 6세대 네트워크마저 이미 준비 중이다(김석준, 2021). 지상파에 21세기에도 유효한 비즈니스가 있다면, 바로 이런 네트워크에 적합한 것이어야 한다.

플랫폼은 그런 네트워크에 가장 잘 어울리는 '미디어 형식'이다. 미디어 영역에서 플랫폼은 2000년대 초반 닷컴 버블 붕괴 이후 웹 2.0과 함께 떠오른 포털의 미디어화에서 처음 엿보이지만, 그것이 비즈니스 체제로, 보다 폭넓게는 '인터넷 모델'로 본격화된 것은 2007년 스마트 미디어 혁명 이후부터이다. 스마트 미디어가 열어젖힌 이른바 '뉴 뉴미디어(new new media)'의 등장이 그것이다(Levinson, 2009). 말장난처럼 들리는 뉴 뉴미디어는 전통적인 뉴미디어(new media), 그러니까 저 멀리 케이블TV에서 시작해 초기 인터넷의 이메일, 웹사이트와 같이 인간을 수동적 시청자 또는 수동적 이용자로 삼았던 미디어가 아니다. 뉴 뉴미디어는 페이스북, 유튜브, 트위터, 넷플릭스와 같이, 소비자를 생산자

---

1   이 글에서 말하는 인터넷 모델은 전통적인 신문 모델, 방송 모델 등과 구분되는 것으로, 닷컴 버블 붕괴 이후 2005년 100Mbps급의 초고속 인터넷(광케이블 기반의 FTTH)이 등장하면서 나타난 스트리밍 플랫폼 서비스 관할 개념이다. 아날로그 미디어 제도에 이어 인터넷 이후 홈페이지, UCC, 포털, 웹하드, 뉴 뉴미디어 서비스로 이어지는 산업의 제도화 과정에 대한 심도 있는 연구가 필요하다.

로, 독자를 작가와 발행자로, 이용자를 실행자(complementors)로 바꿔 내는 행위자-네트워크이다(Latour, 2005 참조). 이들 플랫폼은 콘텐츠를 직접 생산하든 하지 않든, 플랫폼이 작동시키는 어떤 속성(quality)[2]에 대한 행동 데이터를 통해 참여자들이 서로 영향을 주고받게 만드는 자동화된 기계이다(임종수, 2018). 페이스북이나 트위터는 평판이라는 속성으로, 유튜브는 관심사라는 속성으로, 넷플릭스는 취향이라는 속성으로 네트워크화되어 있다. 결국 플랫폼은 자신을 포함해 거기에 참여하는 여러 생산자와 소비자들이 어떤 속성을 둘러싸고 상호작용하는 하나의 거대한 동맹체(Latour, 홍성욱 외, 2010), 즉 속성의 유니버스(universe of quality)이다. 초연결 상태에서의 커뮤니케이션은 네트워크에

---

2 뉴미디어는 기존의 '실체론적 사고'가 아닌 이른바 '속성론적 사고'를 할 때 잘 이해된다. 전자가 인간의 인식 바깥에 물질이나 권력의 실체가 있다고 본다면, 후자는 그런 실체는 속성으로 인해 보편가능하게 파악 가능한 것, 만약 그것이 없다면 실체를 생각할 수 없다는 생각이다. 이는 인간만이 어떤 정신을 가지고 자연적 상태의 신체로부터 분리된 존재라고 보는 이원론적 사고가 아닌 모든 실체라는 것은 자연 안에서 그저 어떤 양태(mode)로 존재하며 상호작용한다는 생각과 맞닿아 있다. 양태는 그것이 인간이든 사물이든 자연적 상태에서 각 행위자가 서로서로 영향을 주고받는 속성의 형식이다. 이와 같은 생각은 실체에 주목했던 고전 물리학과 대비되는, 물리적 현상을 속성으로 설명하려는 양자(quantum) 개념과 그 맥이 맞닿아 있다. 컴퓨터와 마음의 관계를 물리학적 시각에서 설명한 펜로즈(Penrose, 1989/1996)는 양자론적 물리적 세계관을 "어쩌면 우리의 마음은 단순히 어떤 알고리즘에 따라 행동하는 고전적 물리구조의 이른바 객체(object)로서 존재하는 것이 아니라, 우리가 살고 있는 이 세계를 실제로 지배하는 어떤 이상하고 놀라운 물리법칙의 특성에 뿌리를 두고 있는 속성(quality)일지도 모른다"(p.353)라고 말한 바 있다.

참여하는 인간과, 그들로부터 생성되는 데이터를 연산하여 최적의 서비스를 실현하고자 하는 소프트웨어/인공지능 행위자 네트워크이다.

이는 미디어 영역이 디지털 전환(Digital Transformation)한 결과이다. 디지털 전환은 기술적 수준의 디지털화(digitalization)를 넘어 산업 자체의 디지털 전환(digital transformation of industries)을 지시한다(WEF, 2016). 디지털 전환은 이제 막 인터넷이 도입되던 1990년대 중반 "being digital"이 예견한 것처럼(Negroponte, 1995), 그리고 디지털 리터러시의 기본 고민이 그런 것처럼(Lankshear & Knobel, 2008), 비디지털적인 것의 디지털화는 물론 기왕의 낡은 디지털마저 새로운 디지털 기술로 대체함으로써, 비즈니스 모델, 소비 패턴, 사회경제적 구조, 법률과 정책의 기준, 문화, 인식과 태도 등 일상생활의 모든 영역이 디지털 방식으로 바뀌는 어떤 질적인 전환을 의미한다. 그리고 그 전환은 대체로 (미디어) 산업 중심의 가치사슬(industry value chain)이 고객 중심의 가치사슬(customer value chain)로 바뀌는 디커플링 형태로 진행된다(Teixeira & Piechota, 2019/2019).[3] 플랫폼에 접속하는 이용자들은 자신에게 가치 있는 것을 즐기기 위해 굳이 필요 없는 소비에 내몰리는 것을 달가워하지 않는다. 본문에서 자세히 다루겠지만, 디지털 전환과 디커플링은 이미 100여 년 전에 문제적 개념으로 떠올랐던 융합(con-

---

3 오늘날 디지털 신생기업은 오랜 세월 기존 산업이 구조화해 놓은 가치사슬 중 일부를 끊어내어 고객이 원하는 구체적인 충족을 제공하는 디커플링, 즉 탈동조화를 일반화시키고 있다. 디지털 음원은 음반에 묶인 개별 음악을, 넷플릭스는 채널 또는 유료방송의 번들링 상품에 묶여 있는 콘텐츠를 디커플링했다. 그렇게 끊어진 가치사슬은 고객 중심의 가치사슬로 새로이 커플링된다. 이는 디지털 전환이 몰고 온 산업의 존재방식 자체의 거대한 전환이다.

vergence)의 지난한 과정이자 그 결과로서, 한 채널 내에 각기 다른 장르, 케이블 SO가 묶음으로 제공하는 '쓸데없는' 채널들, 더욱이 세대나 지역, 젠더에 따라 각기 다르게 소구해야 하는 광고 등과 강하게 커플링되어 있는 레거시 미디어(특히 지상파)에게 무엇보다 큰 도전이다.

이 글은 지상파라는 제도적 문화산업이 디지털 전환의 시대에 어떤 '미디어 형식'으로 존재해야 하는지에 대한 시론적 논의이다. 이를 위해 관련 이론과 개념, 그리고 실증적 자료가 제시될 것이지만, 엄밀한 학술논문으로서가 아니라 지금까지의 논의를 토대로 제안하는 하나의 아이디어라고 생각했으면 한다. 플랫폼은 디지털 전환의 시대 기본적인 미디어 형식이다. 하지만 이 글에서 말하는 플랫폼은 법제도적 용어라기보다 사회문화적이고 경제적인 용어이다. 플랫폼의 지평이 워낙 다양하여 단순히 플랫폼이라는 용어 하나로 제도화할 수 없기 때문이다. 사회문화적으로나 경제적으로 지상파가 자신의 미디어 형식인 채널을 DMB이나 표준기술의 디지털화를 통해 혁신하고자 했지만, 21세기 네트워크가 요구하는 플랫폼으로의 디지털 전환과 디커플링 과정에서 제대로 된 해결점을 찾지 못했다는 것이 이 글의 진단이다. 2020년 유래 없는 글로벌 역병으로 인해 더욱 깊어지고 있는 플랫폼 사회로의 전환(이재열 외, 2021)은 플랫폼 경제, 플랫폼 노동에 이어 익숙한 것과의 결별을 요구하는 일반적인 사회적 분기(social turn)를 보여준다.[4] 이

---

4 코로나19는 미디어 소비를 크게 늘렸지만, 그 혜택은 기존의 지상파로 흘러가기보다 포털과 OTT로 집중된 것으로 보인다. 영국 오프콤(Ofcom, 2020)의 2020년 보고서에 따르면, 락다운 위기 상황에서 공공서비스 방송의 영향력이 제고되기는 했지만, 실제 이용 면에서는 SVOD 이용량이 가장 크게 증가했다.

분기점에서 지상파의 길은 무엇인가?

필자는 지상파 미디어 또한 취향, 평판, 관심, 유행 등 인간사회의 어떤 속성을 실현하고자 하는 플랫폼-미디어(언론-미디어가 아닌) 커뮤니케이션 체제에 본격적인 포지션을 가졌을 때 비로소 그 길이 보일 것이라 제안한다. 그 방안이란 다름 아닌 네트워크의 부(富)를 넓히는 플랫폼의 연결관계(connections)를 확충하는 일이다(Anand, 2016/2017). 연결관계는 네트워크가 개인이나 공동체가 "콘텐츠를 끊임없이 재목적화하고 재순환하는" 확산가능성(spreadability)을 실행하기 위한 전제조건이다(Jenkins, Ford & Green, 2013: 27). 본문에서 우리는 그것이 TV 4.0 버전의 핵심 조건임을 확인할 것이다. 거기에서 우리는 텔레비전 형식이 어떻게 특유의 계획된 흐름(planned flow)에서(Williams, 1974) 디커플링되어 계획된 시청(planned viewing)으로 전이해갔는지, 그런 전이가 어떻게 미디어 이론가 카스텔(Castells, 2004)이 흐름의 공간(flow of space)이라 은유했던 시공간 경험의 기본요소가 되고 있는지를 확인할 것이다. 그런 중에 우리는 계획된 시청에 어울리는 이야기 형식인 서사극(epic)과 몰입적인 서사극적 시청(epic viewing)이 왜 필요한지를 발견하게 될 것이다. 서사극과 서사극적 시청은 연견관계와 분리될 수 없는 새로운 길이다. 플랫폼부터 시작해보자.

플랫폼 사회는 재난방송 서비스로서 지상파의 위상마저 흔들리게 한다.

2. 플랫폼은 대중매체와 어떻게 다른가?: 채널 vs 플랫폼

뉴 뉴미디어의 성격으로 볼 때, 21세기 미디어 형식은 언론-미디어와 구별되는 플랫폼-미디어이다.[5] 오랜 세월 미디어는 언론(press)과 거의 동일시되어 왔지만, 지금 우리가 일상적으로 사용하는 미디어는 '탈언론'의 플랫폼이다(임종수, 2017). 기차역 플랫폼이 상기시키듯, 기술의 역사에서 플랫폼은 각기 다른 응용체계, 처리과정, 기술 등이 발전할 수 있게 해주는 기반이 되는 기술의 조합물이다.[6] 21세기 플랫폼 비즈니스는 특정한 규칙과 기준으로 세팅된 연결된 공간에서 핵심적인 수단과 서비스를 제공하여 상호의존적인 생산자와 소비자 간에 교환을 촉진함으로써 어떤 가치를 창출한다(Moazed & Johnson, 2016). 플랫폼은 공급체인 안의 누군가에게 일방적으로 재화를 제공하는 전통적인

---

5 플랫폼-미디어는 미디어를 플랫폼으로 사고하는(media as a platform) 발상이다. 영어권에서는 주로 미디어 플랫폼(media platform)이라는 말을 주로 사용하는데, 이는 메시징과 음성, 영상 서비스를 제공하는 클라우드 기반의 커뮤니케이션 플랫폼(communication platform)을 전제로 하여 그중에서도 특별히 개인의 관심이나 공적 이슈를 다루어 미디어로서 역할(platform as a media)을 하는 것을 강조하는 용어이다. 소셜미디어 플랫폼(social media platform)이 대표적이다. 이 글은 미디어의 시각에서 출발하여 그 성격이 애초의 언론 개념에서 플랫폼으로 확장하고 있다는 점에서 플랫폼-미디어라는 용어를 사용한다. 플랫폼-미디어는 기왕의 미디어가 다수의 플랫폼으로 확장되어 콘텐츠가 다양하게 유통 소비될 뿐만 아니라 그 스토리텔링마저 전략적으로 조직되는 트랜스미디어(transmedia)와 멀티 플랫폼 미디어(multi-platform media) 시각을 포함하는데(Jenkins, 2006; 이재현, 2006), 이는 본질적으로 데이터의 교환과 그로 인한 서비스 성격의 차이를 의미한다.

6 https://www.techopedia.com/definition/3411/platform-computing

플랫폼 비즈니스 모델

대중매체 채널 또는 수많은 서비스 소프트웨어(SaaS)에서 한 걸음 더 나아가 '연결을 통한 교환'을 그 특징으로 한다. 이는 "동일한 주파수 대역을 통해서 연속적인 흐름 또는 정보체계의 형태로 제공되는 텔레비전 방송"(〈방송법〉, 2조 20항의 2)의 '채널'과 뚜렷이 구별된다.

따라서 플랫폼-미디어는 해당 사업자가 공급자이자 소비자인 참여자들을 중재함으로써 커뮤니케이션 만족을 제공하는 비즈니스이다(이승훈, 2020). 이때 중재물은 참여자가 제공하는 콘텐츠이다. 아마존이나 페이스북, 유튜브 등 참여형 OTT는 참여자에 의해 재화나 콘텐츠가 끊임없이 교환되는 전형적인 플랫폼이다. 그렇다면 넷플릭스, 웨이브, 카카오TV 등 비참여형 OTT는 어떠한가? 이들 미디어는 자신의 프로그래밍을 위해 콘텐츠를 적극적으로 사들이거나 직접 제작하여 수용자에게 일방적으로 제공한다. 겉으로 보면 플랫폼이 아니라 선형적인 공급망을 가진 전통적인 제조업에 가깝다.

그렇다면 이들 비참여형의 OTT는 KBS나 MBC, HBO 등 레거시 미디어와 다르지 않는 대중매체 채널인가? 그렇지 않다. 앞서 살펴본 현대 플랫폼의 성격과 정의로 볼 때(Moazed & Johnson, 2016), 비참여형의 OTT는 레거시 미디어의 채널과 달리, 특정한 규칙과 기준으로 세팅된 연결된 공간에서 동영상 콘텐츠를 제공하여 상호의존적인 생산자와 소비자 간에 교환을 촉진하는 플랫폼의 속성을 모두 가지고 있다. 다만 이들 OTT에서 이용자는 직접 콘텐츠를 생산하는 유튜브나 페이스북 등과 달리 콘텐츠 소비자로 제한된다. 대신 그런 서비스를 이용함으로써 행동 데이터를 제공하여 해당 플랫폼의 운영에 참여한다. 그 결과 해당 플랫폼이 지향하는 속성인 특정한 취향으로의 '참여가능성'을 높인다. 넓은 의미에서 이는 플랫폼 생산활동의 일부이다. 그 활동으로 인해 비참여형의 OTT 역시 이용자들을 익명의 집단으로서 대중 수용자(mass audience)가 아니라 식별된 개인 수용자(individualized audience)로 인지해낼 수 있다. 결국 새로운 콘텐츠를 창작하고 제공함에 있어, 전통적인 텔레비전은 오랜 세월 관행적으로 확립해온 '우연성의 모델(haphazard model)'을 따르는 반면, 유튜브나 페이스북은 물론 넷플릭스 같은 플랫폼-미디어는 이용자의 행동 데이터를 바탕으로 한 '우발성의 모델(contingency model)'에 입각해 있다(Grandinetti, 2017/2019: 64). 전자가 제작자의 통찰에 의한 것이라면, 후자는 데이터의 복잡한 교환에서 얻어지는 결과로 콘텐츠 추천은 물론 캐스팅과 이야기 구성마저도 조율한다. 플랫폼-미디어는 수행하고자 하는 속성을 파악해내는 데 필요한 행동 데이터의 교환정도와 그에 대한 연산능력에 따라 그 가치가 산정된다.

플랫폼-미디어의 이러한 특성은 전래의 방송 채널에 치명적인 도전이다. 이제 방송의 형식은 채널에서 플랫폼으로 바뀐다. 프로그램의 연속적 배치를 통해 실현하는 전통적인 계획된 흐름은 사실 채널의 특성으로부터 비롯된 것이다. 하지만 플랫폼은 계획된 흐름이 아닌 이용자의 선택에 따른 이용자 흐름(user flow)의 논리를 따른다(Caldwell, 2003; Wood, 2007). 그렇기 때문에 플랫폼에서는 이용자의 시공간 계획에 따라 이루어지는 계획된 시청이 보다 강화된다. 플랫폼 구성의 관점에서 보면, 이는 플랫폼상의 콘텐츠 제공이 스트리밍 가능한 흐름, 그러니까 플랫폼 사업자가 이용자의 행동 데이터 연산을 통해 시시각각 다른 콘텐츠를 분류하고 추천함으로써 이용자마다 각기 다른 취향을 계열화해내는 생성적 흐름(generative flow)이다.[7] 플랫폼 가상공간상의 행과 열에 적용된 주제 또는 영역별 배치는 이용자마다, 접속할 때마다, 이용공간에 따라 달라지면서 시계열적으로 특별한 취향의 속성을 정의한다. 그런 가운데 개별 이용자들은 그와 유사한 취향을 가진 다른 이용자들과 특별한 취향 속성으로 계열화된다. '흐름의 공간'이라는 수사가 플랫폼-미디어에서 실제 실현되는 방식이다.

이는 '융합'의 역사적 과정이자 결과이다. 원래 융합은 1920년대 전파미디어가 미디어 산업으로 등장할 당시 기존의 언론-미디어였던 신

---

7 표면적으로 생성적 흐름은 넷플릭스 같은 스트리밍 서비스가 수행하는 콘텐츠 배치가 일방적 흐름으로서가 아니라 이용자의 활동과 상호작용하면서 만들어진다는 점을 강조한다. 채널의 계획된 흐름이 일방적으로 주어지는 연속적인 시간배치에 의한 것이라면, 스트리밍 서비스의 생성적 흐름은 알고리즘 미디어가 이용자와의 상호작용을 통해 만들어내는 주제 또는 소재별, 장르별 연속적인 공간배치에 의한 것이다. 전자가 시청자의 '시간적 활용성'을 극대화하기 위한 배치 전략을 짠다면, 후자는 이용자의 '참여가능성'을 극대화하는 취향의 계열화를 위한 배치 전략을 마련한다. 하지만 생성적 흐름이 함의하는 보다 중요한 점은 그 흐름이 플랫폼의 알고리즘 안에서 구성된다는 것이다. 이는 우리의 신체와 정신이 권력 안에서 구성되는 생성적 권력을 떠올리게 한다(Foucault, 1975/2003). 국가와 플랫폼, 제도와 알고리즘은 모두 부단히 움직이고 변화하는 가운데 어떤 관계들을 지시하는 힘을 가진다는 점에서 일치한다. 전자에게 그 힘이 권력이라면 후자에게는 속성이다.

문모델에서 전파미디어를 어떻게 처리할지에 관한 기술적, 제도적, 문화적 도전이었다(de Sola Pool, 1983). 그것은 다름 아닌 신문 없는 민주주의의 성립 불가능성을 인정한 언론자유(freedom of press)를 전파미디어에 적용할 것인지의 문제였다. 주지하듯이, 이에 대한 선택지는 신문과 사뭇 달랐다. 종래의 통신에는 일정수준의 독과점을 용인 받으면서도 이용자를 차별 대우하지 않는 보편적 서비스를, 그런 통신에서 확장된 기술로 언론행위를 하는 방송에는 전파의 희소성과 영향력을 근거로 정부 규제를 인정하여 일정 수준의 공익성(공공성의 수준은 국가마다 다름)을 제공하되 사적 소유와 운영은 용인하는 쪽으로 가닥을 잡았다. 규제된 독점체로서 공중통신(common carrier) 모델과 최소한의 공적 서비스를 담보하는 규제된 상업체제(regulated commercial activity)라는 방송모델이 등장한 것이다. 당시만 하더라도 통신은 개인 간 커뮤니케이션으로 한정되었기 때문에 열외로 한다면, 결국 20세기 방송은 설립기관의 커뮤니케이션 자유와 수탁자로서의 공적 서비스를 하나로 묶은 생산자 책임주의적 언론-미디어였다.

하지만 21세기 융합은 '상호접속(interconnection)'과 '차별금지(non-discrimination)'를 특징으로 하는 인터넷 모델이 융합을 이끈다. 플랫폼-미디어는 그런 융합을 실현하는 지배적인 미디어 형식이다. 플랫폼-미디어에서는 콘텐츠의 자유로운 흐름, 미디어와 미디어 간의 협력, 자신이 원하는 콘텐츠를 기꺼이 찾아가는 수용자의 이주성 행동이라는 융합현상이 일상적으로 이루어진다(Jenkins, 2006). 젠킨스에 따르면, 21세기 융합은 소비자로 하여금 새로운 정보를 찾아내고, 서로 흩어진 미디어 콘텐츠 간의 연결을 만들어내도록 촉진하는 문화적 변화이다. 따라서 플랫폼-미디어는 기존 채널처럼 생산자(정확하게 말하면 플랫폼 운영자) 중심적이지 않고 오히려 수용자 지향적이다. 채널이 편집자 필터링을 거친다면, 플랫폼은 이용자 필터링을 거친다. 플랫폼 이용자들 간의 커뮤니케이션이 플랫폼의 일차적인 목적이다. 운영자는 그런 커뮤니케이션이 성공하기 위해 데이터를 수집하고 분석하여 최적의 생성적 흐름을 디자인하고자 한다. 따라서 비유컨대, 기존의 채널이 마을회관이라면, 플랫폼은 정거장이다. 채널은 남성과 여성, 성인과 청소년, 유아, 지역과 중심 등 각기 다른 집단을 겨냥한 콘텐츠를 생산했다. 그것은 마치 마을회관 내 남성들의 방, 여성들의 방, 노인들의 방, 청소년의 방이 나뉘어 있는 것과 같다. 채널별로 또는 같은 채널이더라도 시간대별로 각기 다른 방을 제공하는 것이 채널의 기본 원리였다. 따라서 타깃 수용자들의 사회경제적 지위(SES)는 그런 방을 디자인하는 데 가장 중요하게 고려해야 할 요소였다.

플랫폼-미디어는 SES를 그렇게 중요하게 고려하지 않는다. 이동이 필요한 누구라도 정거장에 모이는 것처럼, 플랫폼-미디어 수용자들은 자신이 필요로 하는 콘텐츠가 있으면 언제든 참여할 수 있다. 비용을 지불해야 하지만, 정해진 시공간 안에서 선택을 강요받는 그런 시스템은 아니다. 그렇기 때문에 플랫폼-미디어에서 중요한 것은 그것이 구현하는 취향, 평판, 관심, 유행 심지어 학습과 정치 등의 속성에 개별 수용자들이 얼마나 자신이 요구하는 바를 '발견'할 수 있는가이다. 그렇기 때문에 참여가능성(participatibility)은 플랫폼의 가장 큰 미덕이다 (Jenkins, Mizuko & boyd, 2015). 참여가능성은 어딘가로 참여함으로써 사회성을 구현할 수 있는 정도를 말한다. 앞서 살펴본 참여형의 OTT는 물론 비참여형의 OTT도 마찬가지다. 똑같은 넷플릭스 가입자라도 범죄물 취향을 가진 사람이라면 〈나르코스〉나 〈종이의 집〉을, 영웅 시리즈를 좋아한다면 〈왕좌의 게임〉이나 〈더 위처〉를 시청할 것이다. 그들은 그런 참여를 통해 해당 세계의 서사를 향유하고 그런 취향적 행동으로 다른 이용자들과 영향을 주고받는다. 그런 것처럼, 어떤 사람이 평판을 얻고자 한다면 페이스북이나 트위터 등에 참여할 것이고, 게임이나 경제, 지식, 놀이, 요리, 여행 등 특정 관심사를 가진 사람이라면 유튜브에 참여하여 해당 콘텐츠를 즐기면서 사회적 관계를 형성한다. 결국 과거의 채널이 프로그래밍에서의 '문화적 태도(cultural set)', 즉 특정 장르나 장르 내 콘텐츠 묘사에 있어 ― 흔히 공영방송 또는 상업방송으로 양분되어 ― 진지함이나 재미, 흥미성 등에 관한 각기 다른 정의와 그 실천 정도에 따라 평가받았다면(Williams, 1974: 85), 플랫폼-미디어는 실현하고자 하는 속성에 대한 수용자들의 참여가능성 수준으로 평가받는다. 플랫폼이 저마다 문화적 태도를 보이지 않는 것은 아니지만 과거의 지상파에 비하면 훨씬 더 유연하다.

그렇기 때문에 플랫폼-미디어는 채널에 비해 훨씬 유연한 디지털 어포던스(digital affordance)를 가진다. 주지하듯이 어포던스란 인간이 자신의 물리적 능력에 따라(Gibson, 2015), 또는 지각된 행위 가능성에 따라(Norman, 2013) 커뮤니케이션 도구들을 통해 수행될 것이라 기대하는 것을 말한다. 디지털 네트워크와 거기에 얹힌 플랫폼은 텔레비전 이용에 관한 행위 가능성을 극적으로 바꾸었다. 채널은 시간적 배치를 통해 정해진 시간(이른바 시청 시간대)과 장소(대체로 가정)에서 할 수 있는 것을 선제적으로 정해주었다. 그에 반해 플랫폼-미디어 이용자는 생활 시간과 공간에 따라 융통성 있게 그것을 활용할 수 있다. 이른바 TV 4.0의 세계이다.

3. TV 4.0: 계획된 흐름에서 계획된 시청으로

채널과 플랫폼의 차이는 텔레비전 문화형식이 수행해온 멀리서(tele) 보기(vision)의 진화, 즉 전통적인 실시간 시청에서 VOD 시청으로의 진화를 통해 규명될 수 있다(Jenner, 2016). 〈표 6-1〉에서 보듯이, 1950 년대부터 2010년대 초반까지 텔레비전 풍경은 TV 1.0의 '네트워크의 시대'에서 TV 2.0의 케이블 및 위성에 의한 '다채널 시대'로, 다시 TV 3.0의 디지털 장치의 증식을 통한 '다양성의 시대'로 이어진다. 한마디로 일방향의 실시간 시청 패러다임 안에서 채널과 네트워크, 그리고 스트리밍 이전의 원시적인 VOD 장비 등으로 확장해온 것이다. 그에 반해, 2010년대 이후 지금까지 TV 4.0은 VOD 시청 논리가 다른 무엇보다 중요한 '스트리밍의 시대'이다. TV 3.0까지가 전통적인 실시간 시청위에 비스트리밍 계열의 VOD가 추가되었다면, TV 4.0는 VOD의 토대위에 실시간 시청까지 포함하는 스트리밍 방식이다. 그런 점에서 보면, TV 3.0은 전통적인 TV 국면에서 TV 4.0으로 넘어가는 이행기라 할 수 있다.[8]

TV 4.0은 채널에서 플랫폼으로, 집단/가족 시청에서 개인화된 시청

---

8 버리(Bury, 2018)는 텔레비전이 수동적 문화에서 팬에 의해 보다 참여적인 상태로 변화하는 점에 주목하여 지금의 스트리밍/다운로드 미디어인 방송환경을 '텔레비전 2.0(television 2.0)'으로 정의한다. 그 기준을 어떻게 잡든 텔레비전 풍경의 진화가 이전 텔레비전의 삭제 또는 그런 옛 풍경의 변화를 순차적으로 촉발하지는 않는다. 언제나 변화는 해당 조직의 느린 의사결정 속에서 이루어져, 일부는 성공적으로 변신하고, 일부는 다른 것과 제휴 또는 협력을 통해 헤쳐 나가는가 하면, 또 일부는 사라지기도 한다.

<표 6-1> 텔레비전 풍경: TV 1.0에서 TV 4.0으로

텔레비전 풍경	시기	특성	수용자	헤게모니 관계	미디어 환경
TV 1.0	1950년대 중반 - 1980년 초반	채널 희소성	대중 수용자	네트워크 독점	네트워크의 시대(안테나, 거실의 텔레비전)
TV 2.0	1980년대 초반 - 1990년대 후반	채널/ 네트워크 팽창	수용자 분화	채널 브랜딩 경쟁 (양질의 TV)	다채널 시대(케이블, 위성, VHS, DVD)
TV 3.0	1990년대 후반 - 2010년대 초반	디지털 장치의 증식, 멀티 플랫포밍	수용자 분화 심화	완전 경쟁기	다양성의 시대(홈페이지, TiVo, 웹하드)
TV 4.0	2010년대 초반 - 현재	뉴 뉴미디어, OTT	개인 수용자	가입자 시장	스트리밍의 시대(VOD, 파일)

자료: Pearson, 2011; Jenner, 2016 참조 후 재작업.

으로, 대중 수용자에서 식별된 개인 수용자로, 채널의 계획된 흐름에서 수용자의 계획된 시청으로, 무료 보편 시장에서 가입자 시장으로, 도덕적 충돌이 빚어내는 껄끄러운 즐거움(guilty pleasure)에서 몰입감과 충족감이 넘치는 서사극적 시청(epic viewing)으로의 전환을 그 특징으로 한다. 앞서 설명한 것처럼, TV 4.0은 미디어 자체가 어플리케이션 플랫폼에 구축되고, 거기에서 이용자는 실시간이든 VOD든 자유롭게 콘텐츠를 스트리밍할 수 있다. 영화, 텔레비전, 라디오 등 각기 다른 미학적, 산업적, 문화적 범주로 발전하던 미디어 형식이 다원화된 콘텐츠, 원자화된 수용, 최적화된 인터페이스로 통합되는 과정이다(Kompare, 2005). 따라서 TV 4.0으로의 전환은 텔레비전과 주변장치, 콘텐츠 형식, 수용활동, 시장의 성격, 시청경험 등에서 질적인 변화를 수반하는 패러다임 전환이라 할 수 있다.

　주지하듯이, 적어도 TV 3.0까지만 하더라도 텔레비전 장비는 안방과 거실의 TV 수상기가 지배적이었다. 안방과 거실의 TV는 산업화와 함께 달라진 주택 환경에서 근대가족의 여가와 사생활을 특징짓는 중심적인 오브제이자 매개체였다(임종수, 2004). 즉 가족TV는 TV를 통해 가족 구성원 간에 여가를 공유하면서도 그 차이를 드러내 보이는 장치였다(Morley, 1986). 하지만 TV 4.0은 더 이상 수용집단으로서 가족에도, 수용 공간으로서 가정에도, 심지어 수용 시간으로서 주시청 시간대에도 크게 얽매이지 않기 때문에 여가활동에서 작동하는 권력 또한 그렇게 힘을 발휘하지 못한다. 텔레비전 활용이 가족TV를 떠나 손 안의 개인TV, 가족 공간이지만 나 혼자 즐기는 나의 TV, 각종 SNS에서 사회적 시청으로 공동체성을 체현하는 우리TV로 다변화되어 순환적으로 활용되기 때문이다(임종수·최세경, 2016). 텔레비전 수상기는 '도처의 TV(TV everywhere)'로 대체될 뿐 아니라 수상기 자체의 활용방식도 가족 안에서 분화된다.

　도처의 TV는 디지털 장치의 증식과 스트리밍의 결합으로 볼 수 있다. TV 3.0까지 지상파는 자신의 원래 모습인 채널과 그에 기초한 디지털 장치의 증식으로 멀티 플랫포밍(multi platforming) 현상을 보였다. 그랬기 때문에 2010년 이전까지만 하더라도 수용자 분화가 강화되고 전면적인 경쟁에 돌입했음에도, 여전히 텔레비전 이용의 헤게모니는 레거시 미디어에 있었다(정영호·강남준, 2010). VHS와 DVD, 심지어 TiVo 같은 VOD 장비 또한 가정 내 TV 수상기를 근거로 존재하는 것들이었다. 초고속 인터넷 이전의 웹하드(만족스럽지 않은 스트리밍 속도로 인해 생겨난 서비스)는 상대적으로 TV 수상기로부터 자유로웠지만,

"미래의 텔레비전이 여기에 있습니다"(feat. 넷플릭스)

역시 가정의 특정 공간에 '비치된' PC(그리고 그리 많지 않은 노트북)에서만 활용될 뿐이었다. 그에 반해 TV 4.0의 플랫폼-미디어는 채널과 그 수용환경으로부터 자유로운 새로운 형식의 뉴 뉴미디어 경로를 걷는다. 다음 절에서 살펴보겠지만, 넷플릭스 가입자가 케이블 가입자를 넘어서고, 인터넷은 물론 TV 이용에서도 모바일 장비가 TV 수상기와 PC 이용을 넘어서게 된다.

TV 4.0은 콘텐츠의 형식과 질에도 중요한 변화를 가져왔다. 넷플릭스는 1990년대 이래 HBO가 자신의 채널 포지션으로 삼던 "It's not TV, It's HBO"를 모델 삼아 2013년 자신의 "오리지널 콘텐츠가 곧 텔레비전의 미래(The future of television)"라고 선언하면서 중요한 시리즈를 연달아 출시했다.[9] 당시 넷플릭스가 자신의 오리지널 콘텐츠 문법으로

---

9   Netflix original series - The future of television is here, Youtube, September 3, 2013. https://www.youtube.com/watch?v=_kOvUuMowVs

벤치마킹한 것은 스스로를 TV가 아닌 HBO로 선언한 HBO 특유의 컬트 TV(cult TV)와 양질의 TV(quality TV)였다(넷플릭스가 케이블 기본서비스가 아닌 별도로 가입하는 프리미엄 서비스인 HBO에 주목했다는 점에 주목해야 한다). 하지만 TV 3.0에서와 달리, 넷플릭스는 일괄출시와 몰아보기라는 새로운 전략으로 VOD를 그 이전과 완전히 다르게 다루었다. TV 3.0까지만 하더라도 일차적으로 중요한 지표는 시청률(양)이었고, VOD는 추가적인 수입을 위한 것이었다. 하지만 넷플릭스는 그 반대로 생각했다. VOD를 중심 서비스로 하는 넷플릭스에게는 시청량이 아니라 신규 가입자 유치와 가입상태의 유지가 더 중요했다. 양질의 콘텐츠는 이를 실현하기 위한 전략적 선택이었다. 창작자에게 창작의 자유를 최대한 보장하는 것 또한 그 때문이었다. 결국, 전통적으로 VOD는 스케줄에 의한 시청경험으로서 '본방'을 보완하는 부가적인 콘텐츠 소비 방식이었지만, 넷플릭스로 대표되는 TV 4.0 스트리밍 형식에서 VOD는 양질의 콘텐츠와 어울리는 몰아보기를 일차적이고도 중심적인 시청 방식으로 만들었다. 2021년 지금 TV 4.0에서 몰아보기 가능성(binge-ability)은 콘텐츠 편성과 제작 공학에서 더없이 중요한 전략이 되고 있다(Nash, 2021; Ferchaud, 2020).

따라서 TV 4.0은 TV 시청에 대한 수용자의 시간통제는 물론 그에 대한 비실시간적 온라인 공동체성, 각기 다른 인종과 문화를 넘어 양질의 콘텐츠로 연결되는 취향의 계열화 등을 특징으로 하는 온디맨드 문화(On-demand culture)의 도래를 함축한다(Tryon, 2013). 온디맨드 문화란 말 그대로 수용자의 요청에 의거한 커뮤니케이션, 방송에서는 예의 계획된 흐름 위에 덧칠되는 계획된 시청의 문화이다. 대중매체에서 일방적으로 숭배 받는 대중스타 주도적 대중문화가 아니라, 뉴 뉴미디어와 어울리는 새로운 수용자에 기반한 문화이다(Jenkins, 2015). 여기에서 힘과 권력은 개별 수용자가 인간 또는 세계와 맺는 각기 다른 취향, 평판, 관심, 유행 등의 속성이 서로 주목 경쟁을 벌이는 중에 작동한다. 그렇기 때문에 플랫폼-미디어들은 개별 수용자가 요구하는 속성의 욕망을 잘 발현할 수 있는 주목의 기법(technicity of attention)을 체계화하고자 애쓴다(Bucher, 2012; Terranova, 2012 참조). 이런 플랫폼-미디어는 대중매체를 향한 맹목적인 집단성과 익명적 지지에 기대지 않는다. 대중매체가 쳐놓은 국경마저 가볍게 뛰어넘는다. 미디어 스타 또한 대중들의 일방적인 숭배 대상이기보다 플랫폼 안에서 높은 중심성으로 영향력을 행사할 수 있는 연반인 또는 인플루언서이다.

4. 지상파 채널 리포지셔닝: 탈레거시, 연반인, 콘텐츠 역주행

미디어의 플랫폼화, 그에 따른 대중문화 지형의 변화는 기존 방송사에 유래 없는 도전이다. 특별히 지상파는 익명적 대중이 아닌 식별된 개인이 주도하는 문화에 둔감하다. 그들의 속성을 구분해낼 데이터가 없기 때문이다. 이제 지상파는 방송이 개인에게 미치는 효과(effects) 위에 개인이 자신들의 방송에서 어떤 정동(affects)을 얻을 것인지에 대해 질문해야 한다. 이런 질문을 통해 지상파의 채널 포지션을 좀 더 플랫폼 친화적으로 바꿔나갈 필요가 있다. 사실 그간 지상파의 채널 정책 또는 운용도 이와 크게 다르지 않았다.

지상파는 긴 시간 동안 레거시화를 거쳐 왔지만 지난 5년여 동안은 탈레거시의 의지도 보여주었다. 그것은 이른바 OTT 산업의 부흥을 반

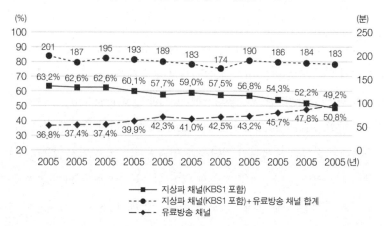

〈그림 6-1〉 지상파-유료방송 시청량 크로스

지상파 채널(KBS1 포함)

----- 지상파 채널(KBS1 포함)+유료방송 채널 합계

--◆-- 유료방송 채널

면교사로 삼는 것이었다. 그간 예산과 광고, 자원, 인력, 장르, 관심, 영향력 등 지상파의 거의 모든 것들이 지상파를 떠나 유료방송, 더 멀리는 OTT라 일컬어지는 스트리밍 서비스로 이동했다. 본격적인 시작은 아마도 2015년 MBC의 〈마이리틀텔레비전〉이 아닐까 싶다. 그해 4월에 처음 시작한 〈마리텔〉은 2017년까지 시즌 1 101부작에서 평균 시청률 10.0%로 대중을 사로잡았다. 이 프로그램이 탈레거시의 표본인 이유는 유튜브와 아프리카TV 문법의 차용, 1인 미디어, 덕후 문화 등 기존의 지상파 제작문법 또는 관행과 질적으로 달랐기 때문이다. 하지만 탈레거시적 소재에도 지상파가 방송을 주도한다는 분위기는 남아 있었다.

그럼에도 불구하고, 이 시기 방송 산업 내 지상파 우위의 포지션이 본격적으로 뒤집히고 있었다. 2015년은 역사상 처음으로 유료방송 시청시간이 지상파 시청시간을 넘어서는 이른바 지상파 '데쓰 크로스'(광고가 없는 KBS1을 제외할 경우 이미 2012년에 데쓰 크로스가 발생함)가 발생한 해였다(방송통신위원회, 2016, 〈그림 6-1〉). 곧이어 2017년에는 IPTV

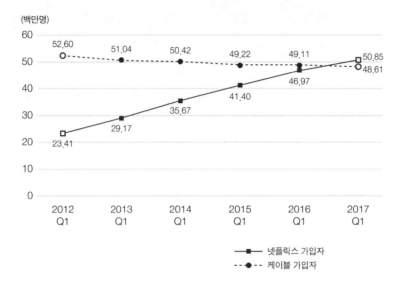

〈그림 6-2〉 넷플릭스-케이블 가입자 수 크로스

(백만명)

- 넷플릭스 가입자
- 케이블 가입자

가입자 수가 케이블TV 가입자 수를 넘어섰다(방송통신위원회, 2018). 미국에서는 2016년 말 넷플릭스 가입자 수가 케이블 가입자 수를 넘어섰다(Statista, 2017, 〈그림 6-2〉). 이즈음 인터넷과 TV 이용자 수 또한 모바일과 태블릿이 PC와 TV 수상기를 넘어섰다(Ericsson, 2017). 스트리밍 서비스가 지상파와 유료방송을 포함한 전통적인 방송 산업을 넘어서면서, 절대적 우위를 점하던 지상파가 확실히 레거시 미디어가 됨은 물론, 방송 환경 자체가 뉴 뉴미디어 환경으로 재정비되던 시기였다.

2015년에는 콘텐츠와 시청자 외에 장르도 플랫폼도 지상파를 떠났다. 한때 〈웃으면 복이 와요〉, 〈유머 일번지〉 등으로 지상파 부흥을 이끈 일등공신이었던 코미디는 지상파를 떠난 대표적인 장르이다. 물론 지상파는 그 대안으로 다양한 형식의 예능으로 코미디를 대체했지만, 이는 유료방송이나 유튜브, 포털 동영상에서도 보편적으로 채택하는 장르였다. 2015년 코미디TV에서 시작해 예능 프로그램으로는 단독, 최초로 넷플릭스에 진출한 〈맛있는 녀석들〉은 지상파에서 버려진 (?) 장르가 유튜브와 유료방송에 이르러 전문가 먹방, 제작사 주도적 제작의 전형을 보여준 사례이다. 이 시기 KBS 간판 예능 〈1박 2일〉 PD 나영석도 tvN으로 자리를 옮겼고, 그와 함께 했던 강호동과 그의 팀원들도 〈1박 2일〉을 떠나 〈신서유기〉, 〈강식당〉, 〈스프링 캠프〉 등으로 새 출발했다. 2021년 8월 MBC 대표 예능 〈무한도전〉의 김태호 PD도 '새로운 놀이터'를 향해 MBC를 떠났다. 이들 프로그램은 네이버TV나 유튜브 채널에 먼저 선 보임으로써 지상파는 물론 유료방송이 아닌 곳에서도 자생력이 있음을 증명했다. 뒤에서 다루겠지만, 이런 와중에 드라마도 시나브로 지상파를 떠났다.

유튜브와 아프리카TV 같은 신흥 미디어가 문화소비의 중심이 되면서, 이름 있는 유뷰버가 유튜브에만 머물지 않고 유료방송과 지상파를 오가며 중요한 캐릭터로 부상하기에 이른다. 그들은 레거시 미디어에 연연하지 않고, 오히려 신흥 미디어에서 쌓은 전문성과 이미지로 레거시 미디어에 역수출된다. 대표적으로 〈문명특급〉(SBS), 〈독립만세〉(JTBC), 〈여고추리반〉(티빙) 등에서 활동한 재재와, 오랫동안 팟캐스트 〈불금쇼〉로 쌓인 인지도로 2018년 KBS의 〈저널리즘 J〉 패널에 이어 〈더 라이브〉를 진행하는 최욱이 있다. 사실 〈백종원의 골목식당〉의 백종원이 원래 그랬고 〈가짜사나이〉의 이근 대위 또한 마찬가지이다. 전형적인 대중스타가 아닌 유튜브 캐릭터가 새로운 유형의 대중스타이자 장르가 된 것이다. 이들 캐릭터들은 레거시 미디어에 기반한 전형적인 연예스타와 그 결을 달리하면서도 대중적 지명도는 유명 스타 못지않은 인플루언서, 또는 '연반인(연예인+일반인)'의 전형이다. 연반인의 탄생은 방송 산업이 개별 채널만을 위해 창작활동을 하도록 했던 '전속 모델'에서 제도화된 방송 산업을 겨냥해 기획사가 양성하는 '대중 스타 모델'에 이어, 다음 절에서 심도 있게 다룰, 연결관계의 자원을 가 진 사람이 영상산업의 중심이 되는 '인플루언서 모델'로 탈바꿈하고 있 음을 알리는 신호이다. 10대 어린이에서 70대 할머니에 이르기까지 대 중적 연결관계를 가진 사람이라면 누구라도 인플루언서 또는 연반인이 될 수 있다.

최근 신흥 미디어는 자신들만의 오리지널 콘텐츠를 창작하는 단계 에 이르고 있다. 이들 콘텐츠들은 지상파나 유료방송과 무관하게 제작 되어 그 IP로 유료방송이나 여타 OTT, 심지어 지상파로까지 진출하는 수순을 밟고 있다. 대표적으로 유튜브와 카카오TV, 왓챠 등에서 선보 인 〈가짜사나이〉(2020.7., 무사트/피지컬갤러리 IP)와 카카오TV와 넷플 릭스에서 선보인 〈개미는 오늘도 뚠뚠〉(2020.9., 카카오M IP)이 있다. 이들 오리지널 콘텐츠는 지상파나 유료방송과 무관하게 캡티브 OTT나 유튜브, 네이버TV 등을 기본 플랫폼으로 하는 기획이다. 그 성과도 괄 목할 만하여 〈개미는 오늘도 뚠뚠〉의 경우 총 네 시즌에 걸쳐 누적 조 회수 8,000여만 회에 이른다(송화연, 2021).[10] 이들 OTT 오리지널 콘텐 츠 또한 지상파 기반의 전통적인 대중스타에 연연하지 않고 연반인을

---

10 2021년 7월 말 뉴스보도에 따르면(송화연, 2021), 카카오엔터테인먼트는 카 카오TV를 통해 선보인 오리지널 콘텐츠 전체 누적 조회수가 10억 회에 이른 다고 발표했다. 2020년 9월 첫 선을 보인 지 11개월만의 성과이다. 그간 카 카오엔터테인먼트가 공개한 오리지널 타이틀은 드라마, 예능, 라이브 뮤직쇼 등 45개에 이른다.

모델로 하거나, 그 둘을 섞는 방식으로 제작되었다.

방송 콘텐츠 제작과 윈도잉이 레거시 미디어를 더 이상 염두에 두지 않을 즈음에 흥미로운 변화가 발생한다. 레거시 미디어가 OTT 오리지널 콘텐츠를 자신의 채널 안으로 적극적으로 포함시키기 시작한 것이다. 방송 콘텐츠가 지금까지 보여 왔던 탈레거시 러시와 반대로 OTT로부터 시작한 콘텐츠가 지상파에서 방송되는 이른바 '콘텐츠 역주행' 현상이 나타났다. 대표적으로 MBC의 예능 프로그램인 〈마녀들〉이 있다. 이 콘텐츠는 2020년 12월 웨이브에서 최초로 공개되고, 곧이어 유튜브와 MBC 스포츠플러스, MBC M, MBC 에브리원 등 유료방송을 거쳐 2021년 MBC 지상파 채널에 방송되었다. OTT → SNS → 유료방송 → 지상파로 이어지는 새로운 콘텐츠 궤적이 생긴 것이다.

이 같은 변화는 지상파가 거꾸로 OTT와 그 콘텐츠를 전략적으로 활용하고 있음을 보여준다. MBC는 2021년 2월 설 특집 다큐멘터리로 〈오느른〉을 편성하는데, 이 또한 2020년 6월 유튜브에서 시작된 것으로 지상파로 역주행한 것이다. 〈오느른〉은 바쁘게 살아가는 방송사 PD가 느리게 살기로 마음먹고 전북 김제에 폐가를 구입해 살아가는 모습을 담은 전형적인 유튜브 또는 페이스북 스타일의 브이로그 콘텐츠이다. 방송사 PD와 그의 동료들, 그리고 지역주민들에 이르기까지 모두가 연반인(또는 일반인)이라 할 수 있다. 이 콘텐츠는 2021년 8월 현재 유튜브 구독자 28.3만 명, 52회 에피소드, 누적 조회수 2,700만 회(회당 평균 52만 회)의 실적을 거두고 있다. 페이스북은 2021년 7월 현재 팔로우 4,332명, 좋아요 3,257명에 이르고 있다. 유튜브와 페이스북에 매주 수요일과 금요일 19시에 새로운 에피소드를 오픈하는 정기편성 전략도 적용하고 있다. 이러한 적극적인 시도로 최근 지상파의 유튜

"나도 여기 이사 왔거든요?"

MBC 감성다큐 〈오느른〉의 한 장면

브 실적이 급성장하고 있다. 가령, MBC Entertainment 유튜브 채널의
경우 구독자 수가 2021년 8월 현재 838만 명을 넘고 있는데, 이는 국내
시장에서 분야를 막론하고 최고 등급이다. 불과 지난 1년여 사이에 벌
어진 일이다.

주 단위의 정기편성과 일괄출시 중 무엇이 더 강력하고 바람직한지
한마디로 말할 수는 없을 것이다. 최근 미디어 수요조사 전문업체
Parrot Analytics의 2021년 1분기 글로벌 TV 수요 보고서에 따르면,
2017년부터 2021년 1분기까지 몰아보기할 수 있는 콘텐츠 공급과 수
요는 점진적으로 줄어드는 데 반해, 주 단위 편성 공급과 수요는 늘어
난다. 2021년 1분기는 몰아보기 스타일의 공급과 수요가 주 단위의 그
것보다 조금 더 높을 뿐이다. 아마도 넷플릭스나 아마존 프라임이 아닌
지상파 계열의 OTT가 스트리밍 시장에 본격 진출하면서 벌어지는 현
상으로 보인다. 이는 주 단위 편성을 관행으로 하는 지상파에게 희소식
이다. 하지만 이를 지상파의 부활로 해석하기보다 지상파의 주 단위 관

행이 스트리밍 플랫폼으로 이전해가는 것으로 보는 것이 더 바람직해 보인다. 실제로 HBO는 주 단위 편성의 시리즈물은 물론 뉴스와 스포츠까지 자신의 OTT 스트리밍 서비스인 HBO Max로 통합한다는 계획이다. 이는 방송의 미디어 형식이 전반적으로 TV 4.0으로 통합되고 있음을 보여준다. 그렇게 볼 때, 스트리밍 플랫폼에서의 주 단위 편성 활성화는 지상파에게 플랫폼 이전의 부담을 가속시키는 꼴이 된다.

이 같은 변화는 주로 예능 또는 가벼운 다큐멘터리 장르에 국한된다. 콘텐츠 문법상 이는 〈무한도전〉, 〈1박 2일〉 같은 지상파의 영상문법이 유튜브와 페이스북 류의 OTT 영상 문법 또는 제작시스템(저비용, 고효율)과 결합한 것이라 할 수 있다. 아쉬운 것은 흔히 드라마라 일컬어지는 시리즈 형식의 서사 장르이다. 지상파가 넷플릭스 또는 왓챠 등 서사 콘텐츠를 주로 취급하는 OTT와 경쟁하고 협업하는 사례는 아직 많지 않다. 유료방송이 넷플릭스나 왓챠와 협업하는 것과 비교하면 특히 그러하다. 지난 10여 년 동안 제작 발표된 대표적인 서사 시리즈물을 나열하면 〈그림 6-3〉과 같다.

〈그림 6-3〉은 플랫폼별로 주요 드라마를 장르 분석한 것이다. 그림은 지상파-유료방송-범 OTT(넷플릭스, 디즈니플러스, 웨이브, 시즌, 유튜브)로 구분되는데, 그중에서도 좌상에서 우하의 대각선으로 이어지는 경계선을 사이로 지상파-유료방송과 스트리밍 서비스로 대별된다. 모든 플랫폼이 로맨스를 공통적으로 생산하는 가운데, 지상파와 유료방송은 사회극, 스트리밍 서비스는 스릴러 장르로 구분되는 양질의 TV를 보여준다. 스릴러나 선집적 포맷(anthological format) 같이 스트리밍 서비스가 선호하는 서사 형식은 몰아보기에 더없이 좋은 서사극 형식이다(Bianchini, & de Suza, 2017/2019). 그에 반해, 사회극은 숍오페라나

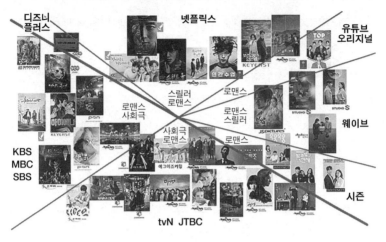

〈그림 6-3〉 지상파-유료방송-OTT 서사극 시리즈

미니시리즈, 주말 가족극 같이 연애와 불륜, 가족을 중심소재로 하는 지상파 고유의 소재와 문법에 사회적 문제를 결부시켜 고급화한 것이라 할 수 있다. 즉 레거시 미디어의 사회극은 그들에게 익숙하지 않은 스릴러 장르로 나아가는 대신(방송서비스로서 심의규제를 받고 있기 때문에 더욱 기피할 수밖에 없는), 그런 장르적 긴장감을 레거시 미디어가 항상 고수해온 현실의 맥락, 특히 현실세계의 사랑과 가족, 연인, 성공, 복수 이야기와 버무린 형식이라는 것이다. 그 결과 스릴 넘치는 막장 이야기 스타일이 사회극에서 많이 발견된다. 〈펜트하우스〉, 〈스카이 캐슬〉, 〈부부의 세계〉, 〈더킹〉 등이 그것이다.

결국, 스트리밍 서비스의 스릴러가 국외적 요소(예컨대 좀비물)에 국내적 문법(예컨대 사극 또는 계급갈등)을 결합한 서사극적 역사극 또는 서사극적 사회극이라면, 레거시 미디어의 사회극은 국내적 문법(예컨대 막장극 또는 판타지)에 국외적(또는 글로벌) 요소(예컨대 계급갈등이나 무한경쟁)를 버무린 막장 서사극 또는 판타지 서사극 형식이라 할 수 있다. 가입형의 스트리밍 플랫폼과 전통적인 방송 미디어의 매체적 특성이 반영된 결과인 셈이다.

문제는 스트리밍 서비스(특히 넷플릭스와 같은 글로벌 스트리밍 서비스)는 그들이 결여하고 있는 사회극이나 판타지물을 플랫폼 현지화 전략의 일환으로 자신들의 플랫폼으로 라이센싱하는 데 반해, 지상파 채널은 그렇게 하지 못하는 데 있다(이것이 문제일지 아닐지, 어쩔 수 없는 선택일지는 조금 더 두고 볼 일이지만, 레거시 미디어 계열의 스트리밍 플랫폼의 선택지가 제한적인 것은 어쩔 수 없는 현실이다). 대신 레거시 미디어는 웨이브와 티빙 같이 자신들이 확장해 놓은 캡티브 스트리밍 서비스로 자신들의 서사 시리즈를 동시 또는 시차 편성한다. 레거시 미디어와 그런 미디어의 캡티브 스트리밍 서비스가 각기 다른 시공간성을 기획하고 있는 셈이다. 결국 이 두 미디어 형식의 기능적 연결관계를 어떻게 설정하느냐가 지상파의 가장 큰 숙제로 떠오른다. 저물어가는 채널과 떠오르는 OTT 간의 황금분할은 어디쯤일까?

5. 플랫폼-미디어와 지상파의 전략적 선택: 연결관계

문화이론가 존 어리(Urry, 2005)에 따르면, 이제 인류의 문화는 복잡계적 분기(complexity turn)에 접어들었다. 같은 맥락에서 방송은 이전까지의 네트워크와 일방향 전송과 달리 그 존재방식이 극도로 복잡한 매트릭스 미디어(matrix media)로 전환하고 있다(Curtin, 2009). 매트릭스 미디어란 2007년 허리우드 방송 작가들이 텔레비전 파생 상품(텔레비전 오리지널물의 DVD, 온라인, 게임, 그리고 이제 막 시작한 넷플릭스 스트리밍 등)에 대한 자신들의 몫을 주장하는 파업과 함께 태동한 복잡성의 미디어(complexity of the medium) 정경을 일컫는다. 넷플릭스 스트리밍 서비스는 대표적인 전형이었다. 네트워크가 일방향으로 흐르지 않을 때, 거기에 참여하는 개체(플랫폼 자체뿐만 아니라 플랫폼 이용자를 포함해 다중 미디어 환경을 구성하는 모든 행위자)는 자신의 욕망에 따라 다른 개체에 일정정도 개입(engagement)하게 되는데, 이로 인해 미디어는 쌍방향적 교환, 생산루트의 다중화, 해석과 이용의 다양성 등의 특징을 보이게 된다. 방송 산업에 레거시 미디어 외에 스트리밍 서비스, SNS, 제작사, 연예기획사 등 전체 미디어 산업이 상호연결된 복잡한 회로망이 생기는 것이다.

한국의 방송 산업이라고 별반 다르지 않다. 오히려 그간 방송 콘텐츠 생산 생태계가 지상파 중심으로 체계화되어 있어서인지 그 소용돌이가 더 커 보인다. 방송 콘텐츠 제작 형태별 수익모델 비교에 따르면(지인해, 2020), 소용돌이의 중심지는 글로벌 스트리밍 서비스(넷플릭스) 외주제작이다. 지상파와 유료방송이 이끌어왔던 전통적인 외주제작에서 제작사는 편성에서 최대 80%를 충당하고 협찬 수익으로 겨우 적자를 면하는 수준이다. IP를 방송사가 가져가서 2차 판매를 기대할 수 없기 때문이다. 캡티브 채널 보유 제작사는 그나마 IP 활용을 할 수 있어서 편성(50~70%)과 협찬(10~20%) 외 판매에서 최소 40%의 수익을 기대할 수 있다. 그에 반해 글로벌 스트리밍 서비스 외주제작은 제작원가 전액 환수에 최소 15%의 안전 마진을 보장한다. 다만 이 경우 IP는 모두 글로벌 스트리밍 사업자에게 귀속된다.

이 같은 상황을 도식화하면 〈그림 6-4〉와 같다(김회재, 2019 재구성).

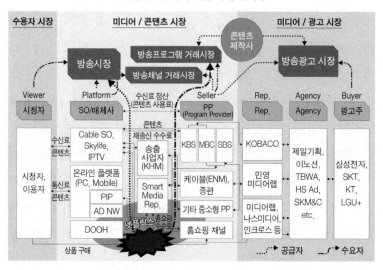

〈그림 6-4〉 가치 사슬과 방송시장

미디어/광고 시장, 미디어/콘텐츠 시장, 수용자 시장으로 분할된 시장 구도에서 방송광고 시장, 방송프로그램거래 시장, 방송채널거래 시장, 방송 시장 등이 일정한 생태계를 구축하고 있다. 거기에 넷플릭스 같은 글로벌 스트리밍 플랫폼 시장이 PP와 여타 매체사 사이에 자리 잡으면서 방송시장과 방송프로그램 거래시장에 충격을 준다. 참고로 2020년 전체 방송프로그램 거래시장 규모가 9,200여억 원인데, 2021년 넷플릭스의 방송프로그램 거래량은 그것의 50%가 넘는 5,500억 규모이다(방송통신위원회, 2021). 넷플릭스라는 글로벌 스트리밍 서비스 카오스가 순식간에 전체 방송시장을 복잡성의 매트릭스 상태로 밀어 넣은 것이다.

이런 상황에서 디즈니플러스가 11월 국내 서비스를 개시했고, 아마존프라임비디오, HBO Max 등이 한국 진출을 기다리고 있다. 글로벌 스트리밍 서비스가 뒤흔드는 방송 산업의 복잡성은 어떻게 귀결될까?

지상파는 그간 하던 대로 프로그램을 제작하면 될까? 아니면 그들도 글로벌 스트리밍 서비스의 오리지널 시리즈물 같은 콘텐츠를 제작하면 될까? 최근 지상파의 선택은 재정난을 이유로 일단 비용이 많이 드는 드라마를 버리는 것을 택한 듯하다(방연주, 2019). 가장 적극적인 것은 아이러니하게도 '드라마 왕국'이라는 타이틀을 가졌던 MBC이다. 2021년 8월 현재를 기준으로 볼 때, MBC는 일일극, 주말극에 이어 월화극마저 폐지하고 수목극 한 편만 방송하고 있다. KBS와 SBS는 나름 드라마를 유지하고 있다. KBS2는 아침 일일극과 저녁 일일극, 월화극, 금요드라마, 주말극 다섯 편을, KBS1은 저녁 일일극 한 편을 유지하고 있지만, KBS 또한 수목극은 폐지한 상태이다. SBS는 아침 일일극과 월화극, 금요드라마를 각각 한 편씩 편성하고 있다.

적극적으로 드라마를 버리는 것과 유지하는 것 모두 고심어린 선택일 것이다. 어느 길이 맞는지 또는 맞지 않는지는 그리 중요해 보이지 않는다. 중요한 것은 선택지가 '맞는 길'이 되면, 또는 맞는 길이 되도록 만들면 되는 것이다. 그리고 그 선택이 플랫폼-미디어 형식에 좀 더 친화적이면 된다. 콘텐츠 전략과 플랫폼 전략이 별개의 것이 아니다. 그런 점에서 콘텐츠의 함정에 대해 경고하는 아래 글은 지상파에 무척 교훈적이다. 추락하는 콘텐츠에 대한 전략적 대응방안이 없으면 그것이 서식하는 플랫폼마저 위태롭다.

거침없이 추락하는 콘텐츠의 가치를 지키기 위해 노력하는 것은 지극히 자연스러운 일이다. 그리고 콘텐츠를 생산하고 관리하는 다른 사람들의 도움을 받아 해결책을 찾으려는 것 또한 당연하다. 이는 외견상으로는 모두 이성적이고 당연한 행동처럼 보이지만 사실은 잘못된 행동이다. 이게 바로 콘텐츠 함정이다(Anand, 2016/2017: 34).

    하버드 경영대학원 교수이자 『콘텐츠의 미래』로 널리 알려진 바라트 아난드(Anand, 2016/2017)는 미디어 산업 종사자들이 흔히 '최고'의 콘텐츠를 만드는 것으로 미래를 보장받을 수 있다고 '착각'한다고 진단한다. 무너져 내리는 지상파 콘텐츠의 경쟁력을 회복하는 방법은 더 강력한 콘텐츠를 만드는 데 있다는 생각이다. 하지만 아난드에 따르면, 그런 생각은 오히려 콘텐츠의 함정에 빠지는 일이다. 물론 최고의 콘텐츠를 만드는 것은 중요한 일이다. 그러나 언제나 최고의 콘텐츠를 만들 수 있는 것이 아니기 때문에, 특히 소수의 채널만 있던 때와 달리 극도로 복잡한 미디어 시대에는, 그것은 '전략적' 선택지가 되지 못한다. 아난드의 진단으로 볼 때, 최고의 콘텐츠를 만들겠다는 생각은 점점 강해지는 콘텐츠 경쟁에서 전략이 아닌 직관적으로 문제를 풀겠다는 것이다.

    그렇다면 '전략적 선택'은 무엇인가? 아난드에게 그것은 '연결관계'를 건설하는 것이다. 지상파가 과거 수많은 시청자를 보유하고 있었기 때문에 그들을 회복하는 것이 중요하다고 생각할지도 모르겠다. 하지만 그것은 연결관계를 건설하는 것이 아니다. 앞서 살펴본 것처럼, 당시 시청자들은 대중 수용자(또는 일시적 수용자 casual audience)였기 때문에 지상파와 연결관계 상태에 있지 않았다. 그저 거대한 군집 상태의 방문자였을 뿐이다. 아난드가 예시로 든 거대한 산불이 전략 없이는 결코 진화되지 않듯이, 오랜 세월 가꿔왔던 자신들의 콘텐츠에 붙은 불이 더 강력한 콘텐츠를 만든다고 꺼지는 것이 아니라는 것이다. 설혹 그럴 능력이 있다 하더라도, 인력과 재원 등 현실적인 한계는 명확하다. 결국, 아난드의 연결관계 가설은 지상파의 네트워크가 연결관계 상태가 되도록 일신되어야 함을 재확인시켜 준다.

아난드는 연결관계의 층위를 사용자 연결관계(user connections), 제품 간 연결관계(product connections), 기능적 연결관계(functional connections)로 구분하고 이를 콘텐츠 삼각구조라 칭한다. 앞서 설명했듯이, 사용자 연결관계는 대중수용자를 극복하는 데 있다. 아난드는 "디지털 비즈니스 세계에서 성공과 실패의 전파는 콘텐츠의 질이나 어느 개인의 행위보다 개인들 간의 밀접한 관계에서 더 많이 비롯된다"고 말한다 (p.39). 과거 지상파는 구름떼 시청자를 모았지만 그들 간에는 어떤 관계도 없었기 때문에, 그들 앞에 무작위로 뿌리는 광고나 동원의 메시지 외에 이렇다 할 일을 도모할 수 없었다. 만약 수용자들 간에 연결관계가 있다면, 그들은 콘텐츠를 공유하고 확산시킬 것이다. 수용자들 간의 취향의 지도를 그려볼 수도 있을 것이다. 지금 지상파는 그들의 시청자를 어떻게 연결하고 있는가?

제품 연결관계는 제품과 제품 간의 관계성을 제고하는 일이다. 제품 간 관계성 제고는 플랫폼의 '콘텐츠 포트폴리오' 관리를 성공적으로 이끌 수 있게 해준다. 거대한 산불로 인해 속수무책으로 타고 있는 나무를 어떻게 지킬 수 있을까? 가령 지금의 MBC는 일주일에 겨우 하나의 드라마를 편성하지만, 1970년대에는 하루에 네 개 이상의 일일극을 만들었다(한국방송공사, 1987: 419). 거기에 미니시리즈와 주말극 등을 합치면 20세기 후반기 MBC는 확실히 드라마 왕국이었다. MBC는 1969년 〈개구리남편〉 이후 폭발적으로 성장한 일일극, 〈수사반장〉류의 목적극, 이후의 '공화국' 시리즈와 '조선왕조 500년' 시리즈, 〈불새〉로 시작해 〈사랑과 진실〉로 상징되는 미니시리즈, 20세기 시츄에이션 드라마의 전형 〈전원일기〉, 〈한지붕 세가족〉, 그리고 트렌디한 사랑 이야기 〈질투〉와 그런 속에서도 당대의 사회적 문제를 외면하지 않았던 〈내 이름은 김삼순〉, 〈옥탑방 고양이〉 등 당대의 감성과 형식을 연결 관계로 이끌어낸 바 있다. 1990년대 후반 KBS는 〈용의 눈물〉로 시작한 양질의 사극과 〈역사스페셜〉 간의 연결관계를 성공적으로 이루어 낸 바 있다. 2000년대부터는 중국의 동북공정에 맞서 삼국시대를 배경으로 서로 연결관계가 살아 있는 이야기를 만들어 흥행했다. MBC는 시민적 삶의 이야기로, KBS는 국민적 삶의 이야기로 연결관계를 구축한 셈이다. 말하자면, KBS가 국민극이라면, MBC는 시민극(또는 앞서 살펴본 사회극) 정도로 이해된다.[11]

---

11 국민극과 시민극(또는 사회극) 개념은 널리 통용되지는 않지만, KBS와 MBC 두 채널이 드라마를 만드는 데 투사하는 문화적 태도로 볼 때 의미 있는 구분이라 생각한다. KBS가 국가와 국민의 삶에 주목했다면, MBC는 사회 시스템이나 규범 안에서의 개인적 삶에 관심을 보여 왔다. 동족상잔의 대립을 그린 〈전우〉와 사회 내 일탈과 범죄를 다룬 〈수사반장〉, 목가적이고 규범적인 삶을 주로 그린 〈대추나무 사랑 걸렸네〉와 그러면서도 가난, 물가, 농촌정책, 입양 등 사회적 이슈를 포함시키고자 했던 〈전원일기〉, 똑같이 가정 내 젠더 갈등이나 성 편견에 대해 다뤘지만 보다 남성중심적인 가부장의 모습에 더 가까웠던 〈목욕탕집 남자들〉과 조심스럽기는 했지만 억압받는 여성성의 문제를 풀어낸 〈사랑이 뭐길래〉가 그것이다. 사극의 경우도 KBS는 〈용의 눈물〉이나 〈태조 왕건〉과 같이 국가의 개국, 영웅서사에, MBC는 〈조선왕조 500년〉이나 〈허준〉, 〈대장금〉과 같이 시스템 내에서 고군분투하는 개인에 주로 조명했다. 그런 점에서 최근 MBC가 자신들만의 드라마 문법을 많이 잃어버리고 있는 것이 아닌가 싶다. 참조로, 연극의 역사에서 시민극(Le Dreme bourgeois)은 근대 자본주의의 정착과 신흥 시민계급의 구매력으로 인해 그들의 삶의 이야기를 주로 다루는 극 장르를 일컫는다. 이는 왕, 귀족, 기사, 영웅 등의 고전 비극과 뚜렷이 구별된다.

하지만 지금 그런 드라마들은 이제 거의 대부분 불타 없어졌다. 한 때는 일일극-미니시리즈-주말극 등 드라마 장르 간 연결관계로 탄력 있는 시장성을 보였지만, 지금의 지상파는 드라마 장르 간의 관계성과 시장성을 잃어버린 상태이다. 새로운 포트폴리오를 짜야 한다. 그러기 위해서는 단순히 성공적인 드라마 양식을 나열하는 데 그쳐서는 안 된다. 연결관계의 탐구를 통해 흡인력 있는 캐릭터와 영화적 문법을 적용한 트랜스미디어 스토리텔링을 이뤄내야 한다.[12]

기능적 연결관계는 조직이 가지고 있는 각기 다른 자원들을 가지고 현재 직면하고 있는 상황에 현명하게 대처하는 능력을 의미한다. 전후 상황을 면밀히 살펴 최적의 행동방침을 세우는 것은 닥친 위험과 도전을 헤쳐 나가기 위한 첫 번째 수순이다. 지상파에게 기능적 연결은 지고 있는 채널과 떠오르는 스트리밍 서비스 간의 플랫폼 연결관계, 그리고 그 사이를 오가는 콘텐츠 연결관계를 조율하는 문제와 직결된다. 기존의 지상파 드라마가 불타는 지금 그들은 도대체 어떻게 대처해야 하는가? OTT가 성행하기 때문에 넷플릭스나 디즈니플러스류의 오리지널 콘텐츠를 따라하면 되는가? 나영석 PD나 김태호 PD 같이 한때 자신들과 한솥밥을 먹던 쇼러너(showrunner)를 다시 불러들이면 될까? 관료적 조직문화를 획기적으로 일신하여 성과급제로 돌리면 될까? 그

---

12 MBC는 지난해 7월 시네마틱드라마 〈SF8〉 프로젝트를 통해 웨이브 오리지널과 MBC 채널로의 역주행을 시도한 바 있다. 넷플릭스의 〈블랙미러〉를 연상케 하는 이 같은 시도는 어쩌면 1980년대 〈베스트셀러극장〉을 떠올리게 할지도 모른다. 지상파 캡티브 OTT 오리지널에 대한 요구는 지상파 내외에서 점점 더 커질 것이다.

렇게 하겠다고 선언하면 실제로 그렇게 할 수 있는가? 지상파는 물론 신문사도 오랜 세월 우리도 자회사를 만들고, 연봉제를 실시하고, OTT 를 만들고, 스릴 넘치는 드라마나 심층기획 취재물을 하고, 조직혁신을 한다고 말해왔다. 하지만 '우리도 한다'는 식의 주장은 근본적인 조직체계는 건드리지 않은 채 변화에 대처하고 있다고 믿는 흉내 내기일 뿐이다. 그것은 별로 도움이 되지 않는다. 지상파 조직체계가 자신들의 미디어 형식이 플랫폼-미디어로 잘 '기능'하게 할 뿐 아니라 기존의 채널과의 관계성을 잘 정비하는 일이 필요하다.

그것은 결국 데이터 활용의 문제이다. 공유할 만한 가치가 있는 콘텐츠는 사용자의 연결관계는 물론 제품 간 연결관계, 기능적 연결관계를 북돋운다. 더 나아가 트랜스미디어와 같이 플랫폼과 플랫폼 간의 연결관계를 촉진한다. 수용자와 콘텐츠에 대한 풍부한 데이터와 연산능력으로 무장한 플랫폼-미디어는 이용자의 취향 식별(사용자 연결관계), 취향의 집단화(제품 간 연결관계), 우발성을 찾는 조직(기능적 연결관계), 그리고 트랜스미디어를 통한 확산가능성의 발견 등을 미디어 운영의 기본요소로 삼는다. 방송사가 지향하는 속성은 그 속에서 실현된다. 그런 연결관계는 끊임없이 이용자의 미디어 경험을 개선한다. 이는 충분하지는 않더라도 필요한 대처이다. 지상파는 연결관계를 어떻게 확보할 것인가?

6. 플랫폼-미디어의 시대, 지상파의 길

지상파는 방송의 출발지이지 경유지도 종착지도 아니다. 갖가지 경유지를 거치면서도 공공성의 가치로 살아남아 온 지상파가 TV 4.0에 이르러 유래 없는 도전에 직면하고 있다. TV 4.0은 방송 산업 전체의 거대한 경유지이거나 종착지인 것처럼 보인다. 역사적으로 방송모델은 시장 참여와 표현의 자유를 누린 신문모델과 달리 어떤 형태로든 공적 규제를 받는 매체였다. 주파수 희소성, 수탁론, 공공재, 사회적 영향론 등 다양한 이유가 있었지만, 그것이 상당부문 해소된 케이블TV 시대에 와서도 방송이 규제산업이었던 것은 변하지 않았다. 주요 재원으로서 광고와 가정 내 시청환경으로 인해 각종 규제는 지상파 콘텐츠를 정의하는 핵심 요소 중의 하나였다. 수용자 의지에 따른 참여가 문화의 중심요소가 되고, 그로 인해 규제로부터 자유로워진(?) 것은 인터넷 모델에 충실한 다양한 형태의 스트리밍 서비스가 등장하면서부터이다. 이제 지상파는 그들에게 너무나 혹독한 거대한 경유지(또는 종착지)로 '어떻게' 이전해갈 것인지를 선택해야 하는 상황에 놓여 있다. 안전하고 확실한 '전략적 이전'의 방법론은 무엇일까?

필자는 잘 모른다. 다만 디지털 전환에 관한 몇몇 담론과 전략을 참조해보면 대강의 그림을 그릴 수는 있을 듯싶다. 널리 알려진 것처럼, 2014년 공개되어 지금까지 꾸준히 업데이트되고 있는 「뉴욕타임스 혁신보고서」는 '지속가능한' 미디어의 조건으로 디지털 퍼스트(digital first)에서 시작해 독보적 존재와 모바일 혁신을 들고 있다. 한마디로 '변화하는 미디어 환경'에 적합한 '최고의 저널리즘'에 미래가 있다는 것이다. 여기에서 최고라는 말은 제일 낫다는 것이 아니라 차별적이고 매력적이라는 개념이다. 디지털 시대 바람직한 저널리즘은 제일 좋은 저널리즘이라기보다 읽고 싶고 공유하고 싶은 것이어야 한다. 이는 레거시 미디어가 흉내 내는 허울뿐인 디지털 퍼스트 구호와 과거 저널리즘 관행에서 벗어나지 못하는 저널리즘 품질과 정확하게 대비된다(백재현·임종수, 2019). 저널리즘에서 디지털 퍼스트는 개별 뉴스로부터 생성되는 데이터를 뉴스 아이템 선정, 취재, 배치, 연결, 추천 등 저널리즘 활동상의 이용자 경험을 개선할 때 비로소 완성된다. 홈페이지에서 콘팅(conting), 푹(pooq), 웨이브로 이어온 방송이라고 크게 다를 리 없다.

지상파는 변화하는 미디어 환경에 적합한 차별적이고 매력적인 플랫폼과 콘텐츠로 미래를 가늠해야 한다. 뉴 뉴미디어 이후 변화하는 미디어 환경은 '연결관계'를 가진 플랫폼을, 최고의 콘텐츠는 이 시대 수용자의 계획된 시청에 어울리는 '서사극' 형식을 말한다. 전자는 앞서 논의했으니 후자를 좀 더 면밀하게 살피면서 마무리하고자 한다. 서사극 논의는 텔레비전 수상기의 고품질화(모바일 화질과 더불어)와 함께 나타난 드라마의 내용적 형식적 양질화의 흐름과 병행한다. 즉, 지난 십수 년간 방송의 서사 장르는 더 이상 기술의 차이로 TV와 영화를 구분하지 않고, 텔레비전의 비디오형 TV(videographic TV)가 영화적 TV(cinematic TV) 또는 텔레필름(tele-film)으로 진화하는 양질의 TV화 과정을 밟아왔다(Caldwell, 1995; 남명희, 2008; 류형진, 2006). 앞서 〈그림 6-3〉에서 살펴본 것처럼, 미디어 형식과 무관하게 양질의 TV 경향은 지배적 경향이 되었다.

하지만 '드라마 왕국' MBC는 물론 지상파에서는 2021년 8월 현재 그다지 양질의 드라마, 특히 양질의 서사극을 찾아보기 힘들다. 원래 드라마는 서사의 한 장르를 일컫는 것이지만 특별히 한국에서는 방송사가 제공하는 허구의 이야기 형식을 통칭해왔다. 드라마는 시청자에게 자신이 처한 현실에 대한 주의를 환기시킴으로써 정서적 카타르시스를 선사해왔다(Kesting, 1969/1996). 그렇기 때문에 텔레비전 속 드라마 이야기는 현실의 이야기와 밀접하게 연결되었고, 그것이 곧 드라마 서사의 가치였다(2021년 9월 추석 시즌에 출시된 넷플릭스의 〈오징어게임〉은 가입형에 그런 현실적 연관관계가 없음에도 대중적 회자에 성공했다). 한국 드라마가 1960년대 이래 산업화와 도시화, 핵가족화, 사무직화와 병행하는 소재와 주제를 일관되게 다뤄왔던 것은 그 때문이다. 일일극은 경쟁사회를 살아가는 젊은이와 그 가족 이야기, 주중 미니시리즈는 규범과 욕망 사이를 오가는 불륜 이야기, 주말극은 바람 잘 날 없는 가족 이야기로 양식화되었다.

하지만 개개인의 취향이 존중받는 스트리밍 미디어 환경에서는 카타르시스적 드라마가 아닌 각기 다른 취향에 입각한 자기반영적인 서사극이 중요하다(심광현, 2017). 더 나아가 VOD 환경이 몰고온 서사극적 시청 경험이 중요하다(Baker, 2017/2019). 서사극은 현실을 떠난, 비록 현실을 다룬다 하더라도 그 자체로서 하나의 독립적인 세계관으로 시청자에게 어필하는 '낯설게 하기' 서사 양식이다. 드라마가 이곳의 현실에서 살아가는 이야기라면, 서사극은 일상에서 벗어난 주인공의 모험담, 그러니까 '어딘가로 갔다가 돌아오는' 이야기이다(한정국, 2019). 이는 분절적이고 정기적이며 그래서 산만했던 레거시 TV 시청 방식(Ellis, 1982)과 대비되는, 연속적이고(얼마나 연속적인지는 중요하지 않다) 몰입적인 서사극적 시청방식과 잘 어울린다. 서사극적 시청은 서사극 형식은 물론 다큐멘터리, 예능 등에서도 일어난다. 몰아보기가 TV 4.0에서 대두되는 새로운 '시청 행동'이라면, 서사극적 시청은 극 형식과 무관하게 과잉의 시청시간과 고도의 몰입을 통해 얻는 '시청 경험'이다.

주지하듯이, 방해받지 않는 맹렬한 시청은 텔레비전 자체의 문화적 지위를 점점 더 영화에 가깝게 만든다(Newman & Levine, 2012). 넷플릭스의 〈하우스오브카드〉, 〈Orange Is The New Black〉, 〈기묘한 이야기〉, 그리고 한국의 〈킹덤〉, 〈스위트 홈〉은 현실을 호출할지라도 본질적으로는 현실이 아닌 낯선 어떤 세계를 강조한다. 〈스카이캐슬〉, 〈시그널〉, 〈비밀의 숲〉 등 유료방송 드라마 또한 그러하다. 이들 서사극은 우리가 살아가는 현실의 문제를 다루지만, 자연과 문화, 계절, 유행 등과 관계없이 그 자체로서 독자적인 세계의 이야기이다. 이들 서사극 형식은 주 단위 편성이든 일괄출시든 고도의 몰입감을 부르는 서사극적 시청을 유도한다. 그렇기 때문에 서사극은 해당 채널에서뿐만 아니라 다른 플랫폼에서도, 더욱이 한국뿐만 아니라 전 세계적으로도 통할 수 있다. 서사극이 IP에 민감하고 트랜스미디어 콘텐츠 전략과도 잘 어울리는 이유이기도 하다.

그런 점에서 서사극은 해당 플랫폼의 정체성을 결정짓는, 다시 말해 거대 자본과 프로모션을 들여 흥행을 주도함으로써 그것을 생산하는 제작사나 방송사에 재정적 성과를 내는 소위 텐트폴(tentpole) 콘텐츠이다(Clarke, 2013). 텐트폴 콘텐츠는 플랫폼과 플랫폼이 서로 연결되어 거대한 트랜스미디어 스토리텔링과 소비행동(Jenkins, 2006), 즉 기왕에 제작된 것은 물론이고 그 콘텐츠의 세계관에 입각한 하위 콘텐츠가 다중적 플랫폼을 가로질러 유통 소비되는 것에 잘 통합되는 형식이다. 예산규모와 조직 동원이 큰 만큼 이들 콘텐츠는 전통적인 출판만화와 웹툰, 소설, 게임, 그리고 웹과 모바일을 근거지로 한 웹소설 등 검증된 문화형식으로부터 가져오는 경우가 많다. 시민극 전통의 MBC 텐트폴 콘텐츠는 무엇인가?

결국 서사극과 서사극적 시청은 어쩌다 발견된 것이 아니라 연결관계가 중요한 플랫폼-미디어 환경으로 인해 전략적으로 찾아낸 서사 양식이자 시청 미학이다. 강렬한 이야기로 정체성을 창출하고 IP를 구축하여 이야기를 확장함으로써, 세계관과 함께 이익을 극대화하는 차별적인 이야기 양식이 곧 서사극이다. 플랫폼의 시대는 지상파가 무릅써야 할 도전과 용기, 실천의 방향을 분명하게 지시한다. 지상파는 지난 세기 근대화와 산업화의 이야기로 사랑받았듯이, 지금 시대의 미디어 형식에 맞는 이야기의 전형을 찾아내어 서사극적 시청 경험을 얻도록 해야 한다. 콘텐츠에 집중하고 개선하고 타산지석으로 삼는 것을 넘어 그것을 인간과 인간을 연결함은 물론, 플랫폼과 플랫폼을 넘나드는 연결관계로 만들어야 한다.

방송 콘텐츠에 대한 이 같은 사고법은 당대의 지배적인 콘텐츠 양식에 대한 탐구가 얼마나 중요한지 일깨워준다. 지금 지상파가 힘든 것은 불타는 자신들의 콘텐츠를 전략적으로 대체할 방안을 강구해내지 못하기 때문이다. 지상파는 초기 드라마 실험 후 1960년대 후반 일일극에서 시작해 단막극과 주말극, 그리고 〈TV 문학관〉, 〈베스트셀러극장〉류의 문예극, 뒤이은 미니시리즈, 가족극으로 이어지는 드라마 계보, 〈주말의 명화〉, 〈명화극장〉 등을 통한 텔레비전 영화감상, 〈유머 일번지〉, 〈일요일 밤의 대행진〉, 〈개그콘서트〉 등의 코미디 등, 지난 반세기 동안 쌓아올린 콘텐츠 전통이 불타는 것에 안타까워할 게 아니라 서사극과 서사극적 시청, 이를 위한 전략적인 연결관계를 구축하는 데 몰두해야 한다. 지금 지상파는 수용자와의 연결관계, 콘텐츠 간의 연결관계, 그런 일들을 해내기 위한 기능적 연결관계를 내재화한 플랫폼이 필요하다.

참고문헌

김석준. 2021. 『6G 이동통신의 이해』. 커뮤니케이션북스..

김회재. 2019. 「포스트 넷플릭스, 한국 드라마의 전망과 전략」. ≪방송문화≫ 416호, pp.80-105.

남명희. 2008. 「영미권의 영화형 TV 드라마 시리즈 고찰」. ≪영화연구≫ 36권, pp.175-203.

방송통신위원회. 2016. 「2016년도 방송시장 경쟁상황 평가」. 방송통신위원회.

방송통신위원회. 2018. 「2018년도 방송시장 경쟁상황 평가」. 방송통신위원회.

방송통신위원회. 2021. 「2020년도 방송시장 경쟁상황 평가」. 방송통신위원회.

방연주. 2019. 「'돈 먹는 하마' 드라마 줄이고 안정성 좇는 지상파」. ≪PD저널≫, 2019.8. 6., http://www.pdjournal.com/news/articleView.html?idxno=70314.

백재현·임종수. 2018. 「'혁신 없는' 로봇 저널리즘: 자동화된 저널리즘의 양식화를 위한 제언을 담아」. ≪방송통신연구≫ 103호, pp.103-136

류형진. 2006. 「영화와 방송의 연계방안 연구」. 영화진흥위원회.

송화연. 2021. "'카카오 식 OTT' 통했다. 카카오TV 오리지널, 누적 조회수 10억 회 돌파". 뉴스1, 2021.7.26., https://www.news1.kr/articles/?4383549.

심광현. 2017. 「영화적 미메시스와 이데올로기: 브레히트적 영화와 알튀세르 이데올로기론의 현행화를 중심으로」. ≪문화과학≫ 92호, pp.358-414.

이승훈. 2020. 『플랫폼의 생각법 2.0』. 한스미디어.

이재열·하상응·임동균·이원재·김병준·조은아·강정한·이호영·한준. 2021. 『플랫폼 사회가 온다』. 한울.

이재현. 2006. 「모바일 미디어와 모바일 콘텐츠: 멀티플랫포밍 이론의 구성과 적용」. ≪방송문화연구≫ 18권 2호, pp.285-317.

임종수. 2018. 「오토마타 미디어: AI 미디어의 커뮤니케이션 양식을 위한 시론」. ≪언론과 사회≫ 26권 4호, pp.33-84.

임종수. 2017. 「'탈언론' 미디어의 등장과 그 양식, 그리고 공공성」. ≪한국언론정보학보≫ 통권 86호, pp.116-147.

임종수. 2004. 「텔레비전 안방문화와 근대적 가정에서 생활하기: 공유와 차이」. ≪언론과 사회≫ 12권 1호, pp.92-135.

임종수·최세경. 2016. 「디지털TV에서의 수용경험과 순환에 관한 연구: 가족TV, 개인TV, 우리TV, 나의TV」. ≪방송과커뮤니케이션≫ 17(4), pp.5-52.

정영호·강남준. 2010. 「네트워크 분석을 활용한 다채널 시대의 시청행태 분석」. ≪한국방송학보≫ 24(6), pp.323-364.

지인해. 2020. 「엔터/콘텐츠: 외주제작사 재평가의 신호탄」. 한화투자증권 산업분석 보고서, 2020.12.9.

한국방송공사. 1987. 『한국방송 60년사(별책)』. 한국방송공사.

한정국. 2019. 「영화 〈매드맥스: 분노의 도로(Mad Max: Fury Road)〉 서사 구조 분석」. ≪한국엔터테인먼트산업학회논문지≫ 12권 3호, pp.83-93.

Anand, B. .2016. *The content trap: A strategist's guide to digital change.* New York: Random House, 김인수 옮김. (2017. 『콘텐츠의 미래』. 리더스북.

Baker, D. 2017. 「과잉의 용어들: 넷플릭스 시대, 서사극적 시청으로서 몰아보기」. In Barker, C. & Wiatrowski, M. Eds. *The age of Netflix.* 임종수 옮김. 2019. 『넷플릭스의 시대』. 팬덤북스..

Bianchini, M. & de Suza, C. J. 2017. 「넷플릭스와 〈못말리는 패밀리〉의 혁신적인 서사구성」. In Barker, C. & Wiatrowski, M. Eds. *The age of Netflix.* 임종수 옮김. 2019. 『넷플릭스의 시대』. 팬덤북스..

Bucher, T. 2012. "A technicity of attention: How software 'make sense'". *Culture Machine* 13. Available at http://www.culturemachine.net/index.php/cm/issue/view/24.

Bury, R. 2018. *Television 2.0: Viewer and fan engagement with digital TV.* New York: Peter Lang.

Caldwell, J. 1995. *Televisuality: Style, crisis, and authority in American television.* Rutgers University Press.

Caldwell, J. T. 2003. "Second-shift media aesthetics: Programming, interactivity and user flows". In A. Everrett & Caldwell, J. T. Eds. *New media: Theories and practices of digitextuality.* London: Routledge.

Castells, M. 2004. "An Introduction to the information age". In Webster, F., Blom, R., Karvonen, E., Melin, H., Nordenstreng, K & Puoskari, E. Eds. *The Information Society Reader*. London & New York: Routledge.

Clarke, M. J. 2013. *Transmedia television: New trends in network serial production*. New York: Bloomsbury.

Curtin, M. 2009. "Matrix media". In Turner, G. & Tay, J. Eds. *Television Studies After TV: Understanding Television in the Post-Broadcast Era*. New York and London: Routledge.

de Sola Pool, I. 1983. *Technologies of freedom*. Cambridge, MA: Harvard University Press.

Ellis, J. 1982. *Visible fictions: Cinema, television, video*. London: Routledge.

Ericsson, 2017. "TV and Media 2017". Ericsson Consumer labs Media Report. https://www.ericsson.com/en/reports-and-papers/consumerlab/reports/tv-and-media-2017

Ferchaud, A. 2020. *Binge and bingeability: The antecedents and consequences of binge watching behavior*. London: Lexington Books

Foucault, M. 1975. *Surveiller et punir: Naissance de la prison*. 오생근 옮김. 2003. 『감시와 처벌: 감옥의 역사』. 나남출판.

Gibson, J. J. 2015. *Ecological approach to visual perception*(classic edition). New York and London: Psychology Press.

Grandinetti, J. 2017. 「주시청 시간대에서 모든 시간대로: 스트리밍 비디오, 시간리듬, 그리고 공동체 텔레비전의 미래」. In Barker, C. & Wiatrowski, M. Eds. *The age of Netflix*. 임종수 옮김. 2019. 『넷플릭스의 시대』, 팬덤북스..

https://dictionary.cambridge.org/dictionary/english/platform.

https://www.applicoinc.com/blog/what-is-a-platform-business-model/.

https://www.techopedia.com/definition/3411/platform-computing.

Jenkins, H. 2015. "The new audience: Moviegoing in a connected world". Addressing at MIT Program in Comparative Media Studies. https://www.youtube.com/watch?v=AjkyvlBCqmU

Jenkins, H. 2006. *Convergence culture: Where old and new media collide*. New York: New York University Press.

Jenkins, H., Mizuko, I. & boyd, d. 2015. *Participatory culture in networked era: A conversation on youth, learning, commerce, and politics.* Cambridge & Malden: Polity Press.

Jenkins, H., Ford, S. & Green, J. 2013. *Spreadable media: Creating value and meaning in a networked culture.* New York: New York University Press.

Jenner, N. 2016. "Is this TVIV?: On Netflix, TVIII and binge-watching". *New Media & Society* 18(2), pp.257-273.

Kompare, D. 2005. *Rerun nation: How repeats invented American television.* New York: Routledge.

Kesting, M. 1969. *Das epische theater.* 차경아 옮김. 1996. 『서사극 이론: 현대 드라마의 구조』. 문예출판사.

Latour, B. 2005. *Reassembling the social: An introduction to actor network theory.* Oxford: Oxford University Press.

Latour, B. & 홍성욱 외. 2010. 『인간사물동맹』. 이음.

Lankshear, C. & Knobel, M. 2008. *Digital literacies: Concepts, politics and practices.* New York: Peter Lang.

Levinson, P. 2009. *New new media.* Boston: Allyn & Bacon.

Moazed, A. & Johnson, N. L. 2016. *Modern monopolies: How online platform rule the world by controlling the means of connection.* New York: St. Martin's Press.

Morley, D. 1986. *Family television: Cultural power and domestic leisure.* London: Comedia.

Nash, J. 2021. "Save The Cat!". *Writes for TV: The last book on creating binge-worthy content you'll ever need.* Los Angeles, CA: Save the Cat! Press.

Negroponte, N. 1995. *Being digital.* New York: Vintage.

Netflix original series - The future of television is here, Youtube, posted by netflix, September 3, 2013. https://www.youtube.com/watch?v=_kOvUuMowVs

Newman, M. Z. & Levine, E. 2012. *Legitimating television: Media convergence and cultural studies.* New York: Routledge.

Norman, D. 2013. *The design of everyday things.* New York: Basic Books.

Ofcom. 2020. "Media nations 2020". UK Report, 5 August, 2020.

Pearson, R. 2011. "Cult television as digital television's cutting edge". In Bennett, J. & Strange, N. Eds. *Television as digital media*. Bennett, NC & London: Duke University Press.

Penrose, R. 1989. *The Emperor's new mind: Concerning computers, minds and the laws of physics*. Oxford: Oxford University Press. 박승수 옮김. 1996. 『황제의 새 마음: 컴퓨터, 마음, 물리법칙에 관하여』. 이화여자대학교 출판부.

Teixeira, T. S. & Piechota, G. 2019. *Unlocking the customer value chain*. New York: Currency, 김인수 옮김. 2019. 『디커플링』. 인플루엔셜.

Terranova, T. 2012. "Attention, economy and the brain". *Culture Machine* 13, Retrieved from http://www.culturemachine.net/index.php/cm/issue/view/24.

Tryon, C. 2013. *On-demand culture: Digital delivery and the future of movies*. New Brunswick: Rutgers University Press.

Urry, J. 2005. "The complexity turn". *Theory, Culture & Society* 22(5), pp.1-14.

WEF. 2016. "World Economic Forum White Paper". Digital transformation of industries, Jan, 2016.

Williams, R. 1974. *Television: Technology and cultural form*. New York: Schocken Book.

Wood, H. 2007. "Television is happening: Methodological considerations for capturing digital television reception". *European Journal of Cultural Studies* 10(4), pp.485-506.

제 7 장

오리지널 콘텐츠가 미래다
OTT 시대 콘텐츠 혁신 전략

강보라

1. OTT 시대 방송 콘텐츠 시장 현황

네트워크 환경과 디지털 기기가 다변화하는 가운데 레거시 미디어로 구분되는 방송사의 비즈니스 모델은 큰 도전에 직면했다. 방송국이 실시간 방송을 송출하는 구조가 온라인 동영상 스트리밍 서비스(over-the-top, 이하 OTT)로 급속히 이행되었고, 유튜브와 넷플릭스 등 글로벌 동영상 플랫폼과 국내 방송사 및 OTT 서비스가 본격적인 경쟁을 치르게 되었다.

코로나 팬데믹이 장기화되면서 OTT 서비스를 중심으로 하는 미디어 시장의 패러다임 재편은 한층 빨라졌다. 글로벌 시장조사기관 스태티스타(Statista)에 따르면 2021년 한국의 OTT 시장 규모는 2020년의 25억 6,520억만 달러(2조 8,671억 원)보다 15% 성장한 29억 5,770만 달러(3조 3,000억 원)로 추산되었다(홍진수, 2021). 한국은 미국(607억 3,400만 달러), 중국(431억 7,900만 달러), 일본(88억 900만 달러), 독일(50억

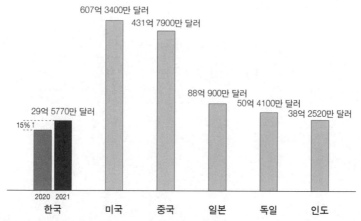

〈그림 7-1〉 2021년 국가별 OTT 시장 규모(1~6위)

607억 3400만 달러
431억 7900만 달러
29억 5770만 달러
15% ↑
88억 900만 달러
50억 4100만 달러
38억 2520만 달러

2020 2021
한국   미국   중국   일본   독일   인도

자료: Jobst, N. 2021.7.14. Online video market in South Korea. Statista(검색일: 2021.7.31.)

4,100만 달러), 인도(38억 2,520만 달러)에 이어 전 세계에서 여섯 번째로 큰 규모의 OTT 시장을 보유해 괄목할 만한 성장세를 보여주었다(Jobst, 2021).

전반적인 시장 규모가 확대됨에 따라 OTT 사업자 간의 내부 경쟁도 복잡한 양상을 띠게 되었다. 코로나 팬데믹 이후 전 세계적으로 장악력을 높인 넷플릭스는 국내에서 여전히 가장 많은 이용자 수를 보유하고 있지만, 강세가 언제까지 지속될지는 확실치 않다. 미디어 리서치기업인 닐슨코리안클릭에 따르면 2021년 2월 이후, 넷플릭스의 월 이용자 수(MAU)[1]는 꾸준히 줄어든 반면, 국내 OTT 서비스인 웨이브(Wavve)와 티빙(TVing)의 월 이용자수는 증가한 것으로 나타났다(손지인, 2021).

---

1   'Monthly Active User'의 약자로 한 달 동안 한 번 이상 서비스를 실제 이용한 사람의 수를 지칭한다.

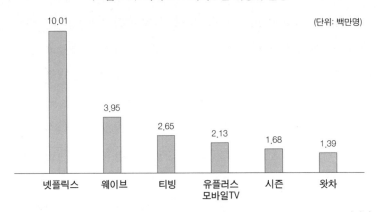

〈그림 7-2〉 국내 OTT 서비스별 이용자 현황

(단위: 백만명)

10.01 넷플릭스
3.95 웨이브
2.65 티빙
2.13 유플러스 모바일TV
1.68 시즌
1.39 왓차

자료: Statista, 2021.3. Most popular over-the-top(OTT) video services in South Korea(검색일: 2021.8.1).

이 같은 국내 OTT 서비스가 대중의 선택을 받을 수 있었던 배경으로는 이용자들의 이목을 사로잡는 킬러 콘텐츠가 지목된다. 티빙의 경우 2021년 초 CJENM과 JTBC의 합작법인으로 출범하면서 드라마와 예능 분야에서 다양한 독점 콘텐츠를 제작하는 데 힘을 쏟고 있다. 자체 OTT 서비스를 보유하지 않은 네이버가 티빙의 활용도를 높이고 있는 양상 또한 다른 OTT 플랫폼에 위협이 될 수 있다(구민기, 2021). 웨이브 또한 주로 아이돌 리얼리티 예능만 제작해오다 2021년 하반기부터 시트콤과 드라마 등의 장르로 확대해 'Only 웨이브 콘텐츠'란 이름의 독점 콘텐츠를 일반에 공개하고 있다. 여기에 더해 웨이브가 지상파 방송 콘텐츠의 활용을 넘어 2025년까지 독점 콘텐츠 제작에 총 1조 원을 투자하기로 하면서 OTT 서비스를 중심으로 한 콘텐츠 경쟁 구도는 한층 심화될 것으로 보인다(김재희, 2021).

기존 방송사와 글로벌 OTT 서비스, 국내의 신생 OTT 사업자 간 경쟁구도가 치열해지면서 경쟁력 있는 콘텐츠를 확보하기 위한 투자, 유치 전략의 필요성 또한 대두되고 있다. 특히 온라인 서비스로 광고 물량이 이동함에 따라 지상파 방송의 주요한 수익원이었던 광고 매출이 매해 지속적으로 감소하고 있기 때문에 양질의 콘텐츠를 제작하고 보유하는 것이 중요해졌다.[2] 실제 최근 몇 년간 온라인을 통한 콘텐츠 이용으로 방송광고의 매출 증대가 제한되면서 방송사가 주요한 수익구조를 광고가 아닌 콘텐츠 제공 및 판매 등으로 전환하고 있다는 점도 콘텐츠의 중요성을 되새기게 한다. 방송사들은 방송 콘텐츠를 유료방송과 OTT 플랫폼에 제공하여 광고 및 판매 수익을 얻으며 사업영역을 온라인 시장으로 확대하고 있는 중이다(이선희, 2021).[3]

한편 콘텐츠 이용자들의 이용 행태가 OTT 플랫폼을 중심으로 발전하면서 독창성(originality)을 바탕으로 틈새시장을 공략하는 콘텐츠 전략이 절실히 요구된다. OTT 시장규모 확대로 인한 OTT 플랫폼 간 경쟁이 치열해지면서 이용자의 선택을 받는 콘텐츠를 되도록 많이 확보하는 것이 중요해졌기 때문이다. 이용자의 관점에서 보자면 OTT 콘텐츠를 이

---

2 과학기술정보통신부와 방송통신위원회가 발간한 『방송 산업 실태조사 보고서』에 따르면 전년대비 지상파 광고매출 증감률은 2016년 15.1%, 2017년 13%, 2018년 7.9%, 2019년 15.4%를 기록했다. 2020년 들어서는 9.0%로 떨어지는 등 지속적으로 지상파의 광고매출이 줄어들고 있음을 확인할 수 있다(과학기술정보통신부·방송통신위원회, 2021; 방송통신위원회, 2021).

3 방송 광고 매출이 아닌 콘텐츠 판매의 비중이 높아짐에 따라 제작비 투자 경쟁도 점화되고 있는 모양새다. 2019년 지상파 방송사와 프로그램 공급업자(program provider, 이하 PP)의 TV 프로그램 제작비는 총 2조 9,020억 원으로 전년 대비 6.0% 증가했다(정보통신정책연구원, 2020: 43).

(단위: 억 원)

구분	2017	2018	2019	2017~2018 증감률	2018~2019 증감률
텔레비전수신료	6,643	6,780	6,892	2.1%	1.7%
재송신	2,539	3,184	3,613	25.4%	13.5%
방송프로그램 제공	109	101	101	-6.9%	-0.6%
광고	14,121	13,007	10,999	-7.9%	-15.4%
협찬	4,062	3,692	3,768	-9.1%	2.0%
프로그램 판매	6,429	8,179	7,089	27.2%	-13.3%[4]
기타 방송사업	2,934	3,022	2,706	3.0%	-10.5%
합계	36,837	37,965	35,168	3.1%	-7/4%

자료: 과학기술정보통신부·방송통신위원회(2021: 26, 〈표 4〉 재구성).

용하는 시간은 한정되어 있는데, '너무 많은' 선택지가 있다. 다수의 OTT 플랫폼이 일종의 '시간점유율' 경쟁을 치르고 있는 셈이다.

최근 미디어 이용자들의 미디어 이용 현황을 엿볼 수 있는 '2020 방송매체 이용행태 조사'에 따르면 스마트폰과 같은 개인 미디어를 이용해 방송 콘텐츠를 이용하는 비율이 증가했다. OTT 서비스를 이용하는 경우에는 노트북이나 TV수상기보다 스마트폰을 이용하는 경향이 압도적으로 높았는데, 스마트폰을 통해 이용하는 방송 콘텐츠는 오락/연예 프로그램이 69.8%로 가장 많았고, 드라마(37.2%), 스포츠(21.8%), 시사

---

4 2018~2019년 프로그램 판매 증감률이 마이너스대를 기록했으나 2017~2018년 프로그램 판매 증감률이 매우 높아 그에 비해 상대적으로 증감률이 줄어든 것으로 해석 가능하다. 즉 프로그램 판매 증감률이 하락세를 보이고 있다기보다는 전년도에 비해 한시적으로 줄어든 것으로 볼 수 있다.

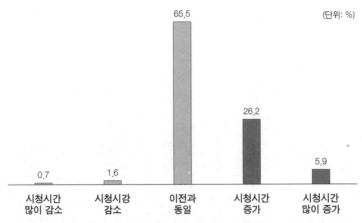

자료: 방송통신위원회(2020: 30, 그림 재구성).

/교양(18.9%)이 그 뒤를 이었다(방송통신위원회, 2020). 스마트폰을 통해 방송 콘텐츠를 이용하면서 이동이 가능하다는 점을 감안할 때, 콘텐츠의 흐름이 끊어지더라도 이해에 큰 지장이 없는 장르의 이용률이 높은 것으로 해석된다. 〈그림 7-3〉에서 보는 바와 같이 코로나19의 장기화가 OTT 이용 시간을 늘리는 데 일조하기도 했다. 집에 머무는 시간이 증가하면서 OTT 서비스 가입자와 서비스 이용량이 급증하는 결과를 낳은 것이다(한국콘텐츠진흥원, 2021).

이 같은 조사결과는 방송사가 이전까지의 공급자 중심의 콘텐츠 전략에서 벗어나 이용자 중심의 콘텐츠 전략을 세우는 것이 절실해졌음을 보여준다. OTT 플랫폼을 중심으로 한 방송영상콘텐츠 시장이 그 어느 때보다 복합적인 양상을 띠고 있고, 콘텐츠 경쟁에 뛰어든 플레이어들의 정체성도 IT, 통신, 방송 등으로 각기 다르기 때문에 언제, 누가 어떤 방식으로 주도권을 잡게 될지 예측하기 어렵다. 이용자의 관점에서 볼 때, 개별적인 라이프스타일에 따라 자신이 원하는 콘텐츠를 선택적으로 이용할 수 있는 환경이 마련되었다는 점도 주요한 변화의 흐름 중 하나다. 다수의 콘텐츠 생산자에 의해 양질의 콘텐츠가 지속적으로 공급되는 상황에서 이용자의 취향과 니즈를 충족시키지 못하는 콘텐츠는 외면 받을 가능성이 높다. 거기에 더해 오늘날 이용자들은 국가 및 문화권 간의 갈등이나 사회적 이슈에 방송 콘텐츠가 어떤 식으로 대응하는지 중요시하기 때문에 그 어느 때보다 콘텐츠 전략에 있어 다각도의 고려가 필요하다고 할 수 있다.

이상의 맥락에서 이 글에서는 OTT 시대를 맞아 MBC가 콘텐츠 혁신을 이루기 위해 필요한 역량이 무엇인지 고민해보고자 한다. 무엇보다 MBC가 오랜 제작 노하우와 경쟁력 있는 콘텐츠 IP를 소유하고 있다는 점을 검토하고자 한다. 구체적인 콘텐츠 사례 분석을 통해 시사점을 도출하고, 미래 콘텐츠를 위한 제언으로 마무리할 것이다. 궁극적으로 국내외 OTT 플랫폼이 다자적인 대결구도를 형성하고 있는 시점에서 MBC만의 콘텐츠 독점력을 높이는 것이 곧 콘텐츠 혁신 전략의 핵심임을 강조하고자 한다.

2. 콘텐츠 혁신을 위한 세 가지 요소

2020년 초부터 현재까지 이른바 '코로나 특수'를 노린 넷플릭스조차 현 상황에 안주하지 않고, 2022년을 목표로 게임 서비스 개발에 나서는 등 콘텐츠 혁신을 위해 전력을 다하고 있다(Shaw & Gurman, 2021). 다른 한편으로 네이버와 페이스북 등을 중심으로 메타버스 관련 서비스들이 늘어나면서 미디어 이용자와 직접 상호작용할 수 있는 콘텐츠가 부상하고 있다. 실제 미국의 TV 산업 또한 이제 TV를 온라인 미디어로 전제하고, 그에 따른 전략을 구성하고 있다(Lotz, 2018). 이 같은 양상 속에서 MBC가 콘텐츠 혁신을 위해 눈여겨보아야 할 요소에 대해 논하고자 한다.

1) 확장 가능한 콘텐츠 IP 발굴

방송국은 전통적으로 미디어의 기능이 집중된 장소로 여겨졌다. 물리적 의미에서의 방송국이 중심이 되어 모든 영상 콘텐츠를 기획, 제작 및 유통하는 구조를 유지했기 때문이다. 또한 방송은 시청자라는 단일한 대상에게 방송 프로그램이라는 한정된 포맷의 콘텐츠를 제공한다는 의미에서 집합적 미디어(aggregating media)라 지칭되었다. 이후 미디어 콘텐츠가 유튜브 등의 소셜미디어 플랫폼에서 이용자에 의해 재편집, 풍자, 해설 등 다양한 방식으로 변형되어 새로운 의미를 획득할 수 있게 되었다. 그러면서 대두된 개념이 '확장하는 미디어(spreadable media)'다.

미디어가 확장성을 가진다는 것은 미디어 콘텐츠가 이용자와 상호작용하는 과정에서 얼마든지 유동적으로 변화할 수 있음을 의미한다. 콘텐츠의 원본이 어느 정도 변형되더라도 미디어 콘텐츠가 기술적·문화적 차원에서 원본과는 다른 방식으로 확장될 가능성이 있는 것이다(Jenkins, Ford & Green, 2013). 확장되는 과정 가운데 새로운 의미와 사회문화적 효과를 발생시킬 수 있다는 점에서 미디어 콘텐츠가 갖는 확장 가능성은 주요하게 논의되었다.

미디어 콘텐츠가 확장성을 가질 수 있는 데에는 미디어 환경의 변화

가 주효하게 작용했다. 대표적으로 콘텐츠 생산과 공유가 쉽게 이루어
질 수 있는 여러 미디어 플랫폼이 경쟁적으로 등장했고, 누구나 미디어
플랫폼에 접근이 가능해졌다. 무엇보다 눈여겨보아야 할 것은 미디어
콘텐츠 확장에 있어 이용자의 역할이 중요해졌다는 점이다. 이용자는
자발적인 참여자로서 미디어 콘텐츠를 구성·재구성 또는 공유하면서
미디어 콘텐츠와 일정한 관계성을 만든다. 이렇게 형성된 콘텐츠와 이
용자 간의 관계성은 콘텐츠 자체가 지속될 수 있는 동력으로 작용한다
(강보라, 2019).

이런 관점에서 콘텐츠 IP의 확장가능성을 추구한다는 것은 비단 콘
텐츠가 하나의 미디어에서 다른 미디어로 확장되는 것만을 뜻하지 않
는다. 이용자가 콘텐츠를 재구성하는 방식을 통해 콘텐츠를 둘러싼 세
계가 확장될 수 있음을 함께 시사한다. 그리고 이는 다시 콘텐츠에 관
한 이용자 선호의 세분화를 가져온다. 과거 소수의 히트작에 대다수의
관심이 쏠렸던 것과 달리 지금의 미디어 환경에서 이용자가 자신에게
맞는 콘텐츠를 적극적으로 찾아 나선다(강보라·장민지, 2020: 136).

콘텐츠 생산자의 관점에서 이용자의 세분화를 활용하는 방안, 다르
게 말하자면 콘텐츠 소비에 있어서의 롱테일(long tail) 현상을 활용하
는 방안은 결국 이용자가 어떤 콘텐츠를 원하는지 관찰을 통해 예측하
는 것이다. 관련된 예로 카카오는 2021년 8월, 카카오웹툰을 새롭게 오
픈하면서 'IPX(IP eXperience)'라는 핵심 키워드를 내세웠다. 이를 통해
기존의 콘텐츠 IP를 이용자에게 전달하는 방식의 틀 자체를 바꿔 생각
하는 태도와 콘텐츠의 전형적인 재현 방식으로부터의 탈피, 이용자 맞
춤형 추천을 통해 지속적인 콘텐츠 IP 경험 제공 등을 현실화했다. 여
기서 주목해야 할 건, 콘텐츠 IP와 관련된 이용자의 경험에 집중하고

그 경험이 무엇인지 이해하고자 했다는 점이다(신희강, 2021). 모든 사업자가 이 같은 방식을 답습하지 않더라도 이용자의 경험 안에 각인된 콘텐츠 IP를 관리함으로써 파생된 아이디어를 콘텐츠화하거나 잠재적 이용자층을 정밀 분석하는 접근법을 눈여겨볼 필요가 있다.

2) 몰아보기 가능성을 내포한 콘텐츠 개발

넷플릭스가 OTT 플랫폼으로 변신하면서 내놓은 오리지널 콘텐츠인 〈하우스 오브 카드(House of Cards)〉는 여러 측면에서 화제를 낳았다. 우선 첫 번째 시리즈가 공개된 2013년 2월, 해당 시리즈에 포함된 13편의 에피소드가 동시에 공개되었다는 점에서 관심을 받았다. 또한 이전의 영국 드라마 〈하우스 오브 카드〉를 좋아했던 시청자들이 선호하는 영화감독과 배우에 대한 조사결과를 바탕으로 캐스팅을 진행해 기존의 영국판 〈하우스 오브 카드〉 팬 층을 흡수할 수 있었다는 점도 높게 평가되었다. 무엇보다 넷플릭스의 〈하우스 오브 카드〉는 '몰아보기(binge-watching)'에 관한 주의를 환기시켰다. 이를 기점으로 이용자들에게 있어 '넷플릭스 = 몰아보기'라는 인식이 자리 잡았고, 넷플릭스 또한 콘텐츠를 기획·제작하는 데 있어 몰아보기가 가능한지의 여부를 주요하게 고려하기 시작했다.[5]

---

5 몰아보기는 시청자가 시청 이외의 다른 활동을 하기 전까지 복수의 에피소드를 끊지 않고 시청하는 것을 지칭한다. 몰아보기를 가능케 만드는 절대적인 에피소드 수가 존재하는 것이 아니라, 시청자에 따라 얼마든지 달라질 수 있다(Jenner, 2015). 이와 달리 미텔(Mittel, 2015)은 방송 편성의 유형에 따라 몰아보기 가능성이 달라질 수 있다고 보는 등 몰아보기 가능성에 대한 시각차가 존재한다.

'몰아보기'를 꾸준히 연구해온 제너(Jenner, 2020)에 따르면 '몰아보기'는 OTT로서 넷플릭스가 선보이기 이전인 2000년대 초반에도 이미 존재했던 개념이다. 당시 HBO와 같이 색다른 주제와 높은 완성도를 가진 프로그램을 만들어내는 '퀄리티 TV(Quality TV)'가 등장하면서 '몰아볼 수 있는 텍스트'가 등장한 것으로 간주했다.[6] 이러한 '퀄리티 TV'의 출현은 더 이상 TV가 수준 낮은 내용을 반복적으로 생산하는 '바보상자'를 뛰어넘어 문화적 정당성이 부여되었음을 의미한다. 몰아보기 개념 또한 시청자가 수동적으로 몰입을 요구당하는 것을 뜻한다기보다 일종의 팬 또는 이용자 실천으로써 시청자의 능동적이고 선택적인 행위로 이해해야 한다고 보았다. 실제 〈하우스 오브 카드〉 이후 넷플릭스의 콘텐츠가 기술적인 측면에서 몰아보기를 가능케 만든 점도 있지만, 만약 콘텐츠에 대한 이용자의 만족도가 부정적이었다면 몰아보지 않았을 가능성이 더 높다는 점에서 몰아보기와 능동적 이용자상을 연결 짓는 것이 가능하다.

한편 몰아보기가 빈번해지면서 '몰아보기 가능성(bingeability)'이란 개념이 함께 주목을 받게 되었다. 이는 몰아보기와 같은 콘텐츠 이용 행태의 변화가 콘텐츠 자체에도 영향을 주고 있음을 시사한다. 즉 '몰아볼 만한' 콘텐츠를 무한대로 확장하는 것이 오늘날 콘텐츠 생산자에게 있어 중요한 임무가 되었다는 뜻이다.

몰아보기 가능성은 콘텐츠 내부뿐 아니라, 외부에도 존재한다. 우선 몰아보기 가능성을 높이는 콘텐츠 내부적 요소에는 플롯, 캐릭터, 서스

---

6 '퀄리티 TV'의 등장을 알리는 대표적인 프로그램으로는 ABC의 〈트윈 픽스(Twin Peaks)〉(1990), HBO의 〈소프라노스(The Sopranos)〉(1999) 등이 있다.

<표 7-2> 몰아보기 가능성의 내외부적 요소

내부 요소	플롯	여러 에피소드로 이루어진 프로그램의 경우, 여러 종류의 내러티브를 여행할 수 있게 만들어준다. 따라서 하나의 에피소드만으로는 전체 플롯을 이해하기 어렵다.
	캐릭터	플롯이 진행되기 위해서는 시청자의 감정이입이 가능한 캐릭터가 필수적인데, 이 캐릭터가 몰아보기 가능성을 높이는 주요한 요소라 할 수 있다. 특히 긴 호흡의 시리즈물의 경우, 캐릭터의 도덕성이 어떤 식으로 훼손되고 다시 회복되는지가 시청자의 몰입을 좌우한다.
	서스펜스	서스펜스는 불확실성과 관련된 감각이다. 시청자들은 캐릭터의 운명이 불확실한 상황과 맞닥뜨린다. 시청자들이 자신이 좋아하는 캐릭터에게 유리한 상황이 빚어지길 바랄수록 그 캐릭터가 위기에 처하게 될 때 서스펜스는 극대화된다.
	양질	프로그램에 대한 대중의 평가나 시상 여부 등 프로그램의 질이 높이 평가된 경우, 몰아보기 가능성이 커진다.
외부 요소	이용가능성	언제, 어디서나 콘텐츠 이용이 가능해야 한다.
	사회적 압력	콘텐츠를 통해 사회적 흐름에 대한 감을 익히거나 타인과의 상호연결성을 경험한다.

자료: Ferchaud, A.(2020: 37~44, 본문 내용을 표로 재구성).

펜스와 양질(quality) 등이 있다. 이 외에도 외부적인 요소로 콘텐츠의 이용가능성과 사회적 압력이 존재할 때, 몰아보기 가능성은 높아진다 (<표 7-2> 참조). 콘텐츠의 기획 단계에서부터 이와 같은 몰아보기 가능성을 증진하기 위한 내외부적 요소를 고려한다면 좀 더 넓은 층위의 충성 이용자층을 확보할 수 있을 것이다.

몰아보기가 단순한 미디어 이용 행태의 변화에 준하는 것이 아니듯, 몰아보기 가능성 또한 방송 콘텐츠 생산에 있어 선택적인 요소로 간주되어서는 안 된다. 개인 미디어의 발달과 OTT 플랫폼 중심의 미디어 소비가 심화되는 상황에서 중요한 건 콘텐츠를 통해 이용자를 얼마나 오랫동안 머물게 하고 지속적으로 찾게 만들 것인지의 여부이기 때문이다.

3) 커뮤니케이션 지향적, 관여중심 모델로의 전환

미디어 콘텐츠를 소비하는 방식은 인터넷 출현 전후로 많은 변화를 겪었다. 아즈마 히로키는 이 차이를 설명하기 위해 미디어를 크게 두 가지로 분류한다(東浩紀, 2007/2012: 108). 그에 따르면 책이나 출판 등은 '콘텐츠 지향적 미디어'로서의 성격을 갖고 있고, 게임이나 인터넷 등은 '커뮤니케이션 지향적 미디어'로서의 특성을 지니고 있다. 과거의 방송 프로그램도 책과 같이 '콘텐츠 지향적 미디어'의 성격, 그러니까 커뮤니케이션의 목적보다는 콘텐츠 자체를 이용자에게 한 방향으로 전달하는 데 더 큰 목적을 두고 있다고 할 수 있다. 문제는 콘텐츠를 소비하는 방식이 변화하면서 서로 다른 특성을 지닌 미디어가 혼재된 양상을 보이기 시작했다는 점이다. 이를 두고 아즈마는 오늘날 '커뮤니케이션 지향적 미디어'가 '콘텐츠 지향적 미디어'에 침투해 새로운 제작 방식을 만들어내고 있다고 보았다. 방송 프로그램에 비유해 말하자면 이용자와의 커뮤니케이션을 배제한 채 스타 작가, 감독, 배우에게만 의존해 기존의 흥행 문법을 반복하고자 하는 것은 여전히 방송이 '콘텐츠 지향적 미디어'라는 인식에서 벗어나지 못하는 것이다. 이런 부분들을 감안해 향후 방송 콘텐츠 제작에 있어서는 '콘텐츠 지향적 미디어'를 특징짓는 작가적 권위, 닫힌 서사, 서사의 시점, 장르, 분량 등 정형화된 형식을 유연하게 적용할 필요가 있다(강보라, 2019: 11). 더불어 게임이나 소셜미디어에서 주로 이루어지는 커뮤니케이션을 방송 콘텐츠에 어떤 식으로 적용할 수 있을지에 대한 고민이 요청된다.

유사한 맥락에서 젠킨스와 동료들 또한 웹 2.0 환경 내에서 이용자들의 참여가 중요해졌음을 강조하며 TV를 편성모델과 관여모델로 나눈 바 있다(Jenkins, Ford & Green, 2013: 116~120). 연구자들에 따르면 편성기반 TV모델(appointment-based TV model)은 열성 시청자들을 집에 머물게 만드는 반면, 관여기반 TV모델(engagement-based TV model)은 시청자들이 자기 스케줄에 따라 콘텐츠에 접근하도록 만든다고 설명한다. 이들은 전통적인 TV산업에서 편성기반 TV모델이 지배적이었으나 갈수록 관여기반 TV모델의 중요성이 높아지고 있다고 함께 지적한다. 관여기반 모델에서는 방송 콘텐츠와 관련이 있는 이용자의 추천, 토론, 조사, 공유, 2차 창작물 생산 등을 통해 미디어 텍스트 자체가 확장성을 가진다. 젠킨스와 동료들은 특히 열성적으로 콘텐츠에 관여하는 이용자들을 '증폭자(multiplier)'라고 이름 붙였는데, 이들의 활동은 단순히 미디어 콘텐츠를 널리 퍼뜨리는 데 기여할 뿐 아니라, 이 콘텐츠가 다른 경쟁 콘텐츠보다 대중의 눈에 띌 수 있도록 만들어 미디어 콘텐츠 생산자에게 이익을 안겨준다는 점에서 의미가 있다. 공격적인 마케팅을 통해 화제성지수를 일시적으로 높일 수는 있더라도 지속적으로 대중의 관심을 유도하기 위해선 이용자들의 관여 정도를 잘 활용하는 것이 효과적일 것이다.

이용자들의 참여문화는 대부분 자생적으로 구성되지만, 방송 콘텐츠 생산자의 관점에서 이용자의 관여를 유도하는 방법도 고려할 만하다. 일례로 이용자가 방송 콘텐츠의 내러티브와 스스로를 연결 지을 수 있는 매개지점이 무엇인지 고민해볼 수 있다. 그동안 TV 프로그램은 시청자와의 파라소셜 인터랙션(para-social interaction)에 의존해왔다. 즉 프로그램의 내러티브를 이끌어가는 인물과 시청자 간에 만들어진 상호작용이 실제로는 (시청자가 내러티브 속 인물과) 일방향적으로 맺은 관계임에도 불구하고, 마치 이 관계가 쌍방향적이라는 환상을 심어주었다(Horton & Wohl, 1956). 물론 파라소셜 인터랙션을 통해서 이용자들이 콘텐츠를 향해 실질적인 감정을 갖는 것은 사실이지만, 이보다 동일시(identification)의 경험은 이용자들이 콘텐츠에 더 깊이 관여하도록 이끈다(Cohen, 2001). 만약 넓은 층위의 이용자들이 동일시의 경험을 할 수 있는 콘텐츠를 만든다면 이는 이용자들의 더 견고한 관여를 가능케 할 것이고, 콘텐츠에 관여도가 높은 이용자를 많이 확보할수록 콘텐츠의 생명력은 한층 강화될 것이다. 동일시 가능한 내러티브의 생산은 하나의 제안에 불과하지만, 이용자가 콘텐츠가 맺는 관계를 커뮤니케이션, 미디어심리, 내러티브 전략 등의 복합적인 구도 안에서 파악해야 한다는 명제는 어떤 상황에도 유효하다.

3. 방송 콘텐츠 IP 활용 사례와 시사점

1) MBC 콘텐츠 IP의 활용 사례 분석

MBC 콘텐츠 IP를 활용한 사례는 크게 세 가지의 유형으로 나누어볼 수 있다. 첫째, 오리지널 콘텐츠 IP를 활용한 2차 창작, 둘째, 콘텐츠 모듈화, 셋째, OTT 플랫폼과의 협업이 그것이다. 기존의 콘텐츠를 재가공하거나 새로운 기획을 통해 IP 창출을 모색하는 사례들의 가능성과 한계를 함께 살펴보자.

(1) 오리지널 콘텐츠 IP를 활용한 2차 창작

지금껏 방송가에서 오리지널 콘텐츠 IP를 활용해 2차 창작물을 만들어내는 방식은 다소 낯설었다. 뉴스 클립 등 과거의 아카이브 자료를 활용하는 것은 다큐멘터리 제작에서 일부 사용되었을 뿐, 그 외의 자료

〈표 7-3〉 MBC의 오리지널 콘텐츠 IP를 활용한 다큐멘터리 프로그램 사례

프로그램명	〈청춘다큐 다시, 스물〉 뉴 논스톱 편	〈청춘다큐 다시, 스물〉 커피프린스 편	〈전원일기 2021〉
이미지			
방송일	2018년 10월 1일, 10월 8일 방송	2020년 9월 24일, 10월 1일 방송	2021년 6월 18일, 6월 25일, 7월 2일, 7월 9일 방송
내용	2000~2002년 사이에 방송되었던 인기 시트콤 〈뉴 논스톱〉의 주인공들이 다시 한 자리에 모여 당시를 회상하며 프로그램에 대해 이야기하는 다큐멘터리	2007년에 방송되었던 인기 드라마 〈커피프린스 1호점〉의 출연진과 연출자를 인터뷰하며 프로그램에 대해 이야기하는 다큐멘터리	1980년부터 2002년까지 22년 동안 방송된 MBC의 대표 장수 드라마인 〈전원일기〉에 대해 출연진들이 여러 추억을 함께 이야기하는 다큐멘터리

들을 재구성하려는 움직임은 상대적으로 적었다. 그런 상황에서 제작된 〈청춘다큐 다시, 스물〉 시리즈와 〈전원일기 2021〉은 MBC의 대표 프로그램들을 현재의 관점에서 재조명함으로써 오리지널 콘텐츠 IP의 2차 창작을 시도한 경우이다.

대중의 많은 사랑을 받았던 시트콤 〈뉴 논스톱〉과 드라마 〈커피프린스 1호점〉, 〈전원일기〉 등을 재조명한 이들 사례는 1980년대부터 2000년대에 이르기까지 해당 프로그램과 관련한 시청자들의 추억을 일깨운 것으로 평가 받았다. MBC 창사 60주년을 맞아 특별히 제작된 〈전원일기 2021〉의 경우, 제작진 입장에서도 프로그램의 진정성과 출연진의 기억을 훼손시키지 않기 위해 구성적 고민을 거듭했다(김소연, 2021). 세 프로그램은 모두 다큐멘터리의 형식 안에서 과거 자료와 현재 시점의 출연진 인터뷰를 교차적으로 구성한다는 공통점을 지닌다. 또한 프로그램에 관여한 이들의 기억을 주요한 자원으로 활용한다는

점도 유사하다. 이러한 방식에 더해 시청자와 MBC의 오리지널 콘텐츠 간의 관계를 활용하거나 IP 활용 아이디어에 있어 시청자를 적극적으로 개입시키는 방식 또한 고려해볼 만하다.

2021년 6월 10일 파일럿 프로그램으로 방송되었던 〈MBC 이즈 백〉은 MBC의 오리지널 콘텐츠 IP를 모니터링 토크쇼 형식으로 다룬 사례이다. 〈MBC 이즈 백〉에서는 특히 MBC의 대표 음악 프로그램을 집중적으로 조명했다. 〈나는 가수다〉, 〈복면가왕〉, 〈무한도전〉 가요제, 〈놀면 뭐하니?〉의 음악 프로젝트 등 각 프로그램의 포맷과 관련 이슈 등에 대해 이야기를 나누면서 각각의 프로그램의 특성과 음악 전문 채널로서 MBC의 이미지를 부각시켰다.

이상의 사례들은 지상파 방송사에서 콘텐츠 IP를 활용해 2차 창작을 시도했다는 점에서 고무적이나 장기적으로는 접근방식에 대한 고민이 필요해 보인다. MBC의 오리지널 콘텐츠 IP에 관한 노스탤지어에 기대는 기존의 방식을 벗어나 장르적 변환을 시도하거나 시대에 맞게 에피소드 및 캐릭터를 재구성하는 방안을 생각해볼 수 있다. 2차 창작이 과거에 대한 향수를 넘어 현재의 관점에서 콘텐츠 IP의 가치를 바라보게 만드는 창의적인 발상이 요청된다.

(2) 콘텐츠 모듈화

현재 MBC는 유튜브와 같은 글로벌 동영상 플랫폼에서 과거 인기 방송 프로그램을 10분 내외의 숏폼 콘텐츠로 재가공해 제공하고 있다. 대표적인 예로 '옛드TV', '옛능TV', '오분순삭' 등의 유튜브 채널을 통해 2010년대 이전 대중적으로 큰 인기를 끌었던 드라마와 예능 프로그램을 선보인다. 동영상 이용 행태 변화에 발맞춰 전체 콘텐츠를 구성하는

<표 7-4> 과거 MBC 인기 프로그램의 주요 장면을 제공하는 웹콘텐츠 채널

프로그램명	⟨엣드 TV⟩	⟨옛능 TV⟩	⟨오분순삭⟩
이미지			
내용	유튜브 채널로 ⟨주몽⟩, ⟨네 멋대로 해라⟩, ⟨국회⟩, ⟨별은 내 가슴에⟩ 등 MBC의 인기 드라마를 숏폼 콘텐츠로 제공	유튜브 채널로 ⟨무한도전⟩, ⟨아빠! 어디가?⟩, ⟨발칙한 동거⟩, ⟨진짜 사나이⟩ 등 MBC의 인기 예능 프로그램을 숏폼 콘텐츠로 제공	유튜브 채널로 ⟨지붕 뚫고 하이킥⟩, ⟨거침없이 하이킥⟩, ⟨우리 결혼 했어요⟩ 등의 인기 프로그램을 5분 미만의 영상으로 제공

단위가 자유자재로 연결될 수 있는 '콘텐츠 모듈화(content modularization)'를 시도한 사례라 할 수 있다(채희상, 2020).

이와 같이 기존의 방송 프로그램을 웹콘텐츠 형태에 맞춰 모듈화하는 시도는 이미 해당 프로그램을 경험한 시청자뿐 아니라, 새로운 시청자 층을 포섭하는 것으로 비친다. 과거의 것을 현재의 관점에서 조명하는 '뉴트로'의 관점이 방송 프로그램에도 얼마든지 적용될 수 있음을 증명하는 것이다. 방송 프로그램의 특정한 장면이나 캐릭터를 '인터넷 밈'으로 즐기고자 하는 이들에게도 이 같은 콘텐츠는 소구력을 갖는다. 이와 관련하여 '옛능TV'에서는 재미있는 유튜브의 댓글을 관련 화면과 함께 편집해 보여주고('댓무새'), '오분순삭'의 경우, 대중적으로 널리 회자된 '레전드 장면'만을 압축적으로 편집해 보여준다('봉춘쿠키').[7]

---

7 콘텐츠 모듈화와 관련하여 참고할 만한 해외 사례도 존재한다. 비아컴(Viacom) CBS의 스트리밍 플랫폼인 플루토(Pluto) TV는 비아컴 CBS의 라이브러리에 속해 있는 디즈니 채널, CNN, HBO, 카툰 네트워크(Cartoon

콘텐츠 모듈화는 짧으면서도 핵심적인 내용을 소비하려는 오늘날의 동영상 콘텐츠 이용 행태에 적합한 방식이다. 현재로선 짧은 웹콘텐츠에 더 많은 이용자를 주목하게 만드는 것이 중요할 것이다. 이용자들이 어떤 콘텐츠를 얼마나 오래 이용하는지 등의 이용자 데이터를 활용해 경쟁력 있는 콘텐츠를 기획하는 것도 장기적인 관점에서 고려해볼 필요가 있다.

(3) OTT 플랫폼과의 협업

마지막으로 OTT 플랫폼과의 협업 프로젝트를 언급할 수 있다. 2020년 제작된 〈시네마틱드라마 SF8〉은 가까운 미래를 배경으로 한 8편의 SF물이다. MBC가 한국영화감독조합과 함께 기획한 '국내 최초 영화-드라마 크로스오버 프로젝트'로 OTT 플랫폼인 웨이브(Wavve)에서 선공개한 후 MBC에서 순차적으로 방영했다(이혜리, 2020).

〈SF8〉은 영상 콘텐츠 제작에 있어 전반적으로 어려움을 겪던 2020년에 방송, 영화, OTT가 각자의 장점을 극대화했다는 점에서 의의를 찾을 수 있다. 단막극의 호흡과 SF적 상상력이 한데 만나 오늘날 인류가 당면한 기술윤리의 문제에 대해 고민하는 계기를 마련했다. 더불어 방송산업과 영화산업 간의 명확한 경계가 흐려지고 미디어환경이 급변하는 상황에서 방송과 연관 분야가 상생할 수 있는 방안을 마련했다는 점도 긍정적으로 평가되었다. 이 같은 프로젝트가 일회적 시도에 그치

Network) 등의 기존 콘텐츠를 새로운 카테고리로 제공한다. MBC의 콘텐츠 모듈화 방식도 유사한 관점에서 기존 방송사의 백화점식 편성에서 벗어나 유연한 재구조화를 실험할 수 있는 기회가 될 수 있다.

〈그림 7-4〉〈시네마틱 드라마 SF8〉의 작품 사례

지 않으려면 이종분야 간 제작 방식 조율, 예산 운영의 유연화, 수익성 과에 대한 평가 기준 마련 등의 고민이 뒷받침되어야 할 것이다.

2) 해외 방송 콘텐츠 IP 활용 사례 분석 및 시사점

아카이브 콘텐츠를 활용한 MBC의 사례와 차별화되는 해외 방송 콘텐츠 IP 활용 사례를 검토하고자 한다. 대표적인 예로 드라마의 서사를 보완하는 역할로 소셜미디어를 적극적으로 활용한 NRK의 〈스캄 (Skam)〉, 그리고 드라마를 게임 콘텐츠로 활용한 넷플릭스의 〈기묘한 이야기(Stranger Things)〉 등을 살펴보고, 사례를 통해 시사점을 도출해 보자.

(1) 〈스캄〉

노르웨이 공영방송국인 NRK의 드라마 〈스캄〉은 오슬로의 한 고등 학교를 배경으로 삼은 드라마로 2015년부터 2017년까지 네 시즌을 방 영해 노르웨이뿐 아니라, 전 세계적으로 많은 팬 층을 이끌어냈다. 줄리 안뎀(Julie Andem)이 극본을 쓰고 연출한 이 작품은 원래 16세 전후의 젊은 여성층을 대상으로 기획되었는데, 해당 연령층의 참여자들과 심층인터뷰를 거친 결과를 바탕으로 전체적인 주제의식과 에피소드 등이 구체화되었다고 한다(van Hoeij, 2017). 철저한 시장조사를 바탕으로 만들어진 〈스캄〉은 원래 노르웨이 내수시장만을 대상으로 했으나 2016년부터 텀블러, 인스타그램, 유튜브 등의 소셜미디어를 중심으로 이미지 컷이 퍼져나가면서 반향을 일으켰다. 전 세계의 팬들은 NRK 홈페이지에 업로드된 영상 클립을 활용해 원하는 언어로 언어자막으로 만들고, 팬 사이트나 팬 계정을 통해 다양한 2차 창작물을 공유하는 등 활발한 참여문화를 이끌었다(Aasen, 2016). 네 번째 시즌이 종영된 이후인 2018년에는 프랑스, 독일, 이탈리아, 스페인, 네덜란드, 미국 등에서 현지 버전으로 제작되어 큰 성공을 거두기도 했다.

〈스캄〉이 10대의 젊은 층을 대상으로 관심을 끌 수 있었던 건 시간대 및 채널을 세분화한 '미디어 세분화(media fragmentation)' 전략 덕분이다. 미디어를 고를 수 있는 선택지와 미디어를 소비할 수 있는 범위가 넓어지는 경향을 일컫는 '미디어 세분화'는 다시 '미디어 간 세분화(inter-media fragmentation)'와 '미디어 내 세분화(intra-media fragmentation)'로 나뉠 수 있다. '미디어 간 세분화'는 말 그대로 콘텐츠를 전달하는 새로운 플랫폼이 증가함을 의미한다. 즉 하나의 콘텐츠가 여러 미디어 플랫폼에서 소비될 수 있음을 뜻한다. 이와 달리 '미디어 내 세분화'는 특정한 미디어 기술/플랫폼 안에서 콘텐츠를 소비할 수 있는 선택지들이 분화되는 것을 가리킨다. 말하자면 하나의 콘텐츠를 작은 단위로 나누고, 작게 나뉜 콘텐츠들을 서로 다른 형태로 유통하는 것이다.

〈스캄〉은 우선 콘텐츠를 소비할 수 있는 채널로 TV방송 채널과 웹

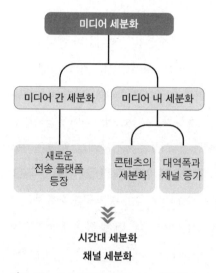

〈그림 7-5〉 미디어 세분화의 유형과 적용

미디어 세분화

미디어 간 세분화

미디어 내 세분화

새로운 전송 플랫폼 등장

콘텐츠의 세분화

대역폭과 채널 증가

시간대 세분화
채널 세분화

자료: Napoli, P. M(2010/2013: 111 재구성)

페이지를 교차적으로 활용함으로써 '미디어 간 세분화' 전략을 사용했다. 정규 방송 전에 웹페이지를 통해 드라마 인물들 간의 문자 텍스트나 짧은 영상 클립을 공유했는데, 팬들은 드라마와 관련한 정보나 영상이 업로드 되는지를 살피기 위해 여러 번 웹사이트를 방문했다. 동시에 〈스캄〉은 '미디어 내 세분화' 전략을 통해 이용자들이 드라마 속 시간과 현실의 시간을 동일시하도록 이끌었다. 일례로 드라마의 주요 장면이 전환될 때마다 요일과 시간이 표기되는데, 그 시간은 웹사이트에 해당 장면이 속한 영상 클립이 업로드된 시간과 일치한다. 이런 방식을 통해 이용자들은 현실과 동일한 시간에서 드라마 속 이야기가 펼쳐진다는 생각에 드라마에 더 몰입할 수 있게 되었다.

〈스캄〉의 사례는 방송 콘텐츠가 시간이나 채널 등을 통해 세분화함으로써 이용자들의 관여(engagement)를 활발하게 만들 수 있음을 보여준다. 콘텐츠 유통 플랫폼을 다각화하는 과정에서 기계적으로 콘텐츠를 분절하는 것이 아니라 콘텐츠 서사나 인물의 맥락을 확장하는 형태를 고안할 때, 콘텐츠에 대한 이용자들의 경험을 풍성하게 만들 수 있다. 특히 이같은 이용자 관여를 이끌어내는 전략은 이용자의 몰입과 충성도를 극대화할 수 있다는 점에서 눈여겨볼 만하다(강보라·장민지, 2020: 149).

(2) 〈기묘한 이야기〉

2016년 7월 넷플릭스에서 선보인 SF 드라마 〈기묘한 이야기〉는 1980년대 호킨스(Hawkins)라는 마을을 배경으로 초자연적인 사건들과 그에 휘말리는 마을의 여러 인물을 그리고 있다. 지금까지 총 3개의 시즌을 성공적으로 공개했다. 내용적인 완성도뿐 아니라, 대중적 호응의 측면에서도 주목할 만한 성과를 냈는데, 시즌 1의 경우 넷플릭스 오리지널 콘텐츠 중 〈풀러 하우스(Fuller House)〉 시즌 1과 〈오렌지 이즈 더 뉴 블랙(Orange Is the New Black)〉 시즌 4에 이어 미국에서 가장 많은 넷플릭스 이용자들이 본 시즌으로 기록되었다. 이후 〈기묘한 이야기〉 시즌 3의 경우, 2019년에 미국 넷플릭스 이용자들이 가장 많이 본 콘텐츠로 기록되기도 했다(Spangler, 2019).

넷플릭스 오리지널 콘텐츠 중에서도 〈기묘한 이야기〉를 주목할 만한 이유는 드라마의 인기에 안주하지 않고, 다양한 유형의 엔터테인먼트 콘텐츠로 활용되고 있다는 점 때문이다. 2017년부터 지금까지 비디오게임, 만화, 소설, 블록에 이르기까지 각기 다른 특성을 내세워 IP 확장에 앞장서고 있다(〈표 7-5〉 참조).

무엇보다 〈기묘한 이야기〉의 IP가 여러 방식으로 활용될 수 있었던 건 원작이 갖는 요소가 IP 활용 전략과 잘 맞아떨어진 덕분이다. 우선 〈기묘한 이야기〉는 1980년대를 배경으로 삼아 드라마 안에서 당시의 음악이나 패션, 라이프스타일을 잘 녹여냈다는 평가를 받았다. 보너스 XP가 개발한 〈기묘한 이야기 3〉 비디오게임의 경우 16비트 도트 그래픽 게임으로 레트로적인 요소를 내세웠다. 초고화질의 유려한 그래픽

<표 7-5> 넷플릭스 드라마 <기묘한 이야기> IP 활용 유형

	유형	연도	제작사	특성
1	만화·그래픽노블	2018~2021	다크 호스 코믹스 외 다수	연재 형태로 기존 드라마의 전사와 확장된 인물관 등을 엿볼 수 있음
2	비디오 게임	2017~진행 중	플레이스테이션, 보너스 XP 등	콘솔 및 PC 게임, 모바일 게임이 각각 출시되었고, VR 게임도 준비 중
3	소설	2019	델 레이 외 다수	아동·청소년 소설을 전문으로 하는 작가가 원래 드라마 내용의 프리퀄에 해당하는 이야기도 함께 소설로 창작
4	보드게임	2019	하스브로 게이밍	'모노폴리' 시리즈의 일환으로 드라마 속 인물과 배경과 관련 있는 미션을 수행한 뒤, 성공해야 하는 게임
5	테마파크 미로	2018~2019	유니버설 파크 & 리조트	'할로윈 호러 나이트'를 맞이해 드라마의 호러 요소 활용
6	레고 블록	2019	레고	드라마 내의 중요한 배경이 되는 '뒤집힌 세계'를 잘 표현해 드라마 시청 경험이 블록 놀이로 잘 연결된다는 평가

에 익숙한 요즘 게이머들에게는 낯설지만, 1980년대의 게임문화에 익숙한 이용자층에게는 노스탤지어를 불러일으킬 만한 요소가 존재한다. 또한 <기묘한 이야기>가 호러와 SF라는 장르적 특성을 지니고 있다는 점, 그래서 드라마에 등장한 미스터리와 초자연적 현상에 대한 새로운 해석이 덧붙여질 수 있다는 특징이 IP를 활용하는 데 있어 강점이 되었다. <기묘한 이야기>를 바탕으로 한 소설, 만화, 그래픽노블 등에서 바로 이러한 지점이 잘 활용되었다. 드라마 내에서 미처 다 풀어내지 못한 전사나 인물의 관점 등을 입체적으로 다룰 수 있는 기회가 된 것이다. 결과적으로 <기묘한 이야기>의 팬들은 보드게임을 하거나 그래픽노블을 읽으며 기존의 서사를 복기할 수 있었고, 드라마 시청 당시

에는 미처 생각지 못했던 해석을 덧붙이는 등 새로운 경험을 축적할 수 있었다.

4. 콘텐츠 시장의 전망과 콘텐츠 혁신을 위한 제언

"말 그대로 TV가 너무 많다." 미국 방송채널인 FX의 최고경영자 존 랜드그래프(John Landgraf)는 2015년의 미국의 방송시장에 대해 이같이 평했다. 실제 넷플릭스를 비롯한 수많은 OTT 서비스가 등장한 이후 TV의 형태가 정점에 이른 '피크 TV(peak TV)'의 시대가 도래했다. 그 어느 때보다도 많은 방송 콘텐츠가 만들어지고, 파편화된 대중의 취향을 맞추려고 노력하고 있다. 파괴와 혁신이 없다면 살아남기 어려운 환경이 되었다.

위기를 반영하듯 실제 국내 지상파 방송사업자의 방송사업 매출액은 2015년 이후 조금씩 감소하고 있다. 정보통신정책연구원(2020: 32~33)의 보고서에 따르면 2019년을 기준으로 지역 MBC를 제외한 MBC의 방송사업 매출액 규모는 6,446억 원으로 전년 대비 4.5% 감소했다. 방송사업 매출액 중 특히 방송광고 매출액이 차지하는 비중이 전반적으로 감소했지만, 방송프로그램 판매매출과 재송신매출 등 방송콘텐츠 판매와 관련한 매출액의 규모와 비중이 꾸준히 증가하고 있다. 이처럼 매출구조가 변화, 다양화되는 양상을 통해 MBC와 같은 지상파 방송사업자가 미래시장을 겨냥해 취해야 할 혁신 전략을 도출해볼 수 있다.

1) 트랜스미디어 전략의 심화

지금의 상황에서 MBC의 경쟁상대는 누구일까? 막대한 자본력으로 콘텐츠를 제작하는 글로벌 OTT 플랫폼일까, 아니면 막대한 양의 웹툰, 웹소설 IP를 보유하며 영상화에 앞장서는 국내 플랫폼일까? 확실한 사실은 현재의 경쟁상대가 단일하지 않고, 시간이 갈수록 경쟁의 양상이 복잡해질 것이라는 점이다.

영상콘텐츠산업 내에서 각기 다른 강점을 지닌 주체들이 난립하는 상황에서 MBC가 방송콘텐츠 제작에만 모든 자본력을 집중한다면 투자위험을 분산시키기 어려울 것이다. 콘텐츠 이용자들 또한 여러 미디어 플랫폼을 넘나들며 콘텐츠의 세계관이 확장되는 것을 원하기 때문에 트랜스미디어 스토리텔링 전략을 심화시키는 방안이 필요하다.

멀티플랫폼 환경에서 방송콘텐츠의 경쟁력을 높이는 방식 중의 하나는 트랜스미디어 전략을 활용한 스핀오프 콘텐츠를 제작하는 것이다. 그중에서도 예능 프로그램은 출연진의 캐릭터를 이용해 어렵지 않게 스핀오프 콘텐츠를 만들 수 있어 관련 콘텐츠 제작에 나섰다. 대표적인 예로 tvN 〈신서유기〉는 출연진의 캐릭터를 다양하게 조합하거나 재구성해 〈삼시세끼: 아이슬란드 간 세끼〉, 〈강식당〉, 〈뒤돌아보지 말아요〉, 〈나홀로 이식당〉, 〈스프링 캠프〉 등의 여러 스핀오프 콘텐츠를 제작했다. MBC 또한 〈나 혼자 산다〉의 스핀오프 콘텐츠격인 〈여은파: 여자들의 은밀한 파티〉를 선보여 긍정적인 반응을 얻었고(채희상, 2020), 2021년 9월부터 〈구해줘 홈즈〉의 스핀오프 콘텐츠로 〈구해줘 숙소〉가 방송되면서 기대감을 높이고 있다. 지금까지는 주로 예능 프로그램에서 파생된 스핀오프 콘텐츠가 만들어졌지만, 드라마나 교양 프로그램에 스핀오프 방식을 적용하는 방안도 고려해볼 만하다.

<表 7-6> 콘텐츠 IP 활용 방안 다각화 사례

콘텐츠 IP	활용 방식
〈또 오해영〉	뮤지컬화. 드라마 OST를 적극적으로 활용
〈사이코지만 괜찮아〉	동화책 사전 제작 후 드라마에 활용. 방영 이후 연계 상품으로 출시
〈호텔 델루나〉	메타버스 서비스 내에서 콘텐츠 IP 관련 아이템(극중에 등장했던 주인공의 의상 등을 아바타의 아이템으로 구현) 출시
〈빈센조〉	가상자산거래소에서 극중 인물 관련 문양 라이터 NFT 출시

다른 한편으로 기존의 트랜스미디어 전략을 다각화하는 방안도 생각해볼 수 있다. 스튜디오드래곤은 보유하고 있는 콘텐츠 IP를 여러 방식으로 활용하며 그 효과를 실험한 바 있다. 비교적 전통적인 트랜스미디어 전략인 드라마의 뮤지컬화 외에도 메타버스 서비스의 아이템 연계나 NFT(non fungible token) 기반의 디지털 굿즈를 출시하면서 시장의 반응을 살폈다.

이처럼 트랜스미디어 전략의 핵심은 콘텐츠 이용경험의 폭을 넓히는 데 있다. 하나의 흥행 콘텐츠를 기계적으로 다각화하는 것이 아니라, 콘텐츠의 성격과 공략대상을 고려해 어떤 깊이와 특성을 지닌 이용경험을 제안할 것인지에 대한 고민이 수반되어야 할 것이다.

2) 오리지널 콘텐츠를 통한 팬덤 플랫폼으로의 진화

오리지널 콘텐츠의 개념이 등장하기 전에도 지상파 방송은 수많은 오리지널 콘텐츠를 만들어왔다. 그러나 그만큼 방송사간 흥행 콘텐츠를 모방하고 재생산하는 관행이 오래 이어져온 것이 사실이다. 이 같은 잘못된 관습도 결국 대중이 원하는 바를 파악하지 못한 것과 관련이 있다면 무엇보다 대중을 이해하는 것이 중요해진다. 대중을 열성적인 지지자로 만든다면 이들을 통해 더 많은 이용자 정보를 얻을 수도 있다. 각기 다른 조건의 경쟁자들이 존재하는 상황에서 MBC만의 오리지널 콘텐츠의 팬덤을 구축함으로써 새로운 생존방식을 모색할 수 있을 것이다.

오리지널 콘텐츠를 이용해 팬덤을 형성하는 것이 중요하다는 사실은 여러 사례를 통해 확인할 수 있다. 대표적인 예로 디즈니는 자사의 OTT 서비스 플랫폼인 디즈니 플러스를 "MCU(Marvel Comics Universe)를 연결하고 확장하는 주체"로 활용하겠다고 공언했다(Vary, 2021). 이는 디즈니 플러스를 단순한 OTT 플랫폼으로 보는 것이 아니라 MCU를 중심에 둔 '팬덤 플랫폼'으로 보고, 이를 중심으로 향후 선보일 콘텐츠의 흥행 위험을 줄이면서 연계소비를 공략하는 전략으로 해석된다.

웹툰 및 웹소설 플랫폼을 운영하고 있는 인터넷기업들이 이른바 '슈퍼 IP'에 치중하는 것도 유사한 맥락으로 읽힌다. '슈퍼 IP'는 다양한 형식으로 확장 가능한 잠재력을 가지고 있음을 의미하기도 하지만, 그만큼 대중성이 검증되었다는 뜻이 내포되어 있다. '슈퍼 IP'가 견고한 팬덤을 동원한다면 콘텐츠 IP 활용 가능성도 함께 높아질 수 있다.

이런 관점에서 〈전원일기 2021〉과 같이 오리지널 콘텐츠에 관한 팬덤의 기억을 환기하는 기획이나 〈놀면 뭐하니? +〉처럼 〈무한도전〉 팬덤의 기대감을 높이는 기획을 전방위적으로 확대해나갈 필요가 있다. 앞서 언급했듯이 콘텐츠 제작 차원에서의 위험부담을 줄이고, 방송플랫폼 차원에서 대중적 선호를 높이기 위해서 오리지널 콘텐츠와 연계된 팬덤의 확충은 선택이 아닌 필수의 영역으로 넘어가는 중이다.

3) 저작권 등 저작물 관련 권리 확보

장르를 불문하고 MBC는 지난 60년 동안 스스로의 브랜드 가치를 입증할 만한 우수한 콘텐츠를 수없이 많이 만들어왔다. 그에 비해 2차 저작물, 즉 원작을 2차적으로 활용하는 움직임은 상대적으로 적었던 게 사실이다. 웹툰이나 웹소설의 2차 저작물을 제작하는 경우, 각색 과정에서 원작자와의 권리 관계를 명확히 하고 각색에 대한 권한을 이임하는 등 저작권 적용이 유연한 편이다. 향후 콘텐츠 IP 개발 시 방송 이외의 영역에서의 다양한 활용을 염두에 두고, 권리의 이용 및 양도의 범위를 논의해야 할 것이다.

현재 상황에서 글로벌 OTT가 막대한 자본력을 앞세워 국내 방송콘텐츠 시장에서 IP 확보에 있어 공격적인 전략을 구사하는 것에 대한 대응도 요구된다. 일례로 넷플릭스 오리지널 콘텐츠는 막대한 제작비를 투입하는 대신 넷플릭스가 IP를 모두 가져가는 수익모델을 유지하고 있다. 이와 같은 방식으로 글로벌 OTT가 국내 방송콘텐츠 시장에서 영향력을 키워가는 양상은 IP 확보뿐 아니라, 콘텐츠의 다양성을 증진하고 제작역량을 강화하는 데에도 큰 걸림돌로 작용할 것이다.

이런 어려움을 극복하는 방법 중의 하나로 방송사와 외주제작사가 동반성장하는 제작생태계를 고려해볼 만하다. 영국에서는 500여 개의 독립제작사가 회원사로 소속된 영국 방송영화 제작자연합(Producers Alliance for Cinema and Television, 이하 PACT)을 중심으로 제작사의 저작권에 대한 논의를 발전시켜왔다. 특히 2003년 영국 방송법(Communication Acts)이 발효된 이후, 제작사가 저작권을 소유할 수 있게 되면서 축적된 자본을 다시 제작비로 투입해 양질의 콘텐츠를 생산하는 구조를 유지할 수 있었다(정미나, 2014). BBC 또한 PACT와 긴밀하게 협

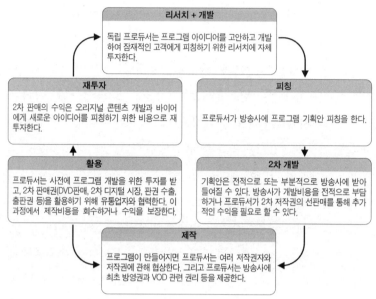

〈그림 7-6〉 영국 공영방송 TV 프로그램 제작 주기

리서치 + 개발

독립 프로듀서는 프로그램 아이디어를 고안하고 개발하여 잠재적인 고객에게 피칭하기 위한 리서치에 자체 투자한다.

재투자

2차 판매의 수익은 오리지널 콘텐츠 개발과 바이어에게 새로운 아이디어를 피칭하기 위한 비용으로 재투자한다.

피칭

프로듀서가 방송사에 프로그램 기획안 피칭을 한다.

활용

프로듀서는 사전에 프로그램 개발을 위한 투자를 받고, 2차 판매권(DVD판매, 2차 디지털 시장, 판권 수출, 출판권 등)을 활용하기 위해 유통업자와 협력한다. 이 과정에서 제작비용을 회수하거나 수익을 보장한다.

2차 개발

기획안은 전적으로 또는 부분적으로 방송사에 받아들여질 수 있다. 방송사가 개발비용을 전적으로 부담하거나 프로듀서가 2차 저작권의 선판매를 통해 추가적인 수익을 필요로 할 수 있다.

제작

프로그램이 만들어지면 프로듀서는 여러 저작권자와 저작권에 관해 협상한다. 그리고 프로듀서는 방송사에 최초 방영권과 VOD 관련 권리 등을 제공한다.

자료: Ofcom(2021: 20).

의하면서 저작권이 보장된 외주제작 비율을 늘리는 한편, 내부제작과 외주제작의 경쟁을 통해 자체 경쟁력을 높여왔다. 이러한 경험을 바탕으로 외부 기획에 대한 편성과 투자를 결정하는 피칭 시스템을 활성화하기도 했다(〈그림 7-6〉 참조).

오리지널 콘텐츠의 가치가 향상함에 따라 우수한 콘텐츠 IP를 중심으로 이종주체 간의 연계 개발은 선택을 넘어 필수의 영역을 향해 가고 있다. 경쟁력 있는 콘텐츠를 만들기 위해 IP 개발 방식의 체계화와 더불어 공동의 창작물에 대한 권리를 보장함으로써 상생을 추구하는 제작생태계가 요청된다.

돌아보면 방송 미디어 업계가 위기에 처하지 않은 적은 없었다. 위기가 존재하지 않는 것이 도리어 위기라 생각될 정도로 위기는 성장과 혁신을 위한 전제조건이 되었다. 가히 'OTT 시대'라 할 수 있는 2021년이 지나고 어떤 새로운 '위기'가 닥쳐올지 예측하기란 쉽지 않다. 혼란이 가중되는 시기일수록 주변과 자신을 함께 살피는 태도가 필요하다. 60년 동안 MBC가 축적해온 시간과 지금, 이곳의 현실이 만나 성찰적 순간을 빚어내길 기대해본다.

참고문헌

강보라. 2019. 「웹콘텐츠 IP의 방송영상화 전략」. 『방송콘텐츠 IP 확장과 새로운 비즈니스 전략 모색 자료집』. 한국방송학회 · 한국콘텐츠진흥원.

강보라 · 장민지. 2020. 「웹소설 IP의 확장 및 콘텐츠 프랜차이즈 전략」. ≪문화콘텐츠연구≫ 20, pp.129-152.

과학기술정보통신부 · 방송통신위원회. 2021. 『2020년 방송산업 실태조사 보고서』. 과학기술정보통신부 · 방송통신위원회.

구민기. 2021.6.7. "'콘텐츠가 답' 플랫폼 기업들 OTT 사업 확장". ≪한국경제≫.

김소연. 2021.7.9. "〈전원일기 2021〉 김현기 PD '추억 훼손 않고 의미 되새기려 했다'". ≪매일경제≫. https://www.mk.co.kr/star/hot-issues/view/2021/07/664548/.

김재희. 2021.8.12. "'1강' 넷플릭스 뜻밖 주춤 … 웨이브-티빙은 줄달음". ≪동아일보≫.

방송통신위원회. 2020. 『2020 방송매체 이용행태 조사』. 방송통신위원회.

방송통신위원회. 2021. 『2020년 방송사업자 재산상황 공표』. 방송통신위원회.

손지인. 2021.5.14. "오직 '웨이브' '티빙'에서만 … 국내 OTT 콘텐츠 독점력 높인다". ≪PD 저널≫.

신희강. 2021.7.27. "카카오웹툰의 변신 … 'IPX · 프리미엄 IP · 글로벌' 정조준". ≪뉴데일리≫.

이선희. 2021. 「디지털 환경 변화에 따른 국내 방송 · 미디어 기업 전략과 시사점」. 『KISDI Perspectives』. 정보통신정책연구원.

이혜리. 2020.7.8. "〈SF8〉, 한국 최초 영화+드라마 융합 콘텐츠로 승부수 띄운다". ≪서울경제≫. https://www.sedaily.com/NewsView/1Z582OAFLI.

정미나. 2014.10.5. "BBC, 콘텐츠 수급방식 변화조짐 … '외부 콘텐츠 확대'". ≪전자신문≫. https://www.etnews.com/20141002000254?m=1.

정보통신정책연구원. 2020. 『2020년도 방송시장 경쟁상황평가』. 방송통신위원회.

채희상. 2020. 「방송 콘텐츠의 진화: 모듈화, 플랫폼 전용콘텐츠」. ≪미디어 이슈 & 트렌드≫. 한국방송통신전파연구원. 38, pp.51-64.

한국콘텐츠진흥원. 2021. 『콘텐츠산업 2021년 전망 보고서』. 한국콘텐츠진흥원.

홍진수. 2021.4.25. "올 OTT 시장 규모 사상 첫 3조 넘을 듯". ≪경향신문≫.

東浩紀. 2007.『ゲーム的リアリズムの誕生』. 장이지 옮김. 2012.『게임적 리얼리즘의 탄생』. 현실문화연구.

Aasen, E. 2016.12.30. "Skam: at the same time, in many other places in the universe". *The Medium*.

Cohen, J. 2001. "Defining identification: A theoretical look at the identification of audiences with media characters". *Mass communication & society* 4(3), pp.245-264.

Ferchaud, A. 2020. *Binge and Bingeability: The Antecedents and Consequences of Binge Watching Behavior*. Lexington Books.

Horton, D., & Wohl, R. R. 1956. "Mass-communication and para-social interaction -Observations on intimacy at a distance". *Psychiatry* 19(3), pp.215-229.

Jenkins, H., Ford, S., & Green, J. 2013. *Spreadable Media: Creating Value and Meaning in a Networked Culture*. NY: New York University Press.

Jenner, M. 2015. "Binge-watching: Video-on demand, quality TV and mainstreaming fandom". *International Journal of Cultural Studies* 20(3), pp.304-320.

Jenner, M. 2020. "Researching Binge-Watching". *Critical Studies in Television: The International Journal of Television Studies* 15(3), pp.267-279.

Jobst, N. 2021.7.14. "Online video market in South Korea". Statista.

Lotz, A. 2018. "Evolution or revolution? Television in transformation". *Critical Studies in Television: The International Journal of Television Studies* 13(4), pp.491-494.

Mittell, J. 2015. *Complex TV: The Poetics of Contemporary Television Storytelling*. New York: New York University Press.

Ofcom. 2021. "Submission to Ofcom's Call for Evidence: public service broadcasters and the UK production sector". pact. Ofcom.

Shaw, L & Gurman, M. 2021.7.15. "Netflix Plans to Offer Video Games in Push Beyond Films, TV". Bloomberg.

Spangler, T. 2019.10.16. "'Stranger Things 3' Is Most-Watched Season to Date, Netflix Says". *Variety*.

Statista. 2021.3. "Most popular over-the-top (OTT) video services in South Korea". Statista.

Van Hoeij, B. 2017.7.2. "The Norwegian Teen-Drama Series Loved Around the World". *The Atlantic*.

Vary, A. B. 2021.1.11. "Marvel's Kevin Feige on 'Wanda Vision,' 'Star Wars' and How the Pandemic Is Like Thanos' Blip". *Variety*.

지은이 소개

손병우

충남대학교 언론정보학과 교수이다. 서울대학교 언론정보학과에서 박사학위를 취득했다. 한국언론정보학회 21대 학회장, 방송통신심의위원회 방송2특위 위원장, 충남대학교 사회과학연구소장 등을 역임했다. 주요 논저로『TV 두껍게 읽기』(2016),『드라마의 모든 것』(공저, 2016),『방송문화비평』(2007),『풍자 바깥의 즐거움; 텔레비전 코미디』(2002),『TV를 읽읍시다』(공저, 1991),『문화이론사전』(공역, 2012),『라깡정신분석사전』(공역, 1998) 등이 있다.

최이숙

동아대학교 사회학과 강의전담교수이다. 서울대학교 언론정보학과에서 박사학위를 취득했다. 주로 페미니즘 시각의 문화연구, 저널리즘 연구를 해왔으며, 해방 이후 기자 및 방송인들에 대한 구술 작업을 통해 기존의 언론사 논의에서 잊힌 편린들을 맞추는 작업을 해왔다. 주요 논저로는 「누구의 목소리를 어떻게 전하였는가? 인터뷰 기사를 통해 본 미투 운동 초기 TV 보도의 양상」(2019), 「위험한 미디어 vs 든든한 육아 도우미: 영유아 스마트 미디어 이용담론에 대한 탐구」(2021), 「전후 1950년대 탈식민 도시 부산 그리고 라디오」(2015), 「1960~70년대 신문의 상업화와 여성가정란의 젠더정치」(2015) 등이 있다.

이성민

현재 한국방송통신대학교 미디어영상학과 조교수로 재직 중이다. 미디어-콘텐츠 정책 분야와 미디어 역사 분야에서 다수의 연구를 수행해왔다. 문화정책 분야의 국책연구기관인 한국문화관광연구원에 재직(2015.12~2020.8)하면서 콘텐츠 산업 현장의 변화를 정책의 언어로 담아내는 연구를 진행해 왔다. 주요 연구로는『한국 신문의 사회문화사』(공저, 2013),『언론사 문화사업의 역사와 사회적 의미』(공저, 2014),『콘텐츠 산업 트렌드 2025』(공저, 2020) 등이 있다.

조항제

부산대학교 미디어커뮤니케이션학과 교수이다. 민주주의와 공론장, 공정성과 공영방송에 관심이 있다. 저서로『한국의 민주주의와 언론』(2020),『한국 언론의 공정성』(2019),『한국 공영방송의 정체성』(2014) 등이 있고 역서로『민주주의와 공론장』(2015)이 있다.

박건식

문화방송 공영미디어국장이다. 고려대 국문과에서 방송언어심의 분야로 박사학위를 받았다. 문화방송 시사교양국PD로 〈피자의 아침〉, 〈성공시대〉, 〈이제는 말할 수 있다〉, 〈PD수첩〉을 연출하고 팩트체크 팀장, PD수첩 부장을 거쳤다. 한국PD연합회장, 한국PD교육원장을 지냈다. 2005년 MBC '이제는 말할 수 있다 - 일본 원폭개발의 비밀' 편으로 방송위원회 이달의 좋은 상, 2001년 '이제는 말할 수 있다 - 6.25 일본 참전의 비밀' 편으로 방송위원회 방송대상, 2006년 'PD수첩-치과의 위험한 비밀'편으로 Asia Awards 우수상을 수상했다. 「언론의 자유와 공정하게 재판받을 권리는 배치되는가」(2015) 등의 논문과『우리들의 현대 침묵사』(공저, 2006) 등의 저서가 있다.

주창윤

서울여자대학교 언론영상학부 교수이다. 영국 글래스고대 미디어/문화전공으로 박사학위를 받았다. 한국방송영상산업진흥원(현 문화콘텐츠 진흥원) 책임연구원을 지냈다. 주요 연구 분야는 문화연구이다. 주요 저서로『역사드라마, 상상과 왜곡 사이』(2019),『사랑의 인문학』(2019),『한국현대 문화의 형성』(2015),『허기사회』(2013),『대한민국 컬처코드』(2010) 등이 있다.

박근서

대구가톨릭대학교 언론광고학부 교수이다. 텔레비전 코미디에 대한 사회적 담론에 대한 연구로 박사학위를 받았다. 텔레비전 오락 프로그램을 중심으로 대중문화가 우리의 삶에 미치는 영향에 관해 연구하고 있다. 전규찬과 공동 저술한 『텔레비전 오락의 문화정치학』 (2003)은 이러한 주제에 천착한 결실이었다. 이후 비디오게임을 중요한 대중문화적 현상으로 파악하고 이에 적극 개입할 것을 주장했다. 게임을 텍스트의 관점이 아닌 수용자의 문화적 실천의 측면에서 이해하고자 한 『게임하기』(2009)는 이러한 관심의 산물이었다. 최근에 이르러서는 복잡계이론, 포퓰리즘 등에 관심을 가지며, 그동안 대학에서 가르쳐 왔던 내용들을 어떻게 하면 좀 더 쉽고 친근하게 전달할 수 있을지 고민하고 있다.

임종수

세종대학교 미디어커뮤니케이션학과 교수이자, 세종대 글로벌미디어소프트웨어(GMSW) 융합연계전공 센터장이다. 한양대학교 신문방송학과에서 학사, 석사, 박사학위를 취득했다. 주요 관심분야로 텔레비전과 일상성으로 시작해 최근에는 OTT 형식과 수용, 제도화 등을 연구하고 있다. 주요 논문과 저서로 「AI 미디어와 의인화」(2020), 「오토마타 미디어」 (2018), 「영상드론의 운동성과 보기양식에 관한 소고」(2017), 『디지털 시대의 뉴딜: 망 중립성 이후의 인터넷』(공역, 2021), 『저널리즘 모포시스』(공저, 2020), 『넷플릭스의 시대』 (역서, 2019) 등이 있다.

강보라

연세대학교 커뮤니케이션연구소 전문연구원이다. 한국예술종합학교 영상원을 졸업하고 KAIST 문화기술대학원에서 석사학위를, 연세대학교 커뮤니케이션대학원에서 박사학위를 받았다. 정동노동, 인정체계, 연대 네트워크, 지식생산 등 온라인 공간에서 발견되는 현상의 문화적 의미를 길어 올리기 위해 애쓰고 있다. 근작으로는 『AI와 더불어 살기』 (공저, 2020), 『한편 2호 인플루언서』(공저, 2020), 『나만 잘되게 해주세요: 자존과 관종의 감정 사회학』(2019), 『디지털미디어와 페미니즘』(공저, 2018) 등이 있다.

한울아카데미 2340
방송문화진흥총서 219
MBC 60년, 영광과 도전

지은이	손병우·최이숙·이성민·조항제·박건식·주창윤·박근서·임종수·강보라
펴낸이	김종수
펴낸곳	한울엠플러스(주)

초판1쇄 인쇄	2021년 11월 15일
초판1쇄 발행	2021년 11월 25일

주소	10881 경기도 파주시 광인사길 153 한울시소빌딩 3층
전화	031-955-0655
팩스	031-955-0656
홈페이지	www.hanulmplus.kr
등록번호	제406-2015-000143호

Printed in Korea.
ISBN 978-89-460-7340-1 93070 (양장)
      978-89-460-8139-0 93070 (무선)
※ 책값은 겉표지에 표시되어 있습니다.

이 저술은 방송문화진흥회의 지원을 받아 출간되었습니다.